高等学校经管类专业系列教材

《市场营销学》习题册

主编　高孟立

西安电子科技大学出版社

内 容 简 介

　　本书是教材《市场营销学》(高孟立主编,西安电子科技大学出版社 2018 年出版)配套的习题册。全书共十章,习题内容严格与教材一一对应,每章习题包括判断题、单项选择题、多项选择题、名词解释、简答题和论述题,同时附有详细的参考答案及解答说明。

　　本书融合了作者多年来从事市场营销学教学以及指导本专科学生参加全国市场营销大赛的实践指导经验,其内容对学生深入学习、领悟市场营销学课程的理论知识具有积极的帮助作用。本书作为市场营销学课程的配套习题册,适合高等院校相关专业的本专科学生使用,同时也适合于从事市场营销实践工作的人士或者其他对市场营销学感兴趣的读者使用。

图书在版编目(CIP)数据

　　《市场营销学》习题册/高孟立主编. —西安:西安电子科技大学出版社,2019.10(2021.11重印)

　　ISBN 978 – 7 – 5606 – 5486 – 7

　　Ⅰ. ① 市… Ⅱ. ① 高… Ⅲ. ① 市场营销学—高等学校—习题集 Ⅳ. ① F713.50-44

　　中国版本图书馆 CIP 数据核字(2019)第 212420 号

策划编辑	李 伟
责任编辑	王晓莉 阎 彬
出版发行	西安电子科技大学出版社(西安市太白南路2号)
电 话	(029)88202421 88201467　　邮 编 710071
网 址	www.xduph.com　　电子邮箱 xdupfxb001@163.com
经 销	新华书店
印刷单位	陕西天意印务有限责任公司
版 次	2019 年 10 月第 1 版 2021 年 11 月第 3 次印刷
开 本	787 毫米×1092 毫米 1/16 印张 11
字 数	259 千字
印 数	3001～4000 册
定 价	38.00 元

ISBN 978 – 7 – 5606 – 5486 – 7/F

XDUP 5788001 – 3

* * * 如有印装问题可调换 * * *

前　言

　　近年来，随着社会各界尤其是企业界对营销问题的日益关注，市场营销研究备受重视，市场营销学的发展与传播速度大大加快。如今，在西方各大学里，市场营销学不仅是市场营销专业学生的必修课，而且也受到管理、传播等专业学生的欢迎和重视。但是作为相对年轻的学科领域，市场营销学尚处于不断发展、变化之中。如何将该学科知识按照一定的逻辑结构系统有机地整合起来，形成一个知识体系呈现给学生和读者，至今仍是仁者见仁、智者见智，尚无统一的定论。我国市场营销学研究起步较晚，学科的发展相对滞后。但是从 20 世纪末开始，我国学术界对市场营销学越来越重视，市场营销学在我国的研究、应用和传播，已经有了一个良好的开端。

　　纵观国内外市场营销学教材可发现，国外原版翻译的教材，内容往往比较多、比较杂，行文逻辑上思维的跳跃性比较大，而且所列举的实例基本上都是国外的案例，因此国内学生理解起来相对比较费力，这就大大影响了教材的可读性和可理解性。因此，对于以培养应用型人才为目标的高等院校来说，迫切需要一本既能介绍市场营销学学科领域主要理论知识，又能结合中国实际案例对这些理论进行应用性阐述的教材。因此，作者于 2018 年主编出版了一本针对我国应用型高等院校市场营销学专业教学的教材《市场营销学》。该教材自出版以来，获得了同行专家学者的一致好评。为满足广大学生的学习需要，作者又着手编写了专门针对该教材的配套习题，并汇编成册予以出版，供国内外高校市场营销专业教学和学习使用。

　　本配套习题册由浙江树人大学管理学院高孟立博士编写，主要工作包括全书的大纲编写、题型设计、题目编写、答案解析以及最后的文字校对等。本书在编写过程中参考了国内外多种主流教材、习题册的资料，在此对相关作者表示衷心感谢！

由于编者水平有限，加之时间比较仓促，书中不足之处在所难免，恳请广大读者批评指正！

作者

2019 年 6 月

目　录

第一章　市场营销概述

一、**判断题**（请判断下列各小题是否正确，正确的在题后的括号内打"√"，错误的打"×"，错误的请给出理由）

1. 现代市场经济条件下，企业必须按照市场需要组织生产。（　　）

2. 市场起源于古时人类对于固定时段或地点进行交易的场所的称呼，指的是买卖双方进行交易的场所。（　　）

3. 在市场经济条件下，生产者与消费者之间客观上存在着七大矛盾。（　　）

4. 市场＝人口＋购买力＋购买欲望＋需要。（　　）

5. 需要、欲望和需求是市场营销学研究最基本的概念，也是市场营销活动的前提和依据。（　　）

6. 市场营销学中所讲的产品，一般是指狭义的产品。（　　）

7. 狭义的产品是指能够满足人们的某种需要和欲望的任何东西，其价值在于它能给人们带来对欲望的满足。（　　）

8. 产品除了商品和服务外，还包括人员、地点、活动、组织和观念等。（　　）

9. 市场营销的目的是获得所需所欲之物，即满足个人或集体的需要和欲望。（　　）

10. 市场营销的核心是消费。（　　）

11. 实现自由交换的关键是买卖。（　　）

12. 交换是通过提供某种物品或服务作为回报，从他人处获得所需之物的行为。（　　）

13. 市场营销管理的本质就是需求管理，其目标就是使企业推销工作成为多余。（　　）

14. 潜在需求是指相当一部分消费者对于某物有强烈的需求，而现有产品或服务又无法使之满足的一种需求状况。（　　）

15. 负需求是指市场对一个或几个产品的需求呈下降趋势的一种需求状况。（　　）

16. 潜伏需求是指消费者对某些产品和服务有消费需求而无购买力，或虽有购买力但并不急于购买的需求状况。（　　）

17. 下降需求是指绝大多数人对某个产品感到厌恶，甚至愿意出钱回避它的一种需求状况。（　　）

18. 无需求是指目标市场对产品毫无兴趣或漠不关心的一种需求状况。（　　）

19. 不规则需求是指某些物品或服务的市场需求在一年不同季节，或一周不同日子，甚至一天不同时间上下波动很大的一种需求状况。（　　）

20. 充分需求是指某种物品或服务的目前需求水平和时间等于预期的需求水平和时间的一种需求状况，这是企业最理想的一种需求状况。（　　）

21. 过度需求是指某种物品或服务的市场需求超过了企业所能供给或所愿供给的水平的一种需求状况。（　　）

22. 有害需求是指市场对某些有害物品或服务的需求。（　　　）

23. 在潜伏需求情况下，市场营销管理的任务是进行改变营销。（　　　）

24. 以企业为中心的市场营销管理观念，是以企业利益为根本取向和最高目标来处理营销问题的观念。（　　　）

25. 生产观念是指导销售行为的最古老的观念之一。这种观念产生于 20 世纪 20 年代之后。（　　　）

26. 产品观念认为，在市场产品有选择的情况下，消费者会欢迎质量最优、性能最好的产品。（　　　）

27. 闭门造车和故步自封是生产观念的温床。（　　　）

28. 推销观念产生于资本主义国家由"卖方市场"向"买方市场"过渡的阶段。（　　　）

29. 推销观念产生于现代制造业高度发展时期，由于市场产品数量增加、花色品种增多、竞争加剧，所以大多数市场成为买方市场（即供大于求，买方更有发言权，卖方要费力争夺消费者的局面）。（　　　）

30. 市场营销观念，又称以消费者为中心的观念。（　　　）

31. 市场营销调研是市场营销的出发点。（　　　）

32. 市场营销组合是一个静态组合。（　　　）

33. 服务产品必须考虑的是提供服务的范围、服务质量、服务水平、品牌、保证以及售后服务等。（　　　）

34. 推广包括人员推销、广告、营业推广、公共关系等各种市场营销沟通方式。（　　　）

35. 在区别一项服务和另一项服务时，价格是一种识别方式，顾客可从一项服务的价格感受其价值的高低。（　　　）

36. 执行市场营销观念的企业称为市场营销导向企业。（　　　）

37. 市场营销观念形成于 19 世纪 50 年代。（　　　）

38. 促销观念的可取之处是厂商重视发现潜在的消费者，通过加强促销活动，使消费者对产品有所了解或者发生兴趣，进而实现交换。（　　　）

39. 传统观念是以消费者为中心的观念。（　　　）

40. 4R 组合理论阐述了一个全新的市场营销要素，即关联（Relevance）、反应（Response）、关系（Relationship）和回报（Return）。（　　　）

41. 4C 组合取代 4P 组合，其主要内容包括：消费者（Customer）、成本（Cost）、便利（Convenience）、沟通（Communication）。（　　　）

42. 4R 理论以竞争为导向，在新的层次上概括了营销的新框架，体现并落实了关系营销的思想。（　　　）

43. 对企业来说，市场营销的真正价值在于其为企业带来短期或长期收入和盈利的能力。（　　　）

44. 利润是营销的源泉。（　　　）

45. 4C 是消费者导向，而市场经济要求的是竞争导向。（　　　）

46. "定位"是指市场定位，其含义是根据竞争者在市场上所处的位置，针对消费者对产品的重视程度，强有力地塑造出本企业产品与众不同的、给人印象鲜明的个性或形象，从而使产品在市场上，企业在行业中确定适当的位置。（　　　）

47．市场营销组合要素对企业来说都是"不可控因素"。（　　　）

48．在麦卡锡提出的4P组合中，将市场营销要素概括为四类：产品（Product）、价格（Price）、渠道（Place）和促销（Promotion）。（　　　）

49．市场营销理论是社会经济环境发展变化的产物，也是长期营销实践经验的升华。（　　　）

50．企业不仅仅为了赚钱，卓越的企业家和企业文化追求更高的价值目标。（　　　）

二、单项选择题（请在下列每小题中选择一个最合适的答案）

1．市场发展的本质是一个由（　　　）决定，并由生产者推动的过程。

A．中间商　　　　　B．消费者　　　　　C．零售商　　　　　D．政府

2．市场的核心是（　　　）。

A．生产　　　　　B．分配　　　　　C．交换　　　　　D．消费

3．消费者未能得到满足的感受状态称为（　　　）。

A．欲望　　　　　B．需要　　　　　C．需求　　　　　D．愿望

4．市场营销管理的实质是（　　　）。

A．刺激需求　　　　　B．生产管理　　　　　C．需求管理　　　　　D．销售管理

5．对企业营销管理哲学的发展演变阶段进行划分，一般把生产观念、产品观念和（　　　）称为旧观念。

A．推销观念　　　　　　　　　　B．企业观念

C．市场营销观念　　　　　　　　D．社会营销观念

6．针对负需求的市场状况，市场营销的任务是（　　　）。

A．反市场营销　　　　　　　　　B．刺激市场营销

C．同步市场营销　　　　　　　　D．改变市场营销

7．"酒香不怕巷子深"的经营理念属于典型的（　　　）。

A．生产观念　　　　　B．推销观念　　　　　C．产品观念　　　　　D．市场营销观念

8．在全社会产品供应能力相对不足的条件下，由于提高产量、降低成本便可获得丰厚的利润。因此，企业的中心问题是（　　　）。

A．重视市场需求差异　　　　　　B．关注产品质量

C．考虑社会整体利益　　　　　　D．扩大生产规模

9．某种具有良好市场前景的产品，因为生产成本很高，必须通过提高生产率和降低成本来扩大市场时，则会导致企业奉行（　　　）。

A．产品观念　　　　　B．市场营销观念　　　　　C．生产观念　　　　　D．社会营销观念

10．夏季"波司登"羽绒服通过打折等促销手段而出现了淡季热销的局面。可见，该企业深刻领悟到了夏天消费者对羽绒服的需求属于（　　　）。

A．充分需求　　　　　B．潜伏需求　　　　　C．过度需求　　　　　D．不规则需求

11．奉行"顾客需要什么，我们就生产什么"理念的企业是（　　　）企业。

A．生产导向型　　　　　B．市场营销导向型　　　　　C．推销导向型　　　　　D．社会营销导向型

12．认为消费者最喜欢高质量、多功能和具有某种特色的产品，企业就应致力于生产高附加值的产品，并不断加以改进的观念属于（　　　）。

A．产品观念　　　　　B．推销观念　　　　　C．生产观念　　　　　D．市场营销观念

13. 许多冰箱生产企业近年来高举"环保""健康"旗帜，纷纷推出了无氟冰箱。这所奉行的市场营销哲学是( )。

   A. 社会营销观念　　B. 生产观念　　　C. 市场营销观念　　D. 推销观念

14. 最容易导致企业出现市场营销近视症的经营思想是( )。

   A. 生产观念　　　　B. 推销观念　　　C. 产品观念　　　　D. 市场营销观念

15. 生产观念产生的条件是( )。

   A. 卖方市场　　　　B. 工业品市场　　C. 买方市场　　　　D. 消费品市场

16. 产品观念适用的条件是( )。

   A. 产品供不应求　　B. 产品更新换代快　C. 产品供过于求　　D. 企业形象良好

17. 市场营销管理的考察范围( )。

   A. 只包括交易行为　　　　　　　　　　B. 是交换行为
   C. 只包括转让行为　　　　　　　　　　D. 既包括交易行为，也要研究转让行为

18. 针对有害需求的市场状况，市场营销的任务是( )。

   A. 反市场营销　　　B. 刺激市场营销　C. 同步市场营销　　D. 改变市场营销

19. 针对无需求的市场状况，市场营销的任务是( )。

   A. 反市场营销　　　B. 刺激市场营销　C. 同步市场营销　　D. 改变市场营销

20. 从营销理论的角度而言，企业市场营销的最终目标是( )。

   A. 获取利润　　　　　　　　　　　　　B. 把商品推销给消费者
   C. 求得生存和发展　　　　　　　　　　D. 满足消费者的需求和欲望

21. 构成市场的基本要素是( )。

   A. 人口因素　　　　B. 政治因素　　　C. 经济因素　　　　D. 环境因素

22. ( )是指人们支付货币购买商品和劳务的能力。

   A. 购买欲望　　　　B. 购买力　　　　C. 支付力　　　　　D. 增长力

23. ( )是指消费者产生购买行为的愿望和要求，它是消费者将潜在的购买力变为现实购买行为的重要条件。

   A. 购买需要　　　　B. 购买需求　　　C. 购买欲望　　　　D. 购买力

24. 市场营销最基本的概念是( )。

   A. 需要　　　　　　B. 需求　　　　　C. 欲望　　　　　　D. 愿望

25. ( )是指对基本需要具体满足物的企求.是个人受不同社会生活环境及文化影响所表现出来的对基本需要的特定追求。

   A. 需要　　　　　　B. 需求　　　　　C. 欲望　　　　　　D. 愿望

26. ( )是指人们有能力并愿意购买某种产品的欲望。

   A. 需要　　　　　　B. 需求　　　　　C. 欲望　　　　　　D. 愿望

27. ( )是最普遍的营销对象，是国内生产和市场营销中的主要部分。

   A. 商品　　　　　　B. 产品　　　　　C. 物品　　　　　　D. 事件

28. ( )是指人们从某一个产品所获得的利益，这是消费者选择产品的重要依据。

   A. 效用　　　　　　B. 价值　　　　　C. 满足　　　　　　D. 期望

29. ( )是消费者对产品满足其需要的整体能力的评价。

   A. 效用　　　　　　B. 价值　　　　　C. 满足　　　　　　D. 期望

30. （　　）是消费者通过使用产品对其效用和费用的综合评价而形成的一种心理状态。

　　A. 效用　　　　　　B. 价值　　　　　　C. 满足　　　　　　D. 期望

31. 通过提供某种物品或服务作为回报，从他人处获得所需之物的行为是（　　）。

　　A. 交易　　　　　　B. 交换　　　　　　C. 关系　　　　　　D. 联系

32. （　　）是指企业与顾客及其他利益相关者之间建立、维持并加强具有特定价值的牢固关系的过程。

　　A. 交易　　　　　　B. 交换　　　　　　C. 关系　　　　　　D. 联系

33. 市场营销管理是指企业为实现其（　　），通过创造、传递更高的顾客价值，建立和发展与目标市场之间的互利关系而进行的分析、计划、执行与控制过程。

　　A. 目标　　　　　　B. 欲望　　　　　　C. 计划　　　　　　D. 目的

34. 绝大多数人对某个产品感到厌恶，甚至愿意出钱回避它的一种需求状况是（　　）。

　　A. 负需求　　　　　B. 无需求　　　　　C. 潜伏需求　　　　D. 下降需求

35. 目标市场对产品毫无兴趣或漠不关心的一种需求状况是（　　）。

　　A. 负需求　　　　　B. 无需求　　　　　C. 潜伏需求　　　　D. 下降需求

36. 宏观层面的市场营销反映社会的经济活动，通过社会市场营销系统，引导产品或服务从生产者流转到消费者或最终用户，求得社会需要和社会生产之间的平衡，实现（　　）。

　　A. 企业目标　　　　B. 消费者目标　　　C. 社会目标　　　　D. 市场目标

37. 相当一部分消费者对于某物有强烈的需求，而现有产品或服务又无法使之满足的一种需求状况是（　　）。

　　A. 负需求　　　　　B. 潜在需求　　　　C. 潜伏需求　　　　D. 下降需求

38. 消费者对某些产品和服务有消费需求而无购买力，或虽有购买力但并不急于购买的需求状况是（　　）。

　　A. 负需求　　　　　B. 潜在需求　　　　C. 潜伏需求　　　　D. 下降需求

39. 市场对一个或几个产品的需求呈下降趋势的一种需求状况是（　　）。

　　A. 负需求　　　　　B. 潜在需求　　　　C. 潜伏需求　　　　D. 下降需求

40. 某些物品或服务的市场需求在一年不同季节，或一周不同日子，甚至一天不同时间上下波动很大的一种需求状况是（　　）。

　　A. 不规则需求　　　B. 充分需求　　　　C. 过度需求　　　　D. 有害需求

41. 某种物品或服务的目前需求水平和时间等于预期的需求水平和时间的一种需求状况是（　　）。

　　A. 不规则需求　　　B. 充分需求　　　　C. 过度需求　　　　D. 有害需求

42. 某种物品或服务的市场需求超过了企业所能供给或所愿供给的水平的一种需求状况是（　　）。

　　A. 不规则需求　　　B. 充分需求　　　　C. 过度需求　　　　D. 有害需求

43. 市场对某些有害物品或服务的需求是（　　）。

　　A. 不规则需求　　　B. 充分需求　　　　C. 过度需求　　　　D. 有害需求

44. 市场营销组合是一个（　　）结构。

　　A. 复合　　　　　　B. 充分　　　　　　C. 单式　　　　　　D. 交叉

45. 市场营销组合又是一个（　　）组合。

A. 动态   B. 静态   C. 跳跃   D. 动静结合

46.（　　）产生于资本主义国家由"卖方市场"向"买方市场"过渡的阶段。

A. 生产观念   B. 产品观念   C. 推销观念   D. 市场营销观念

47.（　　）又称以消费者为中心的观念。

A. 生产观念   B. 产品观念   C. 推销观念   D. 市场营销观念

48.（　　）是指导销售行为的最古老的观念之一。

A. 生产观念   B. 产品观念   C. 推销观念   D. 市场营销观念

49.（　　）的可取之处是厂商重视发现潜在的消费者，通过加强促销活动，使消费者对产品有所了解或者发生兴趣，进而实现交换。

A. 生产观念   B. 产品观念   C. 推销观念   D. 市场营销观念

50. 执行（　　）的企业，称为市场营销导向企业。

A. 生产观念   B. 产品观念   C. 推销观念   D. 市场营销观念

三、多项选择题（下列各小题有两个或两个以上的正确答案，请准确选出全部正确答案）

1. 在卖方市场条件下，企业一般容易产生（　　）。

A. 推销观念   B. 市场营销观念   C. 生产观念

D. 产品观念   E. 社会营销观念

2. 营销观念与推销观念的主要区别在于（　　）。

A. 出发点不同   B. 中心不同   C. 手段不同

D. 技术不同   E. 目的不同

3. 现代市场营销管理哲学思想可以归纳为（　　）。

A. 生产观念   B. 产品观念   C. 推销观念

D. 市场营销观念   E. 社会营销观念

4. 生产观念的表现是（　　）。

A. 企业能生产什么就卖什么

B. 企业卖什么消费者就买什么

C. 消费者需要什么企业就生产什么

D. 以生产为中心以产品为出发点

E. 以生产为中心，以推销为重点

5. 交换的发生，必须具备以下哪些条件？（　　）

A. 至少有交换双方

B. 每一方都有对方需要的有价值的东西

C. 每一方都有沟通和运送货品的能力

D. 每一方都可以自由地接受或拒绝

E. 每一方都认为与对方交易是合适的或称心的

6. 社会营销要求在制定营销战略时，统筹兼顾以下哪几方面的利益？（　　）

A. 企业利润   B. 社会利益   C. 竞争者动向

D. 上级指示   E. 消费者需要的满足

7. 市场营销活动的出发点是（　　）。

A. 需要   B. 欲望   C. 需求   D. 交换   E. 产品

8. 市场的构成要素包括(   )。

A. 人口   B. 价格   C. 交换   D. 购买力   E. 购买欲望

9. 传统以企业为中心的市场营销哲学包括(   )。

A. 生产观念   B. 产品观念   C. 社会营销观念

D. 市场营销观念   E. 推销观念

10. 大营销6P理论在传统4P理论的基础上增加了以下哪两个P?(   )

A. 促销   B. 公共关系   C. 分销   D. 权力   E. 便利

11. 经济学从揭示经济活动本质角度提出市场概念，认为市场是(   )。

A. 一个商品经济范畴   B. 商品内在矛盾的表现   C. 供求关系

D. 是商品交换关系的总和   E. 通过交换反映出来的人与人之间的关系

12. 市场的形成必须具备若干基本条件，这些条件包括(   )。

A. 存在可供交换的商品   B. 存在着提供商品的卖方

C. 具有购买欲望和购买能力的买方   D. 买卖双方都能接受的交易价格

E. 买卖双方都能接受的行为规范

13. 宏观层面的市场营销包括(   )。

A. 国家、企业和政府三个参与者   B. 资源和产品两个市场

C. 移动支付和现金支付两种支付手段   D. 买卖双方

E. 资源、货物、劳务、货币以及信息五个流程

14. 产品除了商品和服务外，还包括(   )。

A. 人员   B. 地点   C. 活动   D. 组织   E. 观念

15. 交换的发生，必须符合的条件有(   )。

A. 至少有两个以上的买卖者

B. 交换双方都有被对方认为有价值的东西

C. 交换双方都有沟通信息和向另一方运送货物或服务的能力

D. 交换双方都有可以自由接受或拒绝对方的产品的权力

E. 交换双方都觉得值得与对方交易

16. 企业市场营销管理哲学的演变可划分为(   )。

A. 生产观念   B. 产品观念   C. 推销观念

D. 市场营销观念   E. 社会营销观念

17. 以顾客(市场)导向观念和社会营销导向观念包括(   )。

A. 生产观念   B. 产品观念   C. 社会营销观念

D. 市场营销观念   E. 推销观念

18. 市场营销的发展大致可以分为以下哪几个阶段?(   )

A. 起源阶段   B. 发展阶段   C. 变革阶段

D. 创新阶段   E. 成熟阶段

19. 传统4P理论包括(   )。

A. 产品   B. 促销   C. 价格   D. 渠道   E. 权利

20. 4C组合理论包括(   )。

A. 人员　　　　B. 消费者　　　　C. 便利　　　　D. 成本　　　　E. 沟通

21. 4R 组合理论包括（　　）。

A. 关联　　　　B. 荣誉　　　　C. 反应　　　　D. 关系　　　　E. 回报

22. 战略营销计划过程也可以用 4P 来表示，分别是（　　）。

A. 探查　　　　B. 分割　　　　C. 优先　　　　D. 定位　　　　E. 权利

23. 7P 理论在传统 4P 理论的基础上增加了以下哪三个 P？（　　）

A. 权力　　　　B. 人员　　　　C. 过程　　　　D. 有形展示　　　　E. 便利

24. 价格方面要考虑的因素包括（　　）。

A. 价格水平　　　　　　　　B. 折让　　　　　　　　C. 佣金

D. 付款方式　　　　　　　　E. 信用

25. 服务产品所必须考虑的是（　　）。

A. 提供服务的范围　　　　　B. 服务质量　　　　　　C. 服务水平

D. 品牌　　　　　　　　　　E. 保证以及售后服务

26. 促销包括（　　）等各种市场营销沟通方式。

A. 人员推销　　　　　　　　B. 广告　　　　　　　　C. 营业推广

D. 公共关系　　　　　　　　E. 私人关系

27. 4C 组合理论中成本包括（　　）。

A. 促销成本　　　　　　　　B. 企业生产成本　　　　C. 消费者购物成本

D. 经营成本　　　　　　　　E. 装修成本

28. 市场是商品经济中（　　）之间为实现产品和服务的价值，所进行的满足需求的交换关系、交换条件以及交换过程的统称。

A. 生产者　　　　　　　　　B. 制造者　　　　　　　C. 消费者

D. 政府　　　　　　　　　　E. 市场

29. 市场的形成必须具备若干基本条件，这些条件包括（　　）。

A. 存在可供交换的商品

B. 具备买卖双方都能接受的交易价格、行为规范及其他条件

C. 存在着提供商品的卖方和具有购买欲望和购买能力的买方

D. 消费者（买方）

E. 生产者（卖方）

30. 第二次世界大战后生活方式有了变化，家庭主妇在采购食物方面逐渐倾向于购买半成品和制成品，诸如购买（　　）代替买面粉回家自己制作。

A. 大米　　　　B. 饼干　　　　C. 点心　　　　D. 面包　　　　E. 蛋糕

31. 企业在决定其生产、经营内容时，必须进行市场调研，根据市场需求及企业本身的条件，选择目标市场，组织生产经营。其产品的（　　）都要以消费者需求为出发点。

A. 产品设计　　　　B. 生产　　　　C. 定价　　　　D. 分销　　　　E. 促销活动

32. 马库拉将自己的原则写在了一张纸上，标题为"苹果营销哲学"，其中强调了三点：（　　）。

A. 责任　　　　B. 营销　　　　C. 共鸣　　　　D. 专注　　　　E. 灌输

33. 20 世纪 70 年代，在西方资本主义国家出现（　　）的新形势下，市场营销观念却回

避了消费者需要、消费者利益和长期社会福利之间隐含着冲突的现实。

A. 能源短缺　　　　　　　B. 通货膨胀　　　　　C. 失业增加

D. 环境污染严重　　　　　E. 消费者保护运动盛行

34. 社会市场营销观念认为，企业的任务是确定各个目标市场的（　　），并以保护或提高消费者和社会福利的方式，比竞争者更有效、更有利地向目标市场提供能满足其需要、欲望和利益的物品或服务。

A. 需要　　　　B. 欲望　　　　C. 利益　　　　D. 需求　　　　E. 满足

35. 到 20 世纪 80 年代以后市场营销观念又有了新的发展，它们是对社会市场营销观念的一些新的补充和完善，主要有（　　）、合作营销观念、体验营销观念、网络营销观念等。

A. 关系营销观念　　　　　B. 绿色营销观念　　　　C. 文化营销观念

D. 整体营销观念　　　　　E. 整合营销观念

36. 当今，市场营销学已成为同企业管理相结合，并同（　　）等学科相结合的应用性学科。

A. 经济学　　　　　　　　B. 行为科学　　　　　　C. 人类学

D. 数学　　　　　　　　　E. 心理学

37. 市场营销学起源阶段的主要特点是：（　　）。

A. 研究内容具有较大的实用性，主要是商品销售实务方面的问题

B. 研究领域局限在流通领域，理论上尚未形成完整的体系，真正的市场观念还没有
　　形成

C. 研究活动主要局限于大学课堂和讲坛，还没有得到社会的广泛重视

D. 研究空间受到地域的限制，不灵活

E. 研究人员的水平参差不齐，还没有系统优化

38. 弗莱德·克拉克和韦尔法在其 1932 年出版的《农产品市场销售》中，将农产品市场销售系统划分为（　　）三个相互关联的过程。

A. 分散（化整为零销售）　　B. 平衡（调节供求）　　C. 战略联盟

D. 差异化　　　　　　　　　E. 集中（收购）

39. 弗莱德·克拉克和韦尔法在其 1932 年出版的《农产品市场销售》中，详细研究了营销者在其中执行的市场营销职能，即（　　）、销售和运输。

A. 集中　　　　　　　　　B. 储存　　　　　　　C. 融资

D. 承担风险　　　　　　　E. 标准化

40. 市场营销学发展阶段的主要特点是：（　　）。

A. 市场营销理论开始为企业界所重视

B. 企业虽然引进了市场营销理论，但是所研究的内容仍局限于流通领域

C. 研究活动主要局限于大学课堂和讲坛，还没有得到社会的广泛重视

D. 研究重点在于广告和推销技术等推销实务和技巧

E. 研究思路主要集中在推销产品这一狭窄领域

41. 市场营销学变革阶段的主要特点是：（　　）。

A. 研究内容具有较大的实用性，主要是商品销售实务方面的问题

B. 研究活动主要局限于大学课堂和讲坛，还没有得到社会的广泛重视

C. 以需求为导向的现代营销观念确立，"以消费者需求为中心"成为市场营销的核心理念

D. 市场营销学的研究突破了流通领域，深入到了生产领域和消费领域，形成了现代市场营销学体系

E. 市场营销学的地位空前提高，受到社会各界的普遍重视

42. 市场营销学创新阶段的主要特点是：（　　　）。

A. 发展迅速，影响深广，深受重视

B. 企业虽然引进了市场营销理论，但是所研究的内容仍局限于流通领域

C. 新的理念、新的理论不断涌现，比如绿色营销、定制营销、网络营销、4C 理论等

D. 研究重点在于广告、推销技术等推销实务和技巧

E. 市场营销学学科开始细分，出现服务市场营销学、国际市场营销学、非营利组织营销学等新的学科分支，市场营销学在协同发展和分化扩展中不断完善和创新

43. 市场营销理论中出现过的理论包括（　　　）。

A. 4P　　　　　B. 6P　　　　　C. 7P　　　　　D. 8P　　　　　E. 10P

44. 大市场营销，在以下哪几个方面投入相对比较多？（　　　）

A. 资本　　　　B. 人力　　　　C. 时间　　　　D. 资源　　　　E. 物资

45. 随着对营销战略计划过程的重视，菲利普·科特勒又提出了战略营销计划过程必须优先于战术营销组合（即 4P 组合）的制定，战略营销计划过程也可以用 4P 来表示，分别是（　　　）。

A. 探查　　　　B. 分割　　　　C. 优先　　　　D. 定位　　　　E. 渠道

46. 有形展示包含的要素主要有（　　　）。

A. 实体环境　　　　　　　　B. 装备实体　　　　　　　　C. 实体性信息标志

D. 实体产品　　　　　　　　E. 实体资源

四、名词解释（请用简洁规范的语言描述下列概念）

1. 市场　　　2. 交换　　　3. 需求　　　4. 市场营销　　　5. 市场营销者

6. 市场营销观念　　　7. 推销观念　　　8. 4R 理论　　　9. 6P 理论

10. 社会市场营销观念　　　11. 4C 理论　　12. 4P 理论　　　13. 不规则需求

14. 充分需求　　　15. 过度需求

五、简答题（简要回答下列各小题的知识要点）

1. 简述五种主要的市场经营观念。

2. 简述推销观念和市场营销观念的主要区别。

3. 市场营销的核心概念有哪些？

4. 简述市场营销观念的基本特征。

5. 简述市场需求的几种状况及相应的企业营销任务。

6. 简述生产观念的主要特征。

7. 简述 4P 组合理论内容。

8. 简述 4C 组合理论内容。

9. 简述 4R 组合理论内容。

10. 简述 7P 组合理论内容。

六、论述题（详细回答下列各小题，并阐述自己的观点）

1. 论述市场营销观念、社会市场营销观念与以企业为中心的营销观念之间的区别。
2. 论述一百多年来市场营销管理哲学的演变过程及其背景。
3. 论述 4P 组合理论特点。
4. 论述 6P 组合理论特点。
5. 论述 4C 组合理论存在的问题。

【参考答案要点】

一、判断题

1. ×　理由：现代市场经济条件下，企业必须按照市场需求组织生产。

2. √

3. √

4. ×　理由：市场＝人口＋购买力＋购买欲望。

5. √

6. ×　理由：市场营销学中所讲的产品，一般是指广义的产品。

7. ×　理由：广义的产品是指能够满足人们的某种需要和欲望的任何东西，其价值在于它能给人们带来对欲望的满足。

8. √

9. √

10. ×　理由：市场营销的核心是交换。

11. ×　理由：实现自由交换的关键是创造产品和价值。

12. √

13. √

14. ×　理由：潜伏需求是指相当一部分消费者对于某物有强烈的需求，而现有产品或服务又无法使之满足的一种需求状况。

15. ×　理由：下降需求是指市场对一个或几个产品的需求呈下降趋势的一种需求状况。

16. ×　理由：潜在需求是指消费者对某些产品和服务有消费需求而无购买力，或虽有购买力但并不急于购买的需求状况。

17. ×　理由：负需求是指绝大多数人对某个产品感到厌恶，甚至愿意出钱回避它的一种需求状况。

18. √

19. √

20. √

21. √

22. √

23. ×　理由：在潜伏需求情况下，市场营销管理的任务是开发营销。

24. √

25. ×　理由：生产观念是指导销售行为的最古老的观念之一。这种观念产生于20世纪20年代前。

26. √

27. ×　理由：闭门造车和故步自封是产品观念的温床。

28. √

29. ×　理由：推销观念产生于现代工业高度发展时期，由于市场产品数量增加、花色品种增多、竞争加剧，所以大多数市场成为买方市场（即供大于求，买方更有发言权，卖方要费力争夺消费者的局面）。

30. √

31. √

32. ×　理由：市场营销组合是一个动态组合。

33. √

34. ×　理由：促销包括人员推销、广告、营业推广、公共关系等各种市场营销沟通方式。

35. √

36. √

37. ×　理由：市场营销观念形成于20世纪50年代。

38. ×　理由：推销观念的可取之处是厂商重视发现潜在的消费者，通过加强促销活动，使消费者对产品有所了解或者发生兴趣，进而实现交换。

39. ×　理由：传统观念是以企业为中心的观念。

40. √

41. √

42. √

43. √

44. ×　理由：回报是营销的源泉。

45. √

46. √

47. ×　理由：市场营销组合要素对企业来说都是"可控因素"。

48. √

49. √

50. √

二、单项选择题

1. B　2. C　3. A　4. C　5. A　6. D　7. C　8. D　9. C　10. D　11. B　12. A　13. A　14. C　15. A　16. C　17. D　18. A　19. B　20. D　21. A　22. B　23. C　24. A　25. C　26. B　27. A　28. A　29. B　30. C　31. B　32. C　33. A　34. A　35. B　36. C　37. C　38. B　39. D　40. A　41. B　42. C　43. D　44. A　45. A　46. C　47. D　48. A　49. C　50. D

三、多项选择题

1. ABCD　2. ABCDE　3. ABCDE　4. ABD　5. ABCDE　6. ABE　7. AB

8. ADE　9. ABE　10. BD　11. ABCDE　12. ABCDE　13. ABE　14. ABCDE

15. ABCDE　16. ABCDE　17. CD　18. ABCDE　19. ABCD　20. BCDE

21. ACDE　22. ABCD　23. BCD　24. ABCDE　25. ABCDE　26. ABCD　27. BC

28. AC　29. ABC　30. BCDE　31. ABCDE　32. CDE　33. ABCDE　34. ABC

35. ABCDE　36. ABCD　37. ABC　38. ABE　39. ABCDE　40. ABDE　41. CDE

42. ACE　43. ABE　44. ABC　45. ABCD　46. ABC

四、名词解释

1. 市场是商品经济中生产者和消费者之间为实现产品和服务的价值,所进行的满足需求的交换关系、交换条件以及交换过程的统称。

2. 交换是通过提供某种物品或服务作为回报,从他人处获得所需之物的行为。

3. 需求是指人们有能力并愿意购买某种产品的欲望。

4. 市场营销概念的内涵主要包括以下几个方面:

(1) 市场营销的目的是获得所需所欲之物,即满足个人或集体的需要和欲望。

(2) 市场营销的核心是交换。交换是实现需要和欲望的手段和途径,而且是自由交换,意味着必须在买方自愿选择的基础上实现交换。

(3) 实现自由交换的关键是创造产品和价值。它强调了在向顾客销售某种商品或服务时传递真正价值的重要性,即双方交易有价值的东西,以使双方的状况在交易后都得到改善。

5. 在交换双方中,如果一方比另一方更主动、更积极地寻求交换,则前者称为市场营销者,后者称为潜在消费者。

6. 市场营销观念(Marketing Concept)又称以消费者为中心的观念。这种观念认为,企业的一切计划与策略应以满足消费者的需求为中心,正确确定目标市场的需要与欲望,比竞争者更有效地满足消费者需求。

7. 推销观念认为,消费者不会因自身的需求与愿望主动地购买商品,必须经由推销的刺激才能诱使其采取购买行为。产品是"卖出去的",而不是"被买去的",企业必须对现有产品努力推销,否则就不能增加销售量和利润。

8. 4R组合阐述了一个全新的市场营销要素,即关联(Relevance)、反应(Response)、关系(Relationships)和回报(Returns)。

9. 6P组合包括产品(Product)、价格(Price)、渠道(Place)、促销(Promotion)、权力(Power)与公共关系(Public Relations)。

10. 社会市场营销观念认为,企业的任务是确定各个目标市场的需要、欲望和利益,并以保护或提高消费者和社会福利的方式,比竞争者更有效、更有利地向目标市场提供能够满足其需要、欲望和利益的物品或服务。

11. 4C组合其主要内容包括消费者(Customer)、成本(Cost)、便利(Convenience)、沟通(Communication)。

12. 4P组合包括产品(Product)、价格(Price)、渠道(Place)和促销(Promotion)。

13. 不规则需求是指某些物品或服务的市场需求在一年不同季节,或一周不同日子,甚至一天不同时间上下波动很大的一种需求状况。

14. 充分需求是指某种物品或服务的目前需求水平和时间等于预期的需求水平和时间

的一种需求状况，这是企业最理想的一种需求状况。

15. 过度需求是指某种物品或服务的市场需求超过了企业所能供给或所愿供给的水平的一种需求状况。

五、简答题

1. 五种主要的市场经营观念为：

（1）生产观念认为，消费者喜欢那些可以随处买得到而且价格低廉的产品，企业应致力于提高生产效率和分销效率，扩大生产，降低成本以扩展市场。

（2）产品观念认为，在市场产品有选择的情况下，消费者会欢迎质量最优、性能最好的产品。

（3）推销观念认为，消费者不会因自身的需求与愿望主动地购买商品，必须经由推销的刺激才能诱使其采取购买行为。

（4）市场营销观念（Marketing Concept）又称以消费者为中心的观念。这种观念认为，企业的一切计划与策略应以满足消费者的需求为中心，正确确定目标市场的需要与欲望，比竞争者更有效地满足消费者需求。

（5）社会市场营销观念认为，企业的任务是确定各个目标市场的需要、欲望和利益，并以保护或提高消费者和社会福利的方式，比竞争者更有效、更有利地向目标市场提供能够满足其需要、欲望和利益的物品或服务。

2. 推销观念和市场营销观念的区别：

（1）推销观念认为，消费者不会因自身的需求与愿望主动地购买商品，必须经由推销的刺激才能诱使其采取购买行为。产品是"卖出去的"，而不是"被买去的"，企业必须对现有产品努力推销，否则就不能增加销售和利润。推销观念也仍然是建立在"我们能生产什么，就卖什么"的基础上，同属于"以产定销"的范畴，着眼于现有产品的推销，对消费者只希望通过促销手段诱使其购买，至于消费者满意与否以及会不会重复购买，则比较忽视。推销观念在现代市场经济条件下被大量用于推销那些非渴求物品。推销观念认为大多数市场为买方市场（即供大于求，买方更有发言权，卖方要费力争夺消费者的局面）。

（2）市场营销观念（Marketing Concept）又称以消费者为中心的观念。这种观念认为，企业的一切计划与策略应以满足消费者的需求为中心，正确确定目标市场的需要与欲望，比竞争者更有效地满足消费者需求。市场营销观念确立这样一种信念：企业的一切计划与策略应以满足消费者为中心；满足消费者的需求与愿望是企业的责任；在满足需要的基础上，实现长期的合理的利润。市场营销观念有四个主要支柱：目标市场、整体营销、消费者满意和盈利率。具体表现为"顾客需要什么，我们就生产什么"。

3. 市场营销的核心概念包括：需要、欲望和需求；产品；效用、价值和满足；交换、交易和关系；市场营销者等。

4. 市场营销观念（Marketing Concept）又称以消费者为中心的观念。这种观念认为，企业的一切计划与策略应以满足消费者的需求为中心，正确确定目标市场的需要与欲望，比竞争者更有效地满足消费者需求。市场营销观念确立这样一种信念：企业的一切计划与策略应以满足消费者为中心；满足消费者的需求与愿望是企业的责任；在满足需要的基础上，实现长期的合理的利润。市场营销观念有四个主要支柱：目标市场、整体营销、消费者满意和盈利率。市场营销观念根据"消费者主权论"，相信决定生产什么产品的权力不在于生产者，也不在于政府，而在于消费者，因而将过去"一切从企业出发"的旧观念，转变为"一切从消费者出发"的新观念，即企业的一切活动都围绕满足消费者需要来进行。

5. 市场需求的状况及相应的企业营销任务为：

(1) 负需求是指绝大多数人对某个产品感到厌恶，甚至愿意出钱回避它的一种需求状况。在负需求情况下，市场营销管理的任务是改变营销。

(2) 无需求是指目标市场对产品毫无兴趣或漠不关心的一种需求状况。在无需求情况下，市场营销管理的任务是通过刺激市场来创造需求。

(3) 潜伏需求是指相当一部分消费者对于某物有强烈的需求，而现有产品或服务又无法使之满足的一种需求状况。在潜伏需求情况下，市场营销管理的任务是开发营销。

(4) 下降需求是指市场对一个或几个产品的需求呈下降趋势的一种需求状况。在下降需求情况下，市场营销管理的任务是重振营销。

(5) 不规则需求是指某些物品或服务的市场需求在一年不同季节，或一周不同日子，甚至一天不同时间上下波动很大的一种需求状况。在不规则需求情况下，市场营销管理的任务是协调营销。

(6) 充分需求是指某种物品或服务的目前需求水平和时间等于预期的需求水平和时间的一种需求状况，这是企业最理想的一种需求状况。在充分需求情况下，市场营销管理的任务是维持营销。

(7) 过度需求是指某种物品或服务的市场需求超过了企业所能供给或所愿供给的水平的一种需求状况。在过度需求情况下，市场营销管理的任务是降低营销。

(8) 有害需求是指市场对某些有害物品或服务的需求。对于有害需求，市场营销管理的任务是反营销

6. 生产观念的主要特征为：

(1) 适用条件：生产力水平低、卖方市场。

(2) 营销思想：生产什么、卖什么。

(3) 企业任务：增加产量、降低成本。

(4) 观念特征：生产中心论。

7. 4P 理论的内容为：

市场营销组合的基本框架可以概括为 4P。在麦卡锡提出的 4P 组合中，将市场营销要素概括为 4 类：产品(Product)、价格(Price)、渠道(Place)和促销(Promotion)。由于这四个名词的英文字母开头都是 P，所以又称之为 4P 组合。

(1) 产品(Product)。"产品"代表消费者所购买的商品，包括产品的实体、产品品牌、产品组合、产品服务、产品包装等要素。

(2) 价格(Price)。"价格"代表消费者购买商品时的价格，包括价目表所列的价格(List Price)、折扣(Discount)、折让(Allowances)、支付期限、信用条件等要素。

(3) 渠道(Place)。"渠道"代表企业为将其产品送达目标市场(或目标消费者)所进行的各种活动，包括中间商选择、渠道管理、仓储、运输以及物流配送等要素。

(4) 促销(Promotion)。"促销"代表企业为宣传介绍其产品的优点和为说服目标消费者购买其产品所进行的各种活动，包括人员推销、广告、营业推广、公共关系等要素。

8. 4C组合理论内容：

(1) 消费者(Customer)。消费者是企业一切经营活动的核心。

(2) 成本(Cost)。将营销价格因素延伸为生产经营全过程的成本。

(3) 便利(Convenience)。便利，就是方便消费者，维护消费者利益，为消费者提供全方位的服务。

(4) 沟通(Communication)。强调企业应重视与消费者的双向沟通，以积极的方式适应消费者的情感，建立基于共同利益之上的新型的企业-消费者关系。

9. 4R组合理论阐述了一个全新的市场营销要素构成，即关联(Relevance)、反应(Response)、关系(Relationships)和回报(Returns)：① 与消费者建立关联；② 提高市场反应速度；③ 关系营销越来越重要了；④ 回报是营销的源泉。

10. 7P组合理论中的7P是指：产品(Product)、定价(Price)、渠道(Place)、促销(Promotion)、人员(People)、有形展示(Physical Evidence)和过程(Process)。

六、论述题

1. 以企业为中心的营销观念、市场营销观念与社会市场营销观念的区别为下所述：

(1) 以企业为中心的营销观念包括生产观念、产品观念和推销观念。生产观念认为，消费者喜欢那些可以随处买得到而且价格低廉的产品，企业应致力于提高生产效率和分销效率，扩大生产，降低成本以扩展市场。产品观念认为，在市场产品有选择的情况下，消费者会欢迎质量最优、性能最好的产品。推销观念认为，消费者不会因自身的需求与愿望主动地购买商品，必须经由推销的刺激才能诱使其采取购买行为。

(2) 市场营销观念(Marketing Concept)又称以消费者为中心的观念。市场营销观念形成于20世纪50年代。这种观念认为，企业的一切计划与策略应以满足消费者的需求为中心，正确确定目标市场的需要与欲望，比竞争者更有效地满足顾客需求。市场营销观念确立这样一种信念：企业的一切计划与策略应以满足消费者为中心；满足消费者的需求与愿望是企业的责任；在满足需要的基础上，实现长期的合理的利润。市场营销观念有四个主要支柱：目标市场、整体营销、消费者满意和盈利率。

(3) 社会市场营销观念(Social Marketing Concept)。20世纪70年代，在西方资本主义国家出现能源短缺、通货膨胀、失业增加、环境污染严重、消费者保护运动盛行的新形势下，市场营销观念却回避了消费者需要、消费者利益和长期社会福利之间隐含着冲突的现实。社会市场营销观念认为，企业的任务是确定各个目标市场的需要、欲望和利益，并以保护或提高消费者和社会福利的方式，比竞争者更有效、更有利地向目标市场提供能够满足其需要、欲望和利益的物品或服务。社会市场营销观念要求企业为消费者提供产品和服务，不仅要以消费者为中心，以满足消费者需求和欲望为出发点，而且要兼顾消费者、社会和企业自身三方面利益，在满足消费者需求、增加社会福利的过程中获利。这就要求企业承担社会责任，协调企业与社会的关系，求得企业的健康发展。这种观念符合社会可持续发展的要求，应当大力提倡。

2. 市场营销管理哲学的演变可划分为生产观念、产品观念、推销观念、市场营销观念和社会营销观念五个阶段。

(1) 生产观念(Production Concept)是指导销售行为的最古老的观念之一。这种观念产生于20世纪20年代前。企业经营哲学不是从消费者需求出发，而是从企业生产出发。认为生产是最重要的因素，只要生产出有用的产品，就不愁没有销路，其主要表现是"我生产什么，就卖什么"。生产观念认为，消费者喜欢那些可以随处买得到而且价格低廉的产品，企业应致力于提高生产效率和分销效率，扩大生产，降低成本以扩展市场。

（2）产品观念（Product Concept）。在生产观念阶段的末期，供不应求的市场现象在西方社会得到了缓和，产品观念应运而生。产品观念认为，在市场产品有选择的情况下，消费者会欢迎质量最优、性能最好的产品。因此，企业应致力于制造质量优良的产品，并经常不断地加以改善和提高。

（3）推销观念（Selling Concept）产生于资本主义国家由"卖方市场"向"买方市场"过渡的阶段。大量生产使供给趋于饱和，而需求却增长缓慢，资本主义已处于严重的经济危机和不景气之中，市场问题十分尖锐。推销观念具体表现为：我们卖什么，就让人们买什么。

（4）市场营销观念（Marketing Concept）又称以消费者为中心的观念。市场营销观念形成于 20 世纪 50 年代。这种观念认为，企业的一切计划与策略应以满足消费者的需求为中心，正确确定目标市场的需要与欲望，比竞争者更有效地满足消费者需求。市场营销观念确立这样一种信念：企业的一切计划与策略应以满足消费者为中心；满足消费者的需求与愿望是企业的责任；在满足需要的基础上，实现长期的合理的利润。市场营销观念有四个主要支柱：目标市场、整体营销、消费者满意和盈利率。

（5）社会市场营销观念（Social Marketing Concept）。20 世纪 70 年代，在西方资本主义国家出现能源短缺、通货膨胀、失业增加、环境污染严重、消费者保护运动盛行的新形势下，市场营销观念却回避了消费者需要、消费者利益和长期社会福利之间隐含着冲突的现实。社会市场营销观念认为，企业的任务是确定各个目标市场的需要、欲望和利益，并以保护或提高消费者和社会福利的方式，比竞争者更有效、更有利地向目标市场提供能够满足其需要、欲望和利益的物品或服务。社会市场营销观念要求企业为消费者提供产品和服务，不仅要以消费者为中心，以满足消费者需求和欲望为出发点，而且要兼顾消费者、社会和企业自身三方面利益，在满足消费者需求、增加社会福利的过程中获利。这就要求企业承担社会责任，协调企业与社会的关系，求得企业的健康发展。这种观念符合社会可持续发展的要求，应当大力提倡。

3. 4P 组合理论特点：

（1）市场营销组合要素对企业来说都是"可控因素"。企业根据目标市场的需要，可以决定自己的产品结构，制定产品价格，选择分销渠道（地点）和促销方案等。对这些市场营销手段的运用和搭配，企业有自主权。但这种自主权是相对的，不能随心所欲，因为企业市场营销过程不但要受到企业自身资源和目标的制约，而且还要受各种微观和宏观环境因素的影响和制约，这些是企业不可控制的变量，即"不可控因素"。因此，市场营销管理人员的任务就是适当安排市场营销组合，使之与不可控制的环境因素相适应，这是企业市场营销能否成功的关键。

（2）市场营销组合是一个复合结构。四个"P"又各自包含若干要素，形成各个"P"的亚组合，因此，市场营销组合是至少包括两个层次的复合结构。企业在确定市场营销组合时，不仅要求四个"P"之间的最佳搭配，而且要注意安排好每个"P"内部的搭配，使所有要素达到灵活运用和有效组合。

（3）市场营销组合又是一个动态组合。每一个组合要素都是不断变化的，是一个变量；

同时又是互相影响的，每个要素都是另一个要素的潜在替代者。在四个大的变量中，又各自包含着若干小的变量，每一个变量的变动，都会引起整个市场营销组合的变化，形成一个新的组合。

（4）市场营销组合要受企业市场定位战略的制约，即根据市场定位战略设计来安排相应的市场营销组合。

4. 6P 组合理论特点：

（1）大市场营销的目的是打开市场之门，进入市场。在一般市场营销活动中，对于某一产品来说，市场已经存在，面临的首要问题是了解市场对这种产品需求的特点，以便根据市场需求特点开展有针对性的营销活动，满足市场需求，实现企业经营目标。在大市场营销条件下，企业面临的首要问题是如何进入市场，影响和改变社会公众、顾客、中间商等企业营销活动对象的态度和习惯，使企业营销活动能顺利开展。

（2）大市场营销的涉及面比较广泛。在一般市场营销活动中，企业营销主要与顾客、经销商、广告代理商、资源供应者、市场研究机构发生联系。在大市场营销条件下，企业营销活动除了与上述方面发生联系外，还涉及更为广泛的社会集团和个人，比如立法机构、政府部门、政党、社会团体、工会、宗教机构等，企业必须争取各方面的支持与合作。

（3）大市场营销的手段较为复杂。在一般市场营销活动中，企业市场营销的基本手段是 4P 要素及其组合；在大市场营销条件下，企业的营销组合是 6P 要素的组合。就权力而言，在开展大市场营销时，为了进入特定市场，必须找到有权打开市场之门的人，这些人可能是具有影响力的企业高级管理人员、立法部门或政府部门的官员等。营销人员要有高超的游说本领和谈判技巧，以便能使这些"守门人"采取积极合作的态度，达到预期目的。然而，单纯靠权力，有时难以使企业进入市场并巩固其在市场中的地位，而通过各种公共关系活动，逐渐在公众中树立起良好的企业形象和产品形象，往往能收到更广泛、更持久的效果。

（4）大市场营销不仅采用积极的诱导方式，也采用消极的诱导方式。在一般市场营销活动中，交易各方遵循自愿、互利的原则，通常以积极的诱导方式促成交易。在大市场营销条件下，对方可能提出超出合理范围的要求，或者根本不接受积极的诱导方式。因此，有时要采用消极的诱导方式，"软硬兼施"，促使交易。但消极的诱导方式有悖于职业道德，有可能引起对方的反感，因此要慎用或不用。

（5）大市场营销投入的资本、人力、时间较多。在大市场营销条件下，由于要与多个方面打交道，逐步消除或减少各种壁垒，企业必须投入较多的人力和时间，花费较大的资本。

5. 4C 组合理论存在以下问题：

（1）4C 是消费者导向，而市场经济要求的是竞争导向。消费者导向与市场竞争导向的本质区别是：前者看到的是消费者需求并以此作为营销工作的核心；而后者不仅看到了需求，更注意到了竞争对手，客观分析自身在竞争中的优劣势，并采取相应的策略，在竞争中求发展。

（2）随着 4C 组合融入营销策略和行为中，虽然推动了营销实践的发展和进步，但企业营销又会在新的层次上同一化，不能形成个性化的营销优势，保证企业市场份额的稳定性、积累性和发展性。

（3）4C 以消费者需求为导向，但消费者需求有个合理性问题。消费者总是希望产品质量好、价格低，特别是在价格上需求是无界限的。如果只看到满足消费者需求的一面，企业必然付出更大的成本，久而久之，会影响企业的发展。所以从长远看，企业经营要遵循双赢的原则，这是4C组合需要进一步解决的问题。

（4）4C仍然没有体现既赢得客户，又长期地拥有客户的关系营销思想，没有解决满足客户需求的操作性问题，比如提供集成解决方案、快速做出反应等。

（5）4C总体上虽是4P的转化和发展，但被动适应消费者需求的色彩较浓。根据市场营销实践的发展，需要从更高层次以更有效的方式在企业与消费者之间建立起有别于传统的新型的主动性关系，比如互动关系、双赢关系、关联关系等。

第二章　市场营销环境分析

一、判断题（请判断下列各小题是否正确，正确的在题后的括号内打"√"，错误的打"×"，错误的请给出理由）

1. 市场营销环境是存在于企业营销系统外部的不可控或难以控制的因素和力量，这些因素和力量是影响企业营销活动及其目标实现的外部条件。（　　　）

2. 微观环境与企业密切相关，是企业营销活动的参与者，直接影响与制约企业的营销能力，它与企业具有或多或少的经济联系，也称为间接营销环境。（　　　）

3. 宏观环境一般以微观环境为媒介去影响和制约企业的营销活动，故被称为间接营销环境，在特定场合，也可以直接影响企业的营销活动。（　　　）

4. 市场营销环境的客观性又可称为可控性。（　　　）

5. "适者生存"既是自然界演化的法则，也是企业营销活动的法则，属于市场营销环境特征中的客观性。（　　　）

6. 市场营销环境的差异性不仅表现在不同的企业受不同环境的影响，而且同样一种环境因素的变化对不同企业的影响也不相同。（　　　）

7. 市场营销环境是一个系统。在这个系统中，各个影响因素是相互依存、相互作用和相互制约的。（　　　）

8. 市场营销环境是企业营销活动的基础和条件，这并不意味着市场营销环境是一成不变的、静止的。（　　　）

9. 影响市场营销环境的因素是多方面的，也是复杂的，并表现出企业可控性。（　　　）

10. 企业可以通过对内部环境要素的调整与控制，进而对外部环境施加一定的影响，最终促使某些环境要素向预期的方向转化。（　　　）

11. 微观营销环境不仅受制于宏观营销环境，而且与企业营销形成协作、竞争、服务、监督的关系，直接影响与制约企业的营销能力。（　　　）

12. 微观营销环境主要包括企业的供应商、营销中介机构、顾客、竞争者、社会公众以及企业内部参与营销决策的各部门。（　　　）

13. 科特勒将市场营销环境分为微观环境和宏观环境两大类。（　　　）

14. 营销中介是向企业供应他们生产产品和劳务所需要的各种资源的企业。（　　　）

15. 营销中介是指帮助企业推广、销售和分配产品给最终买主的企业或个人，包括中间商、物流机构、市场营销服务机构以及金融中介机构等。（　　　）

16. 中间商是协助企业寻找顾客或直接与顾客进行交易的商业企业，包括商人中间商和代理中间商。（　　　）

17. 物流机构是帮助企业储存、运输产品的专业组织，包括仓储公司和运输公司。（　　　）

18. 营销服务机构是指协助厂商融资或分担货物购销储运风险的机构，包括银行、信

贷公司、保险公司以及其他对货物购销提供融资或保险的各种公司。（　　　）

19. 顾客是指购买商品的人，是商业服务或产品的采购者，他们可能是最终消费者，也有可能是中间商或供应链内的其他中间人。（　　　）

20. 顾客是企业产品和服务得以价值转换和实现的承接者，企业的一切营销活动都要以满足顾客的需要为中心，所以顾客是企业最重要的微观营销环境因素。（　　　）

21. 欲望竞争者指的是提供不同产品、满足不同消费欲望的竞争者。（　　　）

22. 消费者在年终收入有较多增加后，为了改善生活，可以添置家庭耐用消费品，可以外出旅游，也可以装修住宅等等，这属于属类竞争者。（　　　）

23. 属类竞争者是指满足同一消费欲望的不同产品之间的可替代性，是消费者在决定需要的类型之后出现的次一级竞争，又称为平行竞争。（　　　）

24. 产品竞争者是指生产同种产品，但提供不同规格、型号、款式的竞争者。（　　　）

25. 竞争是指满足相同需求的，规格和型号等相同的同类产品的不同品牌之间在质量、特色、服务、外观等方面所展开的竞争。（　　　）

26. 以电视机为例，索尼、长虹、夏普、海信等众多产品之间就互为品种竞争者。（　　　）

27. 公众是指对一个组织完成其目标的能力有着实际或潜在兴趣或影响的群体。（　　　）

28. 公众一定有助于增强一个企业实现自身目标的能力。（　　　）

29. 企业的员工包括高层管理人员和一般职工，都属于企业的内部公众。（　　　）

30. 金融公众是指影响企业融资能力的机构，比如银行、投资公司、证券经纪公司、保险公司等。（　　　）

31. 媒体公众主要指报社、杂志社、广播电台和电视台等大众传播媒体。（　　　）

32. 人口数量取决于人口的出生率。（　　　）

33. 人口是构成市场的第一要素，人口数量直接决定了市场的规模和潜在容量。（　　　）

34. 不同年龄的消费者对商品和服务的需求是不一样的，不同年龄结构就形成了各自具有年龄特色的市场。（　　　）

35. 家庭是商品购买和消费的基本单位，一个国家或地区家庭单位的多少以及家庭平均人口的多少，可以直接影响到某些消费品的需求数量。（　　　）

36. 经济环境是影响企业营销活动的主要环境因素，它包括收入因素、消费支出、产业结构、经济增长率、货币供应量、银行利率、政府支出等因素。（　　　）

37. 支出因素是构成市场的重要因素，甚至是极为重要的因素。（　　　）

38. 国民生产总值是衡量一个国家经济实力与购买力的重要指标。（　　　）

39. 个人可支配收入这个指标大体反映了一个国家人民生活水平的高低，也在一定程度上决定商品需求的构成。（　　　）

40. 一般来讲，家庭收入高，对消费品需求大，购买力也大；反之，需求小，购买力也小。（　　　）

41. 恩格尔系数越大，食品支出所占比重越小，表明生活富裕、生活质量高。（　　　）

42. 消费者的储蓄行为直接制约着市场消费量购买的大小，当收入一定时，如果储蓄增多，现实的购买量就会增加。（　　　）

43. 科技环境可能是目前影响人类命运最引人注目的因素，科学技术创造了诸如抗生素、器官移植和笔记本电脑等这样的奇迹。（　　　）

44. 法律政治环境是影响企业营销的重要宏观营销环境因素，包括政治环境和法律环境。（　　）

45. 宗教是构成社会文化的重要因素，它对人们消费需求和购买行为的影响较大。（　　）

46. 不同文化背景下，人们的价值观念往往有着很大的差异。消费者对商品的色彩、标识、式样以及促销方式都会有自己不同的意见和态度，因此企业必须根据消费者不同的价值观念来设计产品，提供服务。（　　）

47. 环境中凡是对企业经营有利的因素，称为市场机会；而所有对企业经营不利的因素，称为市场威胁。（　　）

48. 威胁中的企业策略包括转移策略、减轻策略、对抗策略。（　　）

49. 消费习俗是指人们在长期经济与社会活动中所形成的一种消费方式与习惯。（　　）

50. 社会文化环境是指在一种社会形态下已经形成的价值观念、宗教信仰、风俗习惯、道德规范等方面的总和。（　　）

二、单项选择题（请在下列每小题中选择一个最合适的答案）

1. 市场营销学理论认为，企业的市场营销环境可以分为（　　）。
   A. 自然环境和文化环境　　　　　　B. 微观环境和宏观环境
   C. 政治环境和法律环境　　　　　　D. 经济环境和人口环境

2. 根据恩格尔定律，随着一个家庭收入的逐渐增多，其用于购买食品的支出占家庭所有收入的比重将会（　　）。
   A. 下降　　　　　B. 大体不变　　　　　C. 上升　　　　　D. 时升时降

3. 与企业紧密相联，直接影响企业营销能力的各种参与者，这是指（　　）。
   A. 宏观营销环境　　　　　　　　　B. 微观营销环境
   C. 营销环境　　　　　　　　　　　D. 营销组合

4. （　　）是向企业及其竞争者提供生产经营所需资源的企业或个人。
   A. 经销商　　　　B. 供应商　　　　C. 广告商　　　　D. 中间商

5. 市场营销环境是企业营销职能外部（　　）的因素和力量。
   A. 可控制　　　　B. 不可控制　　　　C. 可改变　　　　D. 不可捉摸

6. 影响汽车、住房以及奢侈品等商品销售的主要因素是（　　）。
   A. 消费者支出模式　　　　　　　　B. 消费者储蓄和信贷
   C. 个人可任意支配收入　　　　　　D. 个人可支配收入

7. 通过市场调查发现，保健品市场的兴起是由于人们的观念发生变化而引起的，这一因素属于宏观营销环境中的（　　）。
   A. 经济环境　　　　B. 政治环境　　　　C. 社会文化环境　　　　D. 科技环境

8. 来自于消费者的工资、奖金、红利、租金、退休金、股息等的收入称为（　　）。
   A. 可支配收入　　　　B. 名义收入　　　　C. 消费者收入　　　　D. 实际收入

9. 某位消费者在选购液晶电视机的时候，在夏普、松下、海信、创维、海尔等品牌之间进行选择，最终选择了海信，则这些公司之间属于（　　）。
   A. 欲望竞争者　　　　B. 属类竞争者　　　　C. 品牌竞争者　　　　D. 产品竞争者

10. 国内市场可以划分为消费者市场、生产者市场、中间商市场以及非营利组织市场，划分的依据是（　　）。

A. 购买动机　　　　　B. 人口因素　　　　　C. 商品用途　　　　　D. 购买心理

11. 影响消费需求变化最活跃的因素是（　　）。

A. 个人可支配收入　　　　　　　　　　B. 个人收入

C. 可任意支配收入　　　　　　　　　　D. 人均国内生产总值

12. （　　）主要是指一个国家或地区的民族特征、价值观念、生活方式、风俗习惯、宗教信仰、伦理道德、教育水平、语言文字等的总和。

A. 自然资源　　　　　B. 政治法律　　　　　C. 科技技术　　　　　D. 社会文化

13. 购买商品和服务供自己消费的个人和家庭，称之为（　　）。

A. 组织市场　　　　　B. 转售市场　　　　　C. 消费者市场　　　　　D. 生产者市场

14. 某人从城西去城东上班，选择了骑自行车而放弃了乘坐公共汽车，则自行车生产厂商和公共汽车公司之间属于（　　）。

A. 品牌竞争者　　　　B. 属类竞争者　　　　C. 欲望竞争者　　　　D. 产品竞争者

15. 咖啡生产厂商和茶叶生产厂商之间的竞争关系是（　　）。

A. 属类竞争者　　　　B. 品牌竞争者　　　　C. 欲望竞争者　　　　D. 产品竞争者

16. 旅游业、体育运动消费业、图书出版业以及文化娱乐业为争夺消费者一年内的支出而相互竞争，它们彼此之间是（　　）。

A. 欲望竞争　　　　　B. 属类竞争　　　　　C. 品种竞争　　　　　D. 产品竞争

17. 一位消费者为锻炼身体准备购买体育用品和选择运动场地，他在羽毛球和网球运动中选择了去体育馆打羽毛球，则这两种运动之间属于（　　）。

A. 产品竞争者　　　　B. 欲望竞争者　　　　C. 属类竞争者　　　　D. 品牌竞争者

18. 威胁水平和机会水平都高的业务，被称为（　　）。

A. 理想业务　　　　　B. 成熟业务　　　　　C. 风险业务　　　　　D. 困难业务

19. 威胁水平高而机会水平低的业务，被称为（　　）。

A. 理想业务　　　　　B. 成熟业务　　　　　C. 风险业务　　　　　D. 困难业务

20. 威胁水平和机会水平都低的业务，被称为（　　）。

A. 理想业务　　　　　B. 成熟业务　　　　　C. 风险业务　　　　　D. 困难业务

21. 间接营销环境一般以微观环境为媒介去影响和制约企业的营销活动，主要指（　　）。

A. 营销环境　　　　　B. 微观营销环境　　　C. 宏观营销环境　　　D. 营销组合

22. 市场营销环境是企业营销活动的基础和条件，这指的是市场营销环境的哪一特征？（　　）

A. 客观性　　　　　　B. 动态性　　　　　　C. 不可控性　　　　　D. 相关性

23. 企业可以通过对内部环境要素的调整与控制，进而对外部环境施加一定的影响，最终促使某些环境要素向预期的方向转化，这指的是市场营销环境的（　　）。

A. 可影响性　　　　　B. 相关性　　　　　　C. 差异性　　　　　　D. 不可控性

24. 影响市场营销环境的因素是多方面的，也是复杂的，并表现出企业的（　　）。

A. 客观性　　　　　　B. 差异性　　　　　　C. 不可控性　　　　　D. 可影响性

25. （　　）是指帮助企业推广、销售和分配产品给最终买主的企业或个人。

A. 营销中介　　　　　B. 中间商　　　　　　C. 企业自身　　　　　D. 营销中心

26. 帮助企业储存、运输产品的专业组织，包括仓储公司和运输公司，指的是以下哪个

机构?（　　）

    A. 营销服务机构　　　　B. 物流机构　　　　C. 金融中介机构　　　　D. 中间商

27. 消费者市场是指为满足自身需要而购买的一切个人和家庭构成的市场,这是（　　）。

    A. 初级市场　　　　B. 二级市场　　　　C. 一级市场　　　　D. 最终市场

28. （　　）是指提供不同产品、满足不同消费欲望的竞争者,消费者在同一时刻的欲望是多方面的,但很难同时满足,这就出现了不同的需要,即不同产品的竞争。

    A. 产品竞争者　　　　B. 欲望竞争者　　　　C. 属类竞争者　　　　D. 品牌竞争者

29. 满足同一消费欲望的不同产品之间的可替代性,是消费者在决定需要的类型之后出现的次一级竞争,这称为（　　）。

    A. 欲望竞争者　　　　B. 属类竞争者　　　　C. 产品竞争者　　　　D. 品牌竞争者

30. 满足相同需求的、规格和型号等相同的同类产品的不同品牌之间在质量、特色、服务、外观等方面所展开的竞争,这称为（　　）。

    A. 产品竞争者　　　　B. 欲望竞争者　　　　C. 属类竞争者　　　　D. 品牌竞争者

31. （　　）是影响企业融资能力的机构,比如银行、投资公司、证券经纪公司、保险公司等等,企业可以通过发布真实而乐观的年度财务报告,回答关于财务问题的询问,稳健地运用资金。

    A. 媒体公众　　　　B. 政府公众　　　　C. 金融公众　　　　D. 内部公众

32. （　　）是衡量一个国家经济实力与购买力的重要指标。

    A. 人均国民收入　　　　　　　　B. 国民生产总值

    C. 个人可支配收入　　　　　　　D. 个人可任意支配收入

33. （　　）指标大体反映了一个国家人民生活水平的高低,也在一定程度上决定商品需求的构成。

    A. 个人可任意支配收入　　　　　B. 个人可支配收入

    C. 人均国民收入　　　　　　　　D. 国民生产总值

34. （　　）是影响消费者购买生活必需品的决定性因素。

    A. 人均国民收入　　　　　　　　B. 个人可任意支配收入

    C. 国民生产总值　　　　　　　　D. 个人可支配收入

35. 收入、消费支出、产业结构、经济增长率、货币供应量、银行利率、政府支出等,这些影响企业营销活动的主要环境因素属于（　　）。

    A. 经济环境　　　　　　　　　　B. 自然环境

    C. 人口环境　　　　　　　　　　D. 社会文化环境

36. 把世界各国经济发展归纳为五种类型,即传统经济社会阶段、经济起飞前的准备阶段、经济起飞阶段、迈向经济成熟阶段、大量消费阶段,凡属前三个阶段的国家称为发展中国家,处于后两个阶段的国家称为发达国家。这是以下哪位学者的经济成长阶段理论?（　　）

    A. 菲利普　　　　B. 罗斯托　　　　C. 恩格斯　　　　D. 麦肯锡

37. 石油、煤炭、银、锡、铀等属于（　　）。

    A. 可再生资源　　　B. 不可再生资源　　　C. 自然资源　　　D. 自然环境

38. 创造了诸如抗生素、器官移植和笔记本电脑等这样的奇迹,但也带来了像原子弹、

神经毒气和半自动武器这样恐怖的东西，这属于以下哪个环境因素的作用？（　　）

    A. 政治法律环境　　B. 社会文化环境　　C. 科技环境　　D. 经济环境

39. 在一种社会形态下已经形成的价值观念、宗教信仰、风俗习惯、道德规范等方面的总和属于（　　）。

    A. 政治法律环境　　B. 科技环境　　C. 社会文化环境　　D. 经济环境

40. 消费者对商品的色彩、标识、式样以及促销方式都会有自己不同的意见和态度，这属于（　　）。

    A. 教育状况　　B. 宗教信仰　　C. 价值观念　　D. 消费习俗

41. 充分利用企业优势与外部机会的战略，是一种理想的战略模式，这指的是（　　）。

    A. SO 策略　　B. WO 策略　　C. ST 策略　　D. WT 策略

42. 企业存在外部机会，但由于企业存在一些内部弱点而妨碍其利用机会，可采取措施先克服这些弱点，是一种扭转性的战略模式，这属于（　　）。

    A. WT 策略　　B. SO 策略　　C. WO 策略　　D. ST 策略

43. （　　）是指企业利用自身优势，回避或减轻外部威胁所造成的影响，企业可以利用开发新技术产品等途径来回避威胁，体现多元化的经营思路。

    A. SO 策略　　B. WO 策略　　C. ST 策略　　D. WT 策略

44. 企业可采取目标聚集战略或差异化战略，来回避成本劣势及其带来的威胁，这属于（　　）。

    A. SO 策略　　B. WO 策略　　C. ST 策略　　D. WT 策略

45. 当企业面临环境威胁时，通过改变自己受到威胁的产品现有市场，或者将投资方向转移来避免环境变化对企业所带来的威胁，这属于（　　）。

    A. 减轻策略　　　　　　　　B. 转移策略
    C. 对抗策略　　　　　　　　D. 果断放弃策略

46. 环境变化导致企业某些原材料价格大幅度上涨，致使本企业的产品成本增加，在企业无条件或不准备放弃目前主要产品的经营时，可以实施（　　）。

    A. 转移策略　　　　　　　　B. 对抗策略
    C. 减轻策略　　　　　　　　D. 及时利用策略

47. 尽管营销市场机会十分具有吸引力，但企业缺乏必要的条件，无法加以利用，此时企业应做出（　　）。

    A. 及时利用策略　　　　　　B. 果断放弃策略
    C. 待机利用策略　　　　　　D. 对抗策略

48. 在短时间内不会发生变化，而企业暂时又不具备利用市场机会的必要条件，可以实施（　　）。

    A. 待机利用策略　　　　　　B. 及时利用策略
    C. 对抗策略　　　　　　　　D. 果断放弃策略

49. 威胁水平低而机会水平高的业务，被称为（　　）。

    A. 理想业务　　B. 成熟业务　　C. 风险业务　　D. 困难业务

50. 直接影响到某些消费品的需求数量，比如两口之家的小夫妻会热衷于休闲旅游，而等到变成三口之家之后，以培养下一代为目标，消费重点就会转移到小孩身上，这属于(　　)。

    A. 年龄结构　　　　　　　　　　　　B. 民族结构

    C. 教育与职业结构　　　　　　　　　D. 家庭结构

三、多项选择题(下列各小题有两个或两个以上的正确答案,请准确选出全部正确答案)

1. 以下属于企业微观营销环境因素的是(　　)。

    A. 竞争者　　　　B. 科技　　　　C. 公众　　　　D. 经济　　　　E. 营销中介

2. 以下属于企业宏观营销环境因素的是(　　)。

    A. 经济环境　　　　　　B. 政治法律环境　　　　　　C. 社会文化环境

    D. 供应商　　　　　　E. 自然环境

3. 市场营销环境的特征有(　　)。

    A. 客观性　　　　　　　B. 差异性　　　　　　　　C. 相关性

    D. 动态性　　　　　　　E. 不可控性

4. 营销中介是指为企业融通资金、销售产品给最终购买者,提供各种有利于营销服务的机构包括(　　)。

    A. 中间商　　　　　　　B. 营销服务机构　　　　　C. 证券交易机构

    D. 物流机构　　　　　　E. 金融中介机构

5. 对环境威胁的分析,一般着眼于(　　)。

    A. 威胁是否存在　　　　B. 威胁实现的可能性　　　C. 威胁的征兆

    D. 预测威胁到来的时间　E. 威胁的潜在严重性

6. 从消费者做出购买决策的过程分析,企业在市场上所面对的竞争者,大体上可以分为(　　)。

    A. 欲望竞争者　　　　　B. 属类竞争者　　　　　　C. 产品竞争者

    D. 品种竞争者　　　　　E. 品牌竞争者

7. 以下竞争形式中属于同行业竞争的是(　　)。

    A. 欲望竞争者　　　　　B. 属类竞争者　　　　　　C. 产品竞争者

    D. 品种竞争者　　　　　E. 品牌竞争者

8. 宏观营销环境中的社会文化环境具体包括(　　)。

    A. 教育状况　　　　　　B. 宗教信仰　　　　　　　C. 价值观念

    D. 消费习俗　　　　　　E. 信贷

9. 对市场机会的分析,一般着眼于(　　)。

    A. 机会是否存在　　　　B. 机会的大小　　　　　　C. 机会发生的时间

    D. 机会成功的可能性　　E. 机会潜在的吸引力

10. 威胁中的企业应对策略,主要有(　　)。

    A. 转移策略　　　　　　B. 对抗策略　　　　　　　C. 利用策略

    D. 减轻策略　　　　　　E. 果断放弃策略

11. 公众是指对一个组织完成其目标的能力有着实际或潜在兴趣或影响的群体,企业所面临的公众,主要包括(　　)。

    A. 金融公众　　　　　　B. 媒体公众　　　　　　　C. 政府公众

D. 群众团体　　　　　　　　E. 当地公众

12. 企业应重视对人口环境的研究，密切关注人口特性及其发展趋势，及时地调整市场营销策略以适应人口环境的变化。人口环境中主要包括(　　)。

A. 人口数量　　　　　　B. 年龄结构　　　　　　C. 性别结构

D. 收入与支出状况　　　E. 家庭结构

13. 经济环境是影响企业营销活动的主要环境因素，主要包括(　　)。

A. 收入因素　　　　　　B. 消费支出　　　　　　C. 产业结构

D. 经济增长率　　　　　E. 货币供应量

14. 收入因素是构成市场的重要因素，甚至是极为重要的因素，主要包括(　　)。

A. 国民生产总值　　　　B. 人均国民收入　　　　C. 个人可支配收入

D. 个人可任意支配收入　E. 储蓄

15. 美国学者罗斯托(W. W. Rostow)的经济成长阶段理论，把世界各国经济发展归纳为(　　)。

A. 经济发展阶段　　　　B. 传统经济社会　　　　C. 经济起飞阶段

D. 迈向经济成熟阶段　　E. 大量消费阶段

16. 从上世纪60年代开始，世界各国开始关注经济发展对自然环境的影响，而对市场营销管理者来说，应该关注自然环境变化的趋势。以下属于自然环境的是(　　)。

A. 自然资源日益短缺　　B. 环境污染日趋严重　　C. 政府干预不断加强

D. 法律环境　　　　　　E. 社会文化环境

17. 科技环境(Technological Environment)可能是目前影响人类命运最引人注目的因素。以下属于科技环境的是(　　)。

A. 风俗习惯　　　　　　B. 抗生素　　　　　　　C. 笔记本电脑

D. 原子弹　　　　　　　E. 器官移植

18. 营销中介是指为企业融通资金、销售产品给最终购买者、提供各种有利于营销服务的机构。在国际贸易中，不同的国家也会制定一些相应的政策来干预外国企业在本国的营销活动。主要措施有(　　)。

A. 进口限制　　　　　　B. 税收政策　　　　　　C. 价格管制

D. 企业法　　　　　　　E. 外汇管制

19. 法律环境是指国家或地方政府所颁布的各项法规、法令和条例等，它是企业营销活动的准则。企业只有依法进行各种营销活动，才能受到国家法律的有效保护。为适应经济体制改革和对外开放的需要，我国陆续制定和颁布了一系列法律法规，主要包括(　　)。

A.《中华人民共和国产品质量法》

B.《经济合同法》　　　C.《商标法》

D.《专利法》　　　　　E.《广告法》

20. 价值观念是指人们对社会生活中各种事物的态度和看法。不同文化背景下，人们的价值观念往往有着很大的差异，消费者对商品的(　　)都会有自己不同的意见和态度。

A. 色彩　　　　　　　　B. 标识　　　　　　　　C. 促销方式

D. 式样　　　　　　　　E. 习惯

21. 按照系统论观点，环境是指系统边界以外所有因素的集合。市场营销环境是存在于企业营销系统外部的（　　　　）的因素和力量。

    A. 不可控 　　　　　　B. 可控 　　　　　　C. 难以控制

    D. 可控制 　　　　　　E. 金融中介机构

22. 企业总是在特定的社会经济和其他外部环境条件下生存、发展，这种环境并不以营销者的意志为转移，具有（　　　　）特点。

    A. 强制性 　　　　　　B. 不可控性 　　　　　　C. 可控

    D. 可控制 　　　　　　E. 难以控制

23. 以下不属于企业微观营销环境因素的是（　　　　）。

    A. 科技 　　　　　　B. 公众 　　　　　　C. 经济

    D. 营销中介 　　　　　　E. 竞争者

24. 个人可任意支配收入是指在个人可支配收入中减去消费者用于购买生活必需品的费用支出后剩余的部分。这部分收入一般用于购买（　　　　）。

    A. 高档耐用消费品 　　　　　　B. 娱乐 　　　　　　C. 教育

    D. 旅游 　　　　　　E. 储蓄

25. 企业的市场营销活动要受到一个国家或地区经济发展状况的制约，在经济全球化的条件下，国际经济形势也是企业营销活动的重要影响因素。经济发展状况主要包含（　　　　）。

    A. 储蓄 　　　　　　B. 支出 　　　　　　C. 经济发展阶段

    D. 经济形势 　　　　　　E. 收入

26. 自然资源可分为两类：一类为可再生资源；另一类资源是不可再生资源，比如（　　　　）。

    A. 石油 　　　B. 煤炭 　　　C. 银 　　　D. 森林 　　　E. 锡

27. SWOT 分析法又可称为（　　　　），用来确定企业自身的竞争优势和竞争劣势、外部的机会和威胁，从而将公司的战略与公司内部资源、外部环境有机地结合起来。

    A. 态势分析法 　　　　　　B. 优势分析法 　　　　　　C. 劣势分析

    D. 态度分析法 　　　　　　E. 优劣势分析法

28. 通过对机会和威胁因素的逐一分析，外部营销环境的评价结果可以描述为四种类型，包括（　　　　）。

    A. 理想业务 　　　　　　B. 风险业务 　　　　　　C. 成熟业务

    D. 困难业务 　　　　　　E. 机会业务

29. 根据各因素的评价结果，将优势、劣势分别与机会、威胁相组合，形成（　　　　）。

    A. SO 策略 　　　　　　B. ST 策略 　　　　　　C. WO 策略

    D. WT 策略 　　　　　　E. SWOT 分析法

30. 面临客观的市场机会，企业应给予足够的重视，制定正确的应对对策，主要的应对策略有（　　　　）。

    A. 及时利用策略 　　　　　　B. 待机利用策略 　　　　　　C. 果断放弃策略

    D. 对抗策略 　　　　　　E. 减轻策略

31. 威胁中的企业应对策略不包含（　　　　）。

    A. 转移策略 　　　　　　B. 减轻策略 　　　　　　C. 及时利用策略

    D. 待机利用策略 　　　　　　E. 果断放弃策略

32. 宏观营销环境是指间接影响企业经营活动的外部因素，以下属于宏观营销环境的是( )。

A. 人口环境   B. 经济环境   C. 竞争者

D. 社会公众   E. 自然环境

33. 宏观营销环境是指间接影响企业经营活动的外部因素，宏观营销环境可以划分为( )。

A. 供应商   B. 自然环境   C. 经济环境

D. 社会文化环境   E. 科技环境

34. 企业应重视对人口环境的研究，密切关注人口特性及其发展趋势，及时地调整市场营销策略以适应人口环境的变化。人口环境主要包括( )。

A. 人口数量   B. 性别结构   C. 民族结果

D. 教育与职业结构   E. 政治环境

35. 经济环境是影响企业营销活动的主要环境因素，它不包括( )。

A. 收入   B. 支出   C. 信贷

D. 法律环境   E. 价值观念

36. 企业应了解和分析社会文化环境，针对不同的文化环境制定不同的营销策略，组织不同的营销活动。企业营销对社会文化环境的研究一般从以下哪几个方面展开？( )

A. 教育状况   B. 宗教信仰   C. 价值观念

D. 消费习俗   E. 家庭结构

37. 市场营销环境的特征不包括( )。

A. 客观性   B. 差异性   C. 可影响性

D. 可控性   E. 主观性

38. 供应商是向企业供应他们生产产品和劳务所需要的各种资源的企业，供应商是企业从外部获取投入的来源，对于一个企业来说，供应商可能是组织也可能是个人，企业从供应商那里可以获得( )。

A. 原材料   B. 劳动力   C. 信息

D. 资金   E. 服务

39. 营销中介是指为企业融通资金、销售产品给最终购买者，提供各种有利于营销服务的机构，不包括( )。

A. 中间商   B. 营销服务机构   C. 金融公众

D. 媒体公众   E. 一般公众

40. 社会文化环境是指在一种社会形态下已经形成的( )等方面的总和。

A. 价值观念   B. 宗教信仰   C. 风俗习惯

D. 道德规范   E. 政治环境

四、名词解释(请用简洁规范的语言描述下列概念)

1. 市场营销环境   2. 微观营销环境   3. 宏观营销环境   4. SWOT 分析法

5. 市场机会   6. 环境威胁   7. 公众   8. 营销中介   9. 欲望竞争者   10. 产品竞争者

11. 属类竞争者   12. 品牌竞争   13. 物流机构   14. 经济环境   15. 政治法律环境

五、简答题(简要回答下列各小题的知识要点)

1. 简述市场营销环境的特征。

2．简述微观营销环境的主要内容。

3．简述宏观营销环境的主要内容。

4．简述竞争者的类型。

5．公众一般包括哪些？

6．营销中介包括哪些？

7．人口环境包括哪些？

8．经济环境包括哪些？

9．社会文化环境包括哪几部分？

10．威胁环境中的企业应对策略是什么？

六、论述题（详细回答下列各小题，并阐述自己的观点）

1．论述社会文化环境对企业市场营销活动的影响。

2．阐述SWOT分析法的具体内涵和步骤。

3．阐述企业对四种机会与威胁水平不同的营销业务应采取的对策。

4．阐述营销中介具体有哪些？

5．阐述宏观营销环境具体包括的内容。

【参考答案要点】

一、判断题

1．√

2．×　理由：微观环境与企业密切相关，是企业营销活动的参与者，直接影响与制约企业的营销能力，它与企业具有或多或少的经济联系，也称为直接营销环境。

3．√

4．×　理由：市场营销环境的客观性又可称为不可控性。

5．√

6．√

7．√

8．√

9．×　理由：影响市场营销环境的因素是多方面的，也是复杂的，并表现出企业不可控性。

10．√

11．√

12．√

13．√

14．×　理由：供应商是向企业供应他们生产产品和劳务所需要的各种资源的企业。

15．√

16．√

17．√

18．×　理由：金融中介机构是指协助厂商融资或分担货物购销储运风险的机构，包括银行、信贷公司、保险公司以及其他对货物购销提供融资或保险的各种公司。

19. √

20. √

21. √

22. ×　理由：消费者在年终收入有较多增加后，为了改善生活，可以是添置家庭耐用消费品，可以是外出旅游，也可以是装修住宅等等，出现了许多不同的欲望，但从时间与财力而言，消费者只能选择力所能及的项目，作为这一时期的欲望目标。这属于欲望竞争者。

23. √

24. √

25. √

26. ×　理由：以电视机为例，索尼、长虹、夏普、海信等众多电视产品之间就互为品牌竞争者。

27. √

28. ×　理由：公众可能有助于增强一个企业实现自身目标的能力，也可能妨碍这种能力。

29. √

30. √

31. √

32. ×　理由：人口数量取决于人口的自然增长率。

33. √

34. √

35. √

36. √

37. ×　理由：收入因素是构成市场的重要因素，甚至是极为重要的因素。

38. √

39. ×　理由：人均国民收入，这个指标大体反映了一个国家人民生活水平的高低，也在一定程度上决定商品需求的构成。

40. √

41. ×　理由：恩格尔系数越小，食品支出所占比重越小，表明生活富裕、生活质量高。

42. ×　理由：消费者的储蓄行为直接制约着市场消费量购买的大小。当收入一定时，如果储蓄增多，现实的购买量就会减少。

43. √

44. √

45. √

46. √

47. √

48. √

49. √

50. √

二、单项选择题

1. B　2. A　3. B　4. B　5. B　6. C　7. A　8. C　9. C　10. A　11. C　12. D
13. C　14. B　15. A　16. A　17. C　18. C　19. D　20. B　21. C　22. B　23. A
24. C　25. A　26. B　27. D　28. B　29. B　30. D　31. C　32. C　33. C　34. D
35. A　36. B　37. B　38. C　39. C　40. C　41. A　42. C　43. C　44. D　45. B
46. C　47. B　48. A　49. A　50. D

三、多项选择题

1. ACE　2. ABCE　3. ABCDE　4. ABDE　5. BE　6. ABCDE　7. CDE
8. ABCD　9. DE　10. ABD　11. ABCDE　12. ABCE　13. ABCDE　14. ABCD
15. BCDE　16. ABC　17. BCDE　18. ABCE　19. ABCDE　20. ABCD　21. AC
22. AB　23. AC　24. ABCD　25. CD　26. ABCE　27. AE　28. ABCD
29. ABCD　30. ABC　31. CDE　32. ABE　33. BCDE　34. ABCD　35. DE
36. ABCD　37. DE　38. ABCDE　39. CDE　40. ABCD

四、名词解释

1. 市场营销环境是指在营销活动之外，能够影响营销部门建立并保持与目标顾客良好关系能力的各种因素和力量。

2. 微观营销环境主要包括企业的供应商、营销中介机构、消费者、竞争者、社会公众以及企业内部参与营销决策的各部门。

3. 宏观营销环境是指间接影响企业经营活动的外部因素。宏观营销环境因素对所有在同一领域或地域范围中的企业是相同的，但不同企业受到的影响程度却不尽相同，需要企业进行认真识别。宏观营销环境可以划分为人口环境、经济环境、自然环境、科技环境、政治法律环境、社会文化环境等。

4. SWOT 分析法又称为态势分析法或优劣势分析法，用来确定企业自身的竞争优势和竞争劣势、外部的机会和威胁，从而将公司的战略与公司内部资源、外部环境有机地结合起来。

5. 环境中凡是对企业经营有利的因素，称为市场机会。

6. 环境中凡是对所有对企业经营不利的因素，称为环境威胁。

7. 公众是指对一个组织完成其目标的能力有着实际或潜在兴趣或影响的群体。

8. 营销中介是指帮助企业推广、销售和分配产品给最终买主的企业或个人，包括中间商、物流机构、市场营销服务机构以及金融中介机构等。

9. 欲望竞争者指的是提供不同产品、满足不同消费欲望的竞争者。

10. 产品竞争者是指生产同种产品，但提供不同规格、型号、款式的竞争者。

11. 属类竞争者是指满足同一消费欲望的不同产品之间的可替代性，是消费者在决定需要的产品类型之后出现的次一级竞争，又称为平行竞争。

12. 品牌竞争是指满足相同需求的、规格和型号等相同的同类产品的不同品牌之间在质量、特色、服务、外观等方面所展开的竞争。

13. 物流机构是帮助企业储存、运输产品的专业组织，包括仓储公司和运输公司。

14. 经济环境是影响企业营销活动的主要环境因素，它包括收入因素、消费支出、产业结构、经济增长率、货币供应量、银行利率、政府支出等因素，其中收入因素、消费结构对企业营销活动影响较大。

15. 法律政治环境是影响企业营销的重要宏观营销环境因素，包括政治环境和法律环境。

五、简答题

1. 市场营销环境特征有客观性、差异性、相关性、动态性、不可控性、可影响性。

2. 微观营销环境内容有企业自身、供应商、营销中介、消费者、竞争者、公众。

3. 宏观营销环境内容有人口环境、经济环境、自然环境、科技环境、政治法律环境、社会文化环境。

4. 竞争者类型有欲望竞争者、属类竞争者、产品竞争者、品种竞争者、品牌竞争者。

5. 公众一般包括金融公众、媒体公众、政府公众、群众团体、当地公众、一般公众、内部公众。

6. 营销中介包括中间商、物流机构、营销服务机构、金融中介机构。

7. 人口环境包括人口数量、年龄结构、性别结构、教育与职业结构、家庭结构、民族结构。

8. 经济环境包括收入与支出状况、经济发展状况。

9. 社会文化环境包括教育状况、宗教信仰、价值观念、消费习俗。

10. 威胁环境中的企业应对策略为转移策略、减轻策略、对抗策略。

六、论述题

1. 社会文化环境是指在一种社会形态下已经形成的价值观念、宗教信仰、风俗习惯、道德规范等方面的总和。教育状况是指消费者受教育程度的高低，影响到消费者对商品功能、款式、包装和服务要求的差异性。宗教信仰是构成社会文化的重要因素，宗教对人们消费需求和购买行为的影响较大。价值观念是指人们对社会生活中各种事物的态度和看法。消费习俗是指人们在长期经济与社会活动中所形成的一种消费方式与习惯。

2. SWOT 分析法，又称为态势分析法或优劣势分析法，用来确定企业自身的竞争优势和竞争劣势，外部的机会和威胁，从而将公司的战略与公司内部资源、外部环境有机地结合起来。

SWOT 分析步骤：（1）罗列环境因素和自身状况；（2）SWOT 因素的识别和排序；（3）构建SWOT 矩阵；（4）选择应对策略。

3. 四种业务：理想业务、风险业务、成熟业务、困难业务。

威胁中的企业应对策略：转移策略、减轻策略、对抗策略。

机会中的企业应对策略：及时利用策略、待机利用策略、果断放弃策略。

4. 营销中介具体有：（1）中间商：中间商是协助企业寻找顾客或直接与顾客进行交易的商业企业，包括商人中间商和代理中间商。（2）物流机构：物流机构是帮助企业储存、运输产品的专业组织，包括仓储公司和运输公司。（3）营销服务机构：我们通常所说的营销服务机构是个广义的范畴，主要包括市场调研公司、财务公司、广告公司、各种广告媒体和营销咨询公司等等，其所提供的专业服务是企业营销活动不可缺少的。（4）金融中介机构：金融中介机构是指协助厂商融资或分担货物购销储运风险的机构，包括银行、信贷公司、保险公司以及其他对货物购销提供融资或保险的各种公司。

5. 宏观营销环境具体包括：(1) 人口环境：人口是构成市场的第一要素。(2) 经济环境：经济环境是影响企业营销活动的主要环境因素，它包括收入因素、消费支出、产业结构、经济增长率、货币供应量、银行利率、政府支出等因素，其中收入因素、消费结构对企业营销活动影响较大。(3) 自然环境：自然环境是指自然界提供给人类各种形式的物质资料，如阳光、空气、水、森林、土地等等。(4) 科技环境：可能是目前影响人类命运的最引人注目的因素。(5) 政治法律环境：法律政治环境是影响企业营销的重要宏观营销环境因素，包括政治环境和法律环境。政治环境引导着企业营销活动的方向，法律环境则为企业规定了经营活动的行为准则。(6) 社会文化环境：社会文化环境是指在一种社会形态下已经形成的价值观念、宗教信仰、风俗习惯、道德规范等方面的总和。

第三章 市场购买行为分析

一、判断题（请判断下列各小题是否正确，正确的在题后的括号内打"√"，错误的打"×"，错误的请给出理由）

1. 消费者市场又称最终消费者市场、消费品市场或生活资料市场，是指个人或家庭为了满足生活消费而购买产品和服务的市场。（　　）

2. 消费者的购买单位是个人或家庭，家庭商品储藏地点小、设备少，买大量商品不易存放。这体现了消费者市场特征中的复杂性。（　　）

3. 消费需求受消费者的收入、生活方式以及商品价格和储蓄利率影响较大，在购买数量和品种选择上表现出较大的需求弹性或伸缩性。（　　）

4. 消费者市场产品种类繁多，不同产品往往可以相互替代，这与组织市场差异较大。这体现了消费者市场特征中的替代性。（　　）

5. 消费者购买行为是指消费者为满足自身需要而发生的购买和使用商品或劳务的行为活动。（　　）

6. 和谐型购买行为多发生在消费者初次购买价格昂贵，且现有各品牌、品种和规格之间具有显著差异的耐用消费品的场合。（　　）

7. 消费者心理是指消费者在满足需要过程中的心理活动规律以及个性心理特征，其支配着消费者的购买行为。（　　）

8. 营销人员可以用价格优惠、电视广告、独特包装、营业推广等方式鼓励消费者使用、购买和续购其产品，这属于习惯型购买行为。（　　）

9. 多变型购买行为多发生在价值低、需频繁购买、品牌有差异的产品购买的场合。（　　）

10. 生理需要是人类最原始、最基本的需要。（　　）

11. 和谐型购买行为常常发生在卷入程度虽高但所购商品品牌差别不大的场合，比复杂型购买简单。（　　）

12. 自我实现需要位于需要层次的最高层，它包括希望个人自我潜能和才能得到最大限度的发挥，取得一定的成就，对社会有较大贡献甚至获得与众不同的成果，需要他人对自己的努力成果给予肯定，受到社会的承认等。（　　）

13. 动机是一种驱使人们满足需要、达到目的的内在动力，是一种升华到足够强度的需要。（　　）

14. 知觉是人脑对当前直接作用于感觉器官的客观事物的个别属性的反应。（　　）

15. 选择性记忆是指消费者对信息的记忆是有所选择的，消费者倾向于保留那些能够支持其态度和信念的信息，而可能忘掉与自己的信念不一致的信息。（　　）

16. 诱因是指可以满足内在驱使力的物品。（　　）

17. 购买者决策活动也受其个人特征的影响，特别是受其年龄所处的生命周期阶段、

职业、经济环境、生活方式、个性以及自我观念等方面的影响。（　　）

18．VALS方法是价值观与生活方式调查法的简称，是由斯坦福国际研究院于1978年提出的。其是系统地运用心理描述法对消费者的价值观和生活方式进行调查的一种方法。（　　）

19．个性是指一个人经常的、稳定的、本质的心理特征的总和。（　　）

20．文化指人类在生活实践中建立起来的价值观念、道德、信仰、理想和其他有意义象征的综合体。（　　）

21．直接相关群体对消费者个体的购买行为所产生的影响是间接的、非面对面的。（　　）

22．VALS方法根据价值观和生活方式将消费者分为四大类，即需要驱动型、外在导向型、内在导向型和整合型。（　　）

23．家庭购买决策是指由两个或两个以上家庭成员直接或间接做出购买决定的过程。（　　）

24．购买行为带有女性消费者的心理特征，挑选商品认真仔细，对商品的色泽和款式比较挑剔，喜欢购买经济实惠、物美价廉的商品，这属于家庭购买决策中的自主型。（　　）

25．家庭生命周期指的是一个人从年轻时离开父母家庭独立生活，到年老后并入其子女家庭或独居到去世为止的家庭生活全过程。（　　）

26．消费者购买决策过程，实质就是消费者解决问题的过程，指的是消费者在购买产品或服务过程中所经历的过程。（　　）

27．组织市场是一个规模巨大、范围广泛的销售市场，具体包括生产者市场、中间商市场、非营利组织市场和政府市场。（　　）

28．组织市场的供需双方关系密切，购买者在地域上相对分散。（　　）

29．一种在消费者营销过程中不会发生但在组织营销过程中较为常见的现象是互惠现象。也就是"你买我的产品，那么我也就买你的产品"，更通俗地讲就是互相帮忙。（　　）

30．组织市场的采购人员大都经过专业训练，具有丰富的专业知识，清楚地了解产品的性能、质量、规格和有关技术要求，这属于组织市场特征中的专业人员采购。（　　）

31．生产者市场又称为产业市场、工业品市场或生产资料市场，它主要有这样一些个体和组织构成：它们采购商品和劳务的目的是为了加工生产出其他产品以供出售、出租，以从中获利，而不是为了个人消费。（　　）

32．零售商是指那些购买商品和劳务并将其转卖给零售商和其他组织用户的商业组织；批发商则是主要把商品卖给最终消费者。（　　）

33．非营利组织既同于企业，也同于政府机构，它是具有稳定的组织形式和固定的成员，独立运作，发挥特定的社会功能，以推进社会公益而不以营利为宗旨的事业单位与民间团体。（　　）

34．政府市场是指为了执行政府职能而购买或租用产品和服务的各级政府和下属各部门组成的采购市场。（　　）

35．生产者市场的需求是引申需求，被动性较大，富有弹性。（　　）

36．组织市场采购人员在做出购买决策时受到许多因素影响。当然，其中基础性因素是经济，即产品的质量、价格和服务，在不同供应商产品的质量、价格和服务差异较大的情况下，采购人员会高度重视这些因素，仔细收集信息和分析资料，进行理性地选择。（　　）

37．生产者市场购买行为中的环境因素主要包括需求水平、经济前景、货币成本、技术革新速度、政治法律情况。（　　　）

38．组织因素是指生产者企业内部的各种因素，主要包括企业的目标、政策、业务程序、组织结构和制度等。（　　　）

39．认识需求是指企业在某些内部或外部因素的刺激下，认识到需要购买某种产品或服务，以解决某一问题或满足某一需求。（　　　）

40．中间商市场的购买类型与生产者市场购买类型大同小异，主要包括全新购买、直接再购买和修正再购买三种类型。（　　　）

41．中间商的购买行为同生产者市场一样，也会受到环境因素、组织因素、人际因素和个人因素的影响。（　　　）

42．创造型采购者是指经常对交易条件提出一些创造性的想法并要求供应商接受的采购者。（　　　）

43．政府采购决策是一种行政性的运行过程，要严格遵守行政决策的程序和过程，要代表政府的意志，遵循组织原则，将经济利益作为唯一的评价标准。（　　　）

44．在法制国家中，政府行为的基本特征是必须在法律的范围内运行，所有行为必须符合法律的规范和原则。（　　　）

45．购买决策过程中每一个参与者都带有个人动机、感知、直觉和购买偏好等等，这些因素取决于参与者的年龄、收入、教育、专业文化、个性以及对风险意识的态度。（　　　）

46．机器设备、车辆、飞机等产品单价高，用户通常需要融资才能购买，而这些设备更新快，因此企业所需的机器设备有很多是采取完全购买方式。（　　　）

47．消费者购买产品后，购买决策过程还在继续，他会根据自己的感受进行评价，评价的结果有满意或不满意两种，这属于购后行为。（　　　）

48．了解消费者信息来源，一般有四种来源途径，即个人来源、公共来源、商业来源、经验来源。（　　　）

49．了解消费者需要随时间推移以及外界刺激的强弱而波动的规律性，以设计诱因、增强刺激、唤起需要，最终唤起人们采取购买行动，这属于认识问题。（　　　）

50．消费者购买产品或服务时，一般情况下需要经历购买决策的全部过程。所有的消费者决策都会严格按照次序经历这个过程的所有步骤。（　　　）

二、单项选择题（请在下列每小题中选择一个最合适的答案）

1．影响消费者购买行为模式的基本因素是（　　　）。

A．经济收入水平　　　B．文化因素　　　C．社会因素　　　D．心理因素

2．（　　　）不是人类社会主要的亚文化群。

A．国际亚文化群　　　　　　　　　　B．种族亚文化群

C．地域亚文化群　　　　　　　　　　D．宗教亚文化群

3．根据马斯洛的"需求层次论"，（　　　）层次的需要是最高的。

A．安全需要　　　B．生理需要　　　C．自我实现　　　D．尊重需要

4．消费者认知度低、价格昂贵、购买频率不高的大件耐用消费品的购买行为属于（　　　）。

A．复杂型购买行为　　　　　　　　　B．多变型购买行为

C．和谐型购买行为　　　　　　　　　D．习惯型购买行为

5. 以下属于消费者市场特点的是（　　　）。

A. 市场较集中　　　　　　　　　　　B. 购买人数多而散

C. 专用型较强　　　　　　　　　　　D. 购买决策常为集体决策

6. 某种相关群体的有影响力的人物称为（　　　）。

A. "意见领袖"　　　　　　　　　　　B. "道德领袖"

C. "精神领袖"　　　　　　　　　　　D. "经济领导者"

7. 个人为了人身安全和财务安全而对防盗设备、保安用品、保险产生的需要是（　　　）。

A. 生理需要　　　　　　　　　　　　B. 社交需要

C. 尊重需要　　　　　　　　　　　　D. 安全需要

8. 消费者购买过程是消费者购买动机转化为（　　　）的过程。

A. 购买心理　　　　　　　　　　　　B. 购买意志

C. 购买行动　　　　　　　　　　　　D. 购买意向

9. （　　　）是购买活动的起点。

A. 消费动机　　　　B. 需要　　　　C. 外在刺激　　　　D. 触发诱因

10. 一般说来，消费者经由（　　　）获得的信息最多。

A. 公共来源　　　　B. 个人来源　　　C. 经验来源　　　D. 商业来源

11. 消费者的购后评价主要取决于（　　　）。

A. 心理因素　　　　　　　　　　　　B. 产品质量和性能发挥状况

C. 付款方式　　　　　　　　　　　　D. 他人态度

12. 批发商和零售商共同组成了（　　　）。

A. 组织市场　　　　B. 产业市场　　　C. 中间商市场　　　D. 非营利市场

13. 下列说法错误的是（　　　）。

A. 与消费者市场相比，组织市场需求持续稳定而且市场规模巨大

B. 与消费者市场相比，组织市场的购买者数量比较少，且购买数量大，频率低

C. 与消费者市场相比，组织市场的需求多样化程度高

D. 与消费者市场相比，组织市场的需求弹性较小

14. 组织市场需求的波动幅度（　　　）消费者市场需求的波动幅度。

A. 小于　　　　　　B. 大于　　　　C. 等于　　　　D. 都不是

15. 生产者用户初次购买某种产品或服务称为（　　　）。

A. 直接重购　　　　B. 修正重购　　　C. 重购　　　　D. 新购

16. （　　　）是组织市场购买类型中最复杂的类型。

A. 直接购买　　　　B. 新购　　　　C. 二次购买　　　　D. 修正购买

17. 影响生产者市场购买决策的基础性因素是（　　　）。

A. 经济因素　　　　B. 组织因素　　　C. 个人因素　　　D. 环境因素

18. 影响组织市场购买的经济因素不包括（　　　）。

A. 产品的质量　　　B. 产品的价格　　　C. 服务　　　　D. 组织结构

19. 对于机器设备、车辆等昂贵产品，许多企业无力购买或需融资购买，采用（　　　）的方式可以节约成本。

A. 互惠购买　　　　B. 租赁　　　　　C. 直接购买　　　　D. 修正重购

20. 组织市场购买者往往这样选择供应商："你买我的产品，我也买你的产品"。这种习惯做法称之为（　　）。

    A. 直接购买   B. 冲动购买   B. 往返购买   D. 互惠购买

21. 消费者受到年龄、性别、身体状况、性格、习惯、文化、职业、收入、教育程度和市场环境等多种因素的影响而具有不同的消费需求和消费行为，所购商品的品种、规格、质量、花色和价格千差万别。这体现了消费者市场的哪一特征？（　　）

    A. 复杂性   B. 发展性   C. 伸缩性   D. 广泛性

22. 消费需求具有标新立异的特性，要求商品的品种、款式不断翻新，有新奇感，不喜爱一成不变的老面孔。这体现了消费者市场的哪一特征？（　　）

    A. 情感性   B. 广泛性   C. 易变性   D. 地区性

23. 购买行为常发生在价格低廉、经常购买、品牌差异小的产品购买场合，这属于（　　）购买类型。

    A. 复杂型购买行为   B. 习惯型购买行为

    C. 和谐型购买行为   D. 多变型购买行为

24. 购买行为多发生在价值低、需频繁购买、品牌有差异的产品购买的场合，这属于（　　）购买类型。

    A. 和谐型购买行为   B. 习惯型购买行为

    C. 多变型购买行为   D. 复杂型购买行为

25. 美国的心理学家亚伯拉罕·马斯洛在《动机与人格》一书中提出的需要层次理论是迄今为止得到最广泛认可的人类需要理论。这属于消费者购买行为影响因素里的（　　）。

    A. 个人因素   B. 文化因素   C. 社会因素   D. 心理因素

26. （　　）又称社交需要，这是人类希望给予或接受他人的友谊、关怀爱护、得到某些社会团体的重视与容纳的需要。

    A. 生理需要   B. 安全需要   C. 爱与归属需要   D. 自尊需要

27. 马斯洛需求理论中，位于需要层次最高层的是（　　）。

    A. 生理需要   B. 自我实现需要   C. 安全需要   D. 自尊需要

28. 企业为了扩大某种商品的市场需求，可以反复提供强化诱发购买该商品的提示物，尽量使消费者购买后感到满意从而强化积极的反应。人类学习过程的第一步是（　　）。

    A. 驱使力   B. 刺激物   C. 诱因   D. 强化

29. （　　）是指驱使力对具有一定诱因的刺激物发生反应后的效果。

    A. 反应   B. 强化   C. 刺激物   D. 诱因

30. 人从出生到死亡一般要经过婴儿期、儿童期、青年期、成年期、中年期和老年期六个阶段，这属于个人因素中的（　　）。

    A. 年龄   B. 性别

    C. 生活方式   D. 职业与经济状况

31. 它是一个人经常的、稳定的、本质的心理特征的总和，是在个人生理素质的基础上，在一定社会历史条件下，通过社会实践活动形成和发展起来的，这指的是（　　）。

    A. 生活方式   B. 个性   C. 职业与经济状况   D. 自我观念

32. 对一些购买与拥有汽车的消费者的研究表明，绝大多数汽车主的形象与汽车品牌

的形象是和谐一致的。这支持了以下哪个理论的观点?(　　)

    A. 自我观念　　　　B. 动机　　　　　C. 性格　　　　　D. 个性

33.(　　)指人类在生活实践中建立起来的价值观念、道德、信仰、理想和其他有意义象征的综合体。

    A. 民族亚文化　　　B. 文化　　　　　C. 种族亚文化　　D. 地理亚文化

34. 由于每个人的受教育机会、职业、收入、财富、个人的威望、政治权利等不同,所以在客观上形成了不同的阶层,这指的是(　　)。

    A. 自我观念　　　　B. 个体　　　　　C. 社会阶层　　　D. 文化

35.(　　)是指能够直接或间接影响消费者购买行为的个人或集体。

    A. 间接相关群体　　B. 直接相关群体　C. 消费者　　　　D. 相关群体

36. 购买行为带有女性消费者的心理特征,挑选商品认真仔细,对商品的色泽和款式比较挑剔,喜欢购买经济实惠、物美价廉的商品。这属于家庭购买决策中的(　　)。

    A. 丈夫主导型　　　B. 妻子主导型　　C. 自主型　　　　D. 联合型

37. 处于家庭用品的采购高峰期,更注重产品的实用价值,对广告宣传敏感,购买大包装商品,这是家庭发展的(　　)阶段。

    A. 新婚阶段　　　　B. 满巢阶段Ⅱ　　C. 满巢阶段Ⅲ　　D. 满巢阶段Ⅰ

38. 某人在女儿面前是父亲,在妻子面前是丈夫,在公司是经理。在不同的场合中,由于角色不同,因而地位也就不同。这属于(　　)社会因素。

    A. 家庭　　　　　　B. 相关群体　　　C. 社会地位和角色　D. 个体

39. 消费者产生了某种需要并引发购买某种商品的动机后,如果对这种商品不熟悉,往往就要先搜集有关信息,这属于消费者购买决策过程中的(　　)。

    A. 认识问题　　　　B. 评价方案　　　C. 搜集信息　　　D. 购买决策

40. 在复杂的购买行为中,消费者的购买决策过程通常经历五个阶段,其中最后一个阶段是(　　)。

    A. 评价方案　　　　B. 购后行为　　　C. 购买决策　　　D. 搜集信息

41. 组织市场的购买活动在售前售后都需要由生产者提供技术服务,因此,(　　)是组织市场中常见的销售方式。

    A. 直接销售　　　　　　　　　　　B. 着重人员销售

    C. 租售　　　　　　　　　　　　　D. 专业人员采购

42. 组织市场的采购人员大都经过专业训练,具有丰富的专业知识,清楚地了解产品的性能、质量、规格和有关技术要求。这属于组织市场的哪一特征?(　　)

    A. 非专业人员采购　　　　　　　　B. 专业人员采购

    C. 直接购买　　　　　　　　　　　D. 销售人员购买

43. 各国政府通过税收、财政预算掌握了相当部分的国民收入,为了开展日常政务,政府机构要经常采购物资和服务,从而形成潜力巨大的政府采购市场,成为非营利组织市场的主要组成部分。这属于(　　)市场。

    A. 非营利组织市场　B. 政府市场　　　C. 生产者市场　　D. 中间商市场

44.(　　)是制约生产者购买行为的不可控因素。

    A. 组织因素　　　　B. 人际因素　　　C. 个人因素　　　D. 环境因素

45．一般来说，生产者购买活动具体由企业的采购中心执行，采购中心通常又包括使用者、影响者、采购者、决定者和信息控制者。这属于（　　）因素。

    A．组织因素　　　　　　B．环境因素　　　　　C．人际因素　　　　　D．个人因素

46．确定所需产品的性能和数量，属于生产者市场购买决策过程中的（　　）。

    A．认识需求　　　　　B．确定购买需求　　　C．确定产品规格　　　D．寻找供应商

47．评估的结果会导致买方决定是继续重购还是重新选择供应商。这是购买决策过程中的（　　）。

    A．正式采购　　　　　　　　　　　　　B．选择供应商

    C．绩效评估　　　　　　　　　　　　　D．确定购买需求

48．（　　）事先选择若干符合采购要求、满足自己长期利益的供应商，然后随机地确定交易对象并经常更换。

    A．忠实型采购者　　　　　　　　　　　B．随机型采购者

    C．最佳交易型采购者　　　　　　　　　D．创造型采购者

49．在法制国家中，政府行为的基本特征是必须在法律的范围内运行，所有行为必须符合法律的规范和原则。这体现了政府市场购买行为特征中的（　　）。

    A．行政性　　　　　　B．社会性　　　　　　C．广泛性　　　　　　D．法制性

50．每笔交易都反复地讨价还价而力图得到最大折扣的采购者是（　　）。

    A．斤斤计较型采购者　　　　　　　　　B．琐碎型采购者

    C．创造型采购者　　　　　　　　　　　D．随机型采购者

三、多项选择题（下列各小题有两个或两个以上的正确答案，请准确选出全部正确答案）

1．影响购买行为的心理因素主要包括（　　）。

    A．动机　　　　B．知觉　　　　C．学习　　　　D．态度　　　　E．信念

2．人们对外界刺激的选择性接受反应有（　　）。

    A．选择性注意　　B．选择性查找　　C．选择性扭曲　　D．选择性保留　　E．选择性遗忘

3．一般来说，参与购买决策的成员大体可形成以个哪些角色？（　　）

    A．发起者　　　　B．影响者　　　　C．决策者　　　　D．购买者　　　　E．使用者

4．根据购买活动中消费者的介入程度和商品品牌间的差异程度，可将消费者的购买行为分为（　　）。

    A．复杂型购买行为　　　　B．多变型购买行为　　　　C．和谐型购买行为

    D．习惯型购买行为　　　　E．比较型购买行为

5．消费者的购买决策过程一般可分为哪几个阶段？（　　）

    A．认识问题　　　　　　B．搜集信息　　　　　　C．评价方案

    D．购买决策　　　　　　E．购后行为

6．消费者一般会通过以下哪几种途径去获取其所需要的信息？（　　）

    A．个人来源　　B．商业来源　　C．公共来源　　D．一般来源　　E．经验来源

7．组织市场一般包括（　　）。

    A．生产者市场　　　　　B．中间商市场　　　　　C．非营利性组织市场

    D．政府市场　　　　　　E．消费者市场

8. 下列说法正确的是（   ）。

A. 组织市场的购买者往往向供应方直接采购

B. 组织市场的购买者在选择供应商时往往还会要求供应商同样选择自己的产品

C. 许多企业购买者日益转向设备租赁，以取代直接购买

D. 组织的购买一般都是专家采购

E. 在组织市场的购买中，冲动性购买和受个人偏好影响均比较少

9. 组织市场具有以下哪些主要特点？（   ）

A. 购买者较少   B. 购买量大   C. 供需双方关系密切

D. 采购者地理位置较分散   E. 情感型购买

10. 直接重购需要经历以下（   ）过程。

A. 认识需求   B. 征求报价   C. 选择供应商   D. 绩效评估   E. 正式采购

11. 消费者市场的特征主要包含（   ）。

A. 广泛性   B. 分散性   C. 复杂性   D. 易变性   E. 发展性

12. 消费者市场特征中的季节性可以分为（   ）。

A. 季节性气候变化引起的季节性消费

B. 季节性生产引起的季节性消费

C. 风俗习惯和传统节日引起的季节性消费

D. 非季节性气候变化引起的消费

E. 非季节性生产引起的消费

13. 为研究消费者的购买行为，霍华德和谢恩两位学者建立了一个刺激-反应模式来说明外界营销环境刺激与消费者反应之间的关系。刺激因素中的营销刺激主要包含（   ）。

A. 产品   B. 价格   C. 渠道   D. 促销   E. 经验

14. 为研究消费者的购买行为，霍华德和谢恩两位学者建立了一个刺激-反应模式来说明外界营销环境刺激与消费者反应之间的关系。刺激因素中的环境刺激主要包含（   ）。

A. 经济环境   B. 技术环境   C. 政治环境   D. 文化环境   E. 经验环境

15. 购买者的反应包含以下哪几个部分？（   ）

A. 产品选择   B. 品牌选择   C. 经销商选择   D. 购买时机   E. 购买数量

16. 刺激-反应购买行为模式中购买者"黑箱"中的购买决策主要包含（   ）。

A. 确认需要   B. 信息收集   C. 方案评估   D. 绩效评估   E. 购后行为

17. 在考察购买决策的步骤之前，先要对购买行为进行分类。划分消费者的购买行为，主要考虑的因素有（   ）。

A. 消费者购买的谨慎程度以及在购买过程中花费的时间和精力的多少

B. 参与购买过程的人数多少

C. 影响者是对最后的购买决定具有某种影响的人

D. 决定者是最后决定部分或整个购买决策的人

E. 所购商品不同品牌之间的差别程度

18. 马斯洛需求层次理论包含（   ）。

A. 生理需要   B. 安全需要   C. 爱与归属需要

D. 自尊需要   E. 自我实现需要

19. 由于市场营销环境不断变化，新产品、新品牌不断涌现，消费者必须经过多方收集有关信息之后才能做出购买决策，这本身就是一个学习过程。学习的过程包括（　　　　）。

    A. 驱使力　　　B. 刺激物　　　C. 诱因　　　　D. 反应　　　　E. 强化

20. 通过行为和学习，人们获得了自己的（　　　　），而信念和态度反过来又会影响人们的购买行为。

    A. 信念　　　　B. 态度　　　　C. 诚信　　　　D. 经验　　　　E. 经济

21. 购买者决策活动也受其个人特征的影响，这其中主要有（　　　　）。

    A. 年龄　　　　　　　　　B. 职业与经济状况

    C. 生活方式　　　D. 自我观念　　　E. 教育

22. 消费者的年龄会对消费者的购买行为产生明显影响，通常也是决定其需求的重要因素。一般要经历的阶段有（　　　　）。

    A. 婴儿期　　　B. 儿童期　　　C. 成年期　　　D. 中年期　　　E. 老年期

23. AIO 方法属于心理描述法，它是目前用来测度生活方式的最常用的一种方法，其基本思想是通过消费者的（　　　　）来描述消费者的生活方式。

    A. 活动　　　　B. 兴趣　　　　C. 态度　　　　D. 经济　　　　E. 偏好

24. 1989 年斯坦福国际研究院引进了被称为 VALS2 的新系统，并据此划分出美国成人（　　　　）的消费群体。

    A. 现实者　　　B. 完成者　　　C. 信奉者　　　D. 奋斗者　　　E. 制造者

25. 个性是指一个人（　　　　）心理特征的总和。它是在个人生理素质的基础上，在一定社会历史条件下，通过社会实践活动形成和发展起来的。

    A. 经常的　　　B. 稳定的　　　C. 本质的　　　D. 断续的　　　E. 基础的

26. 一种文化内部会因为各种因素的影响，使人们的价值观念、风俗习惯及审美观表现出不同的特征。亚文化主要有（　　　　）。

    A. 民族亚文化　　　　　　　B. 宗教亚文化　　　　　　　C. 种族亚文化

    D. 地理亚文化　　　　　　　E. 政治亚文化

27. 社会阶层对消费者的影响主要体现在以下哪几个方面？（　　　　）

    A. 商店的选择　　　　　　　B. 消费产品的品味　　　　　　　C. 娱乐和休闲方式

    D. 产品种类的选择　　　　　E. 对价格的心态

28. 消费者通过观察相关群体成员的消费方式来学习，并在他们自己的消费决策中使用同样的标准。相关群体的分类主要有（　　　　）。

    A. 首要群体　　　B. 次要群体　　　C. 崇拜群体　　　D. 厌恶群体　　　E. 喜好群体

29. 相关群体对消费者行为的影响主要表现在以下哪几个方面？（　　　　）

    A. 示范性　　　B. 仿效性　　　C. 一致性　　　D. 广泛性　　　E. 相关性

30. 作为一种集体决策，家庭购买决策在很多方面不同于个人决策。戴维斯等人在比利时做的一个研究，识别了家庭购买决策的方式，主要有（　　　　）。

    A. 妻子主导型　　B. 丈夫主导型　　C. 自主型　　D. 联合型　　E. 自由主导型

31. 家庭生命周期指的是一个人从年轻时离开父母家庭独立生活，到年老后并入其子女家庭或独居到去世为止的家庭生活全过程。家庭对购买行为的影响集中表现在家庭的哪些发展阶段？（　　　　）

A. 单身阶段　　B. 新婚解读那　C. 满巢阶段Ⅰ　D. 空巢阶段　　E. 解体阶段

32. 消费者的评价行为一般要涉及以下几个问题？（　　）

A. 产品属性　　B. 属性权重　　C. 品牌信念　　D. 效用函数　　E. 评价模型

33. 组织市场特征主要包括（　　）。

A. 需求缺乏弹性　　　　　　B. 租售现象　　　　　　C. 谈判和投标

D. 直接采购　　　　　　　　E. 专业人员采购

34. 在某些方面，生产者市场与消费者市场具有相似性，都是有人为了满足某种需要而担当购买者角色、制定购买决策等。以下对生产者市场购买特征描述正确的是（　　）。

A. 购买者数量少，购买规模小

B. 生产者市场的需求是引申需求，被动性较大，缺乏弹性

C. 专业人员购买

D. 租赁方式广泛存在

E. 互惠

35. 生产者市场购买人员在做出购买决策时会受到诸多因素影响，以下属于生产者市场购买行为影响因素的是（　　）。

A. 环境因素　　B. 组织因素　　C. 人际因素　　D. 个人因素　　E. 技术因素

36. 生产者市场购买往往不做单一的购买决策，而在购买前做一系列的购买决策。以下属于生产者市场购买决策的是（　　）。

A. 直接重购　　B. 修正重购　　C. 新购　　　D. 间接重购　　E. 重购

37. 认识需求是指企业在某些内部或外部因素的刺激下，认识到需要购买某种产品或服务，以解决某一问题或满足某一需求。其中内部因素主要包括（　　）。

A. 企业开发新产品，需要新设备和原材料

B. 更新设备，需要替换或增加新部件

C. 想购买物美价廉的商品，需要寻找新的供应商

D. 确定所需产品的性能和数量

E. 确定所需产品具体的品种、型号和规格

38. 组织购买者做出采购决策的过程与消费者有相似之处，但又有其特殊性。其购买决策中主要包括（　　）。

A. 认识需求　　　　　　B. 确定购买要求　　　　　　C. 确定产品规格

D. 寻找供应商　　　　　E. 征求报价

39. 中间商市场的购买类型与生产者市场购买类型大同小异，主要包括（　　）类型。

A. 修正重购　　　　　　B. 购买全新品种　　　　　　C. 选择最佳供应商

D. 寻求更佳条件　　　　E. 正式采购

40. 同私人或企业采购相比，政府市场购买行为具有（　　）主要特征。

A. 行政性　　B. 社会性　　C. 法制性　　D. 广泛性　　E. 相关性

四、名词解释（请用简洁规范的语言描述下列概念）

1. 消费者市场　2. 消费者购买行为　3. 选择性注意　4. 消费者购买决策过程

5. 知觉　6. 强化　7. 相关群体　8. 直接重购　9. 组织市场　10. 修正重购

11. 复杂型购买行为　12. 习惯型购买行为　13. 多变型购买行为　14. 选择性扭曲

15. 学习　16. 驱使力　17. 反应　18. 地理亚文化　19. 中间商市场

20. 忠实型采购者

五、简答题（简要回答下列各小题的知识要点）

1. 简述消费者市场的特点。

2. 简述影响消费者购买行为的因素。

3. 简述相关群体对消费行为的影响。

4. 简述消费者购买决策过程中五个阶段的主要内容。

5. 简述生产者市场购买决策类型。

6. 简述生产者购买决策过程。

7. 简述中间商购买风格。

8. 简述中间商购买类型。

9. 简述政府市场购买行为特征。

10. 简述生产者市场购买行为的影响因素。

六、论述题（详细回答下列各小题，并阐述自己的观点）

1. 论述生产者市场购买决策过程。

2. 中间商购买风格具体有哪些？

3. 组织市场类型具体有哪些？

4. 消费者的评价行为一般要涉及的问题有哪些？

5. 学习的过程具体有哪些？

【参考答案要点】

一、判断题

1. √

2. ✕　理由：消费者的购买单位是个人或家庭，家庭商品储藏地点小、设备少，买大量商品不易存放。这属于消费者市场特征中的分散性。

3. √

4. √

5. √

6. ✕　理由：复杂型购买行为多发生在消费者初次购买价格昂贵、且现有各品牌、品种和规格之间具有显著差异的耐用消费品的场合。

7. √

8. √

9. √

10. √

11. √

12. √

13. √

14. ✕　理由：感觉是人脑对当前直接作用于感觉器官的客观事物的个别属性的反应。

15. √

16. ×　　理由：刺激物是指可以满足内在驱使力的物品。

17. √

18. √

19. √

20. √

21. ×　　理由：直接相关群体又称为成员群体，是指消费者个体本身也是相关群体的成员，因此，成员群体对消费者个体的购买行为产生的影响作用是直接的、面对面的。

22. √

23. √

24. ×　　理由：购买行为带有女性消费者的心理特征，挑选商品认真仔细，对商品的色泽和款式比较挑剔，喜欢购买经济实惠、物美价廉的商品，属于妻子主导型。

25. √

26. √

27. √

28. ×　　理由：购买者在地域上相对集中。

29. √

30. √

31. √

32. ×　　理由：批发商是指那些购买商品和劳务并将其转卖给零售商和其他组织用户的商业组织；零售商则是主要把商品卖给最终消费者。

33. ×　　理由：非营利组织既不同于企业，也不同于政府机构。

34. √

35. ×　　理由：缺乏弹性。

36. √

37. √

38. √

39. √

40. √

41. √

42. √

43. ×　　理由：不能仅仅将经济利益作为唯一的评价标准。

44. √

45. √

46. ×　　理由：企业通过租赁方式取得。

47. √

48. √

49. √

50. ×　　理由：消费者购买产品或服务时，一般情况下，需要经历购买决策的全部过程，但并不是所有的消费者决策都会严格按照次序经历这个过程的所有步骤。

二、单项选择题

1. D　2. A　3. C　4. A　5. B　6. A　7. D　8. C　9. B　10. D　11. B　12. A
13. C　14. B　15. D　16. D　17. A　18. D　19. B　20. D　21. A　22. C　23. B
24. C　25. D　26. C　27. B　28. A　29. B　30. A　31. B　32. A　33. B　34. C
35. D　36. B　37. D　38. C　39. C　40. B　41. A　42. B　43. B　44. D　45. C
46. B　47. C　48. B　49. D　50. A

三、多项选择题

1. ABCDE　2. AC　3. ABCDE　4. ABCD　5. ABCDE　6. ABCE　7. ABCD
8. ABCDE　9. ABC　10. DE　11. ABCDE　12. ABC　13. ABCD　14. ABCD
15. ABCDE　16. ABCE　17. ABCDE　18. ABCDE　19. ABCDE　20. AB　21. ABC
22. ABCDE　23. ABC　24. ABCDE　25. ABC　26. ABCD　27. ABCE　28. ABCD
29. ABC　30. ABCD　31. ABCDE　32. ABCDE　33. ABCDE　34. BCDE　35. ABCD
36. ABC　37. ABC　38. ABCDE　39. BCD　40. ABCD

四、名词解释

1. 消费者市场又称最终消费者市场、消费品市场或生活资料市场，是指个人或家庭为了满足生活消费而购买产品和服务的市场。

2. 消费者购买行为是指消费者为满足自身需要而发生的购买和使用商品或劳务的行为活动。

3. 选择性注意是指消费者更倾向于注意与自己相关或原有态度较为一致的信息，尽量回避那些与自己意见不合的信息。

4. 消费者购买决策过程，实质就是消费者解决问题的过程，是指消费者在购买产品或服务过程中所经历的过程。

5. 知觉是人脑对直接作用于感觉器官的客观事物的各个部分和属性的整体性反应。

6. 强化是指驱使力对具有一定诱因的刺激物发生反应后的效果。

7. 相关群体又称参照群体，是指能够直接或间接影响消费者购买行为的个人或集体。

8. 直接重购是指用户按过去的订货目录、购买方式和条件重新订购。

9. 组织市场是指生产企业、中间商、政府机构及非营利组织为购买单位的购买者所组成的市场。

10. 修正重购是指购买方虽打算重复购买同种产品，但想变更产品的规格、数量、价格或其他条款，或重新选择供应商。

11. 复杂型购买行为多发生在消费者初次购买价格昂贵、且现有各品牌、品种和规格之间具有显著差异的耐用消费品的场合。

12. 习惯型购买行为常发生在价格低廉、经常购买、品牌差异小的产品购买场合。

13. 多变型购买行为多发生在价值低、需频繁购买、品牌有差异的产品购买的场合。

14. 选择性扭曲是指消费者有选择地将某些信息加以扭曲，使之符合自己的意向。

15. 学习是由于经验而引起的个体行为的改变。

16. 驱使力是指驱使人们产生行动的内在推动力，即内在需要。

17. 反应是指驱使力对具有一定诱因的刺激物所发生的反作用或反射行为。比如是否决定购买某商品以及如何购买等。

18. 地理亚文化是由于地理条件、经济发展水平的差异，人们也会形成不同的消费习惯。

19. 中间商市场又称转卖者市场，是指那些通过购买商品和服务用于转售或出租给他人，以获取利润为目的的购买者的集合。

20. 忠实型采购者是指长期忠实地从某一供应商处进货的采购者。

五、简答题

1. 消费者市场的特点为广泛性、分散性、复杂性、易变性、发展性、情感性、伸缩性、替代性、地区性、季节性、非专业性。

2. 影响消费者购买行为因素有心理因素、个人因素、文化因素、社会因素。

3. 相关群体对消费行为影响有示范性、仿效性、一致性。

4. 消费者购买决策过程五个阶段为认识问题、搜索信息、评价方案、购买决策、购后行为。

5. 生产者市场购买决策类型有直接重购、修正重购、新购。

6. 生产者购买决策过程为认识需求、确定购买要求、确定产品规格、寻找供应商、征求报价、选择供应商、正式采购、绩效评估。

7. 中间商购买风格有忠实型采购者、随机型采购者、最佳交易型采购者、创造型采购者、追求广告支持型采购者、斤斤计较型采购者、琐碎型采购者。

8. 中间商购买类型有购买全新品种、选择最佳供应商、寻求最佳条件。

9. 政府市场购买行为特征为行政性、社会性、法制性、广泛性。

10. 生产者市场购买行为影响因素有环境因素、组织因素、人际因素、个人因素。

六、论述题

1. 生产者市场购买决策过程为：（1）认识需求是指企业在某些内部或外部因素的刺激下，认识到需要购买某种产品或服务，以解决某一问题或满足某一需求。（2）确定购买要求是指确定所需产品的性能和数量。（3）确定产品规格是指确定所需产品具体的品种、型号和规格等，以作为采购的依据。（4）寻找最佳供应商是指寻找可能提供所需产品的供应商。（5）征求报价是指请供应商提供产品说明书和报价单。（6）选择供应商是指通过审查报价单，选出几个有吸引力的供应商，再通过谈判，最终确定供应商。（7）正式采购是指向最终选定的供应商发出采购订单。（8）绩效评估是指对所购产品的适用情况和供应商履行合同情况进行检查和评估。

2. 中间商购买风格有：（1）忠实型采购者是指长期忠实地从某一供应商处进货的采购者。（2）随机型采购者是指事先选择若干符合采购要求、满足自己长期利益的供应商，然后随机地确定交易对象并经常更换。（3）最佳交易型采购者是指力图在一定时间和场合中实现最佳交易条件的采购者。（4）创造型采购者是指经常对交易条件提出一些创造性的想法并要求供应商接受的采购者。（5）追求广告支持型采购者是指把获得广告补贴作为每笔交易的一个组成部分甚至是首要目标的采购者。（6）斤斤计较型采购者是指每笔交易都反复地讨价还价而力图得到最大折扣的采购者。（7）琐碎型采购者是指每次购买的总量不大，但品种繁多，重视不同品种的搭配，力图实现最佳产品组合。

3. 组织市场类型有：（1）生产者市场又称为产业市场、工业品市场或生产资料市场，它主要有这样一些个体和组织构成：它们采购商品和劳务的目的是为了加工生产出其他产品以供出售、出租，以从中获利，而不是为了个人消费。（2）中间商市场又称转卖者市场，是指那些通过购买商品和服务用于转售或出租给他人，以获取利润为目的的购买者的集合。（3）非营利组织市场也称机构市场，它是指维持正常运作和履行职能而购买产品和服务的非营利组织所构成的市场。它们可以是现有的政府事业单位和教育机构、注册的民办科技机构等。（4）政府市场是指为了执行政府职能而购买或租用产品和服务的各级政府和下属各部门组成的采购市场。

4．消费者的评价行为涉及以下问题：（1）产品属性，即产品能够满足消费者需要的特性。（2）属性权重，即消费者对产品有关属性所赋予的不同的重要性权数。（3）品牌信念，即消费者对某品牌优劣程度的总的看法。（4）效用函数，即描述消费者所期望的产品满足感随产品属性的不同而有所变化的函数关系。（5）评价模型，即消费者对不同品牌进行评价和选择的程序与方法。

5．学习的过程有：（1）驱使力是指驱使人们产生行动的内在推动力，即内在需要。（2）刺激物是指可以满足内在驱使力的物品。（3）诱因也称为刺激物，是指刺激物所具有的能驱使人们产生一定行为的外在刺激。（4）反应是指驱使力对具有一定诱因的刺激物所发生的反作用或反射行为。（5）强化是指驱使力对具有一定诱因的刺激物发生反应后的效果。

第四章 市场营销调研与预测

一、判断题(请判断下列各小题是否正确,正确的在题后的括号内打"√",错误的打"×",错误的请给出理由)

1. 在营销活动产出大于投入的前提下,需要为营销决策及时提供相关联的必要信息,尽量减少杂乱无关的信息。(　　)

2. 营销信息系统是企业进行营销决策和编制计划的基础,也是监督、调控企业管理活动的依据。(　　)

3. 内部报告系统的主要功能是向市场营销管理者及时提供有关交易的信息。(　　)

4. 市场营销情报信息来源于市场与销售人员。(　　)

5. 市场营销信息系统关心问题的解决,市场营销调研系统关心问题的解决与预防。(　　)

6. 决策模型主要用于分析实体分配、品牌转换、排队等候等营销问题。(　　)

7. 描述性模型主要用于解决产品设计、厂址选择、产品定价、广告预算、营销组合决策等问题。(　　)

8. 市场营销调研有利于开拓新的市场。(　　)

9. 市场调研信息系统是由人员、设备和程序所构成的一个互相作用的连续复合体。(　　)

10. 探索性调研解决的是"存在的是什么"问题。(　　)

11. 进行描述性调研,方法要尽量简单,时间要短,关键是发现问题。(　　)

12. 解释性市场调研的目的在于检验某种假设,或说明解释某类客观现象,寻求现象关系存在的条件。(　　)

13. 描述性调研回答市场现状是什么的问题。(　　)

14. 在市场调研中凡是要回答"为什么"的时候都是解释性市场调研。(　　)

15. 市场营销调研类型包括探索性调研、描述性调研、解释性调研和预测性调研。(　　)

16. 市场调研首先要解决的问题是制定调研方案。(　　)

17. 市场调研中调研者从所需了解其特征或行为的总体中选择出一部分,称其为样本。(　　)

18. 市场调研中根据市场调研范围确定样本容量大小。(　　)

19. 市场调研所获得的资料是完整的、准确的。(　　)

20. 在实际调研中定性访谈有面谈调研法、电话调研法、邮寄调研法、留置调研法、网络调研法等形式。(　　)

21. 定量访谈法是市场调研中最常用、最基本的调研方式。(　　)

22. 拦截访问能够确保受访者在一个熟悉、舒适、安全的环境里轻松地接受访谈。(　　)

23. 拦截访问可获得较多资料，但其花费成本高、占用时间长。（　　）

24. 观察法要求观察人员利用自己感觉器官进行观察。（　　）

25. 观察法不直接向被调研者提问，而是从旁观察被调研者的行动、反应和感受。（　　）

26. 广告公司为调研电视节目的收视率，可以在用户同意的前提下，在家庭电视机上安装电子记录器，与公司总部相连，当观众收看电视节目时，就能把所看的电视频道、节目记录下来，确定广告播出的黄金时间。这是直接观察法。（　　）

27. 在观察法运用过程中，观察者可按其主观倾向或个人好恶，歪曲事实或编造情况。（　　）

28. 观察法在实施时，常会受到时间、空间和经费的限制，一般需要大量人员到现场长时间观察，调研费用支出较大，比较适用于大范围的微观市场调研。（　　）

29. 观察法灵活性较强，只要选择好合适的时间和地点随时进行调研，而且不需要特别的费用。（　　）

30. 实验法应用范围非常广，凡是某一种商品需改变包装、设计、价格和广告策略时都可以应用。（　　）

31. 观察法的最大特点就是把调研对象置于非自然的状态下开展市场调研。（　　）

32. 采用控制组同实验组对比实验这种实验调研方法，其优点在于实验组与控制组在同一时间内进行现场销售对比，不需要按时间顺序分为事前事后，这样可以排除由于实验时间不同而可能出现的外来变数影响。（　　）

33. 随机对比试验是最简便的一种实验调研形式。（　　）

34. 实验法可以有控制地分析、观察某些市场现象之间是否存在着因果关系，以及相互影响程度。（　　）

35. 实验法适用于对所有市场现象的影响分析。（　　）

36. 实验法所需的时间较长，费用也较高。（　　）

37. 二手资料调研可以帮助调研人员排除不理想的市场而认准最有前途的市场，并为进一步进行实地调查奠定基础。（　　）

38. 问卷的设计要有整体感，问题设置应当紧密相关，独立的问题本身也不能出现逻辑上的错误。（　　）

39. 调研问卷从形式上看，可以分为开放式问卷和封闭式问卷两种。（　　）

40. 开放式问卷可以比较深入地发现和探究一些特殊问题，探询到特殊群体的意见和观点。（　　）

41. 开放式问卷适合所有调研对象。（　　）

42. 调研问卷设计时要确保问题易于回答。（　　）

43. 长期预测一般是指预测期在10年和10年以上的预测。（　　）

44. 市场预测必须以充分的历史和现实资料为依据。（　　）

45. 定量预测是对未来市场的发展趋势在性质上或程度上给出的预测。（　　）

46. 定性预测方法是一种很实用的预测方法，也是市场预测中应用较广泛的基本方法。（　　）

47. 德尔菲法属于定量预测方法。（　　）

48. 算术平均法由于没有考虑整个社会经济发展的新动向和其他因素的影响，所以准

确性较差。（　　）

49. 德尔菲法是由美国兰德公司在 20 世纪 40 年代首创和使用的，最先用于科技预测，后来在市场预测中也得到广泛应用。（　　）

50. 经济计量法是指在以经济理论和事实为依据的定性分析基础上，利用数理统计方法建立一组联立方程式，来描述预测目标与相关变量之间经济行为结构的动态变化关系。（　　）

二、单项选择题（请在下列每小题中选择一个最合适的答案）

1. 可以作为一种非正式的，建立在二手资料的基础上，小范围的调研方式是（　　）。
   A. 描述性调研　　　B. 探测性调研　　　C. 因果调研　　　D. 预测性调研

2. 本次调研为了了解某市上网人口数、上网人口的组成特性、上网方式、上网使用时间与时段及相关网络使用行为。这次调研属于（　　）。
   A. 解释性调研　　　B. 预测性调研　　　C. 探索性调研　　　D. 描述性调研

3. 找出关联现象或变量之间的因果关系的市场营销调研，称为（　　）。
   A. 解释性调研　　　B. 预测性调研　　　C. 探索性调研　　　D. 描述性调研

4. 进行（　　），方法要尽量简单，时间要短，关键是发现问题。
   A. 描述性调研　　　B. 探索性调研　　　C. 预测性调研　　　D. 解释性调研

5. （　　）可以节省调研的费用和精力。
   A. 一手资料的收集　　　　　　　B. 采用普查方法收集资料
   C. 采用个人访谈法收集资料　　　D. 二手资料收集

6. 用于验证因果关系、发现内在规律主要采用的市场营销调研方法是（　　）。
   A. 实验法　　　B. 观察法　　　C. 询问法　　　D. 案头调研法

7. 适用于调研市场营销策略、销售方法、广告效果以及各种营销因素的变动对销售的影响的方法是（　　）。
   A. 案头调研法　　　B. 观察法　　　C. 询问法　　　D. 实验法

8. 调查某城市 6000 户居民购买电脑的需求，按照居民的家庭收入分为 5 类，然后在每一类中按照比例抽取相应样本的方法称为（　　）。
   A. 简单随机抽样　　　B. 分群抽样　　　C. 等距离抽样　　　D. 分层抽样

9. 在非随机抽样方法中最为简单的一种方法是（　　）。
   A. 判断抽样法　　　B. 配额抽样法　　　C. 分层抽样法　　　D. 任意抽样法

10. 以下哪个系统不属于营销系统的子系统？（　　）
    A. 内部报告系统　　　　　　　B. 营销情报系统
    C. 营销调研系统　　　　　　　D. 营销评价系统

11. 下列哪种方法不属于企业收集一手资料的主要方法？（　　）
    A. 访谈法　　　B. 观察法　　　C. 实验法　　　D. 文案调研法

12. 问卷设计中如果出现如"大家普遍认为 A 牌子的卷烟口感好，您的印象如何？"这样的问题，你觉得（　　）。
    A. 问题具有诱惑性　　　　　　B. 使用了含混不清的句子
    C. 问题没有很好地界定　　　　D. 没有不妥

13. 下列说法错误的是（　　）。

A. 任意抽样一般适宜非正式的探测性调查，当调查总体中的每一个个体都同质时才会采用

B. 判断抽样法受调查者自身的经验和能力影响比较大

C. 配额抽样也存在调查者的主观影响的问题

D. 任意抽样经常在正式调研中被采用

14. 问卷设计中，如果出现"您是否经常购买烟卷？"这样的问题，你觉得（　　）。

A. 没有不妥　　　　　　　　　　　B. 用词不确切

C. 问题具有引导性　　　　　　　　D. 问题没有很好地界定

15. "你认为现在 A 产品要增加促销力度还是减小促销力度？"这个问句存在（　　）问题。

A. 问题具有引导性　　　　　　　　B. 使用了含混不清的句子

C. 缺少选项　　　　　　　　　　　D. 没有不妥

16. 下列不属于封闭式问题特点的是（　　）。

A. 答案标准化、方便回答

B. 易于进行各种统计处理和分析

C. 回答者只能在规定的范围内被迫回答

D. 方便调查人员收集足够全面的答案

17. 封闭式问题的答案不宜超过（　　）。

A. 5 个　　　　　　B. 10 个　　　　　　C. 4 个　　　　　　D. 15 个

18. （　　）是一种无结构的、直接的、个人的访问，在访问过程中，一个掌握高级技巧的调研员深入访谈一个被调研者，以揭示对某一问题的潜在动机、信念、态度和感情。

A. 专家调研法　　　B. 德尔菲法　　　C. 深度访问法　　　D. 电话访问法

19. 聘请一批专家以相互独立的匿名形式就预测内容各自发表意见，并反复多次修改各自意见，最后由预测者综合确定市场预测的结论，这是（　　）。

A. 因果分析法　　　B. 德尔菲法　　　C. 时间序列法　　　D. 经济计量法

20. （　　）的最大缺陷是回收率低。

A. 电话访谈问卷　　　　　　　　　B. 小组讨论问卷

C. 邮寄访问问卷　　　　　　　　　D. 个人访问问卷

21. 下列不属于信息分类的是（　　）。

A. 信息　　　　　　B. 资料　　　　　　C. 知识　　　　　　D. 传闻

22. 下列不属于信息功能的是（　　）。

A. 中介功能　　　　B. 连接功能　　　　C. 联结功能　　　　D. 放大功能

23. 下列关于市场调研叙述不正确的是（　　）。

A. 探索性调研的目的是解决"存在的是什么"问题

B. 描述性调研大多作为一个大型市场营销调研项目的前奏

C. 描述性调研的目的是解决"存在的问题是什么情况"

D. 描述性调研与探索性调研相比，研究的问题更加具体

24. 根据问卷设计的基本原则，以下问题中设计最合理的一项是（　　）。

A. 你上月看了几次电影

B. 你经常参加体育锻炼吗

C. 大家都认为东芝牌的电视机质量很好，你对这种产品的评价如何

D. 您过去一年用于食品的月平均支出是多少

25. 问卷设计的基本原则不包括(　　)。

A. 明确性　　　　　B. 非诱导性　　　　C. 系统性　　　　　D. 合理性

26. (　　)的主要功能是向市场营销管理者及时提供有关交易的信息。

A. 内部报告系统　　　　　　　　B. 营销调研系统

C. 营销分析系统　　　　　　　　D. 营销情报系统

27. 关于市场营销调研系统，下列说法正确的是(　　)。

A. 市场营销调研系统着重处理外部信息

B. 市场营销调研系统关心问题的解决与预防

C. 市场营销调研系统是以电脑为基础的过程

D. 市场营销调研系统包含营销研究及其他系统

28. 关于市场营销信息系统，下列说法不正确的是(　　)。

A. 市场营销信息系统处理内部及外部信息

B. 市场营销信息系统关心问题的解决与预防

C. 市场营销信息系统是不以电脑为基础的过程

D. 市场营销信息系统包含营销研究及其他系统

29. (　　)是企业用一些先进技术分析市场营销数据和问题的营销信息子系统。

A. 内部报告系统　　　　　　　　B. 营销调研系统

C. 营销分析系统　　　　　　　　D. 营销情报系统

30. 下列不属于市场营销调研作用的是(　　)。

A. 有利于制定科学的营销规划

B. 有利于优化营销组合

C. 有利于改进现有产品

D. 有利于开拓新的市场

31. (　　)是企业营销活动的出发点，其作用非常重要。

A. 市场需求预测　　　　　　　　B. 市场营销调研

C. 市场营销分析　　　　　　　　D. 市场营销情报

32. 下列问卷设计过程中说法不正确是(　　)。

A. 要使被调查者容易并且能充分理解问句的含义

B. 要使被调查者能够并且愿意回答问题

C. 对问句确定界限，避免混淆

D. 可以将多个问题结合起来提问

33. 对消费者购买力、竞争者状况、产品市场占有率等调研属于(　　)。

A. 解释性调研　　　B. 预测性调研　　　C. 探索性调研　　　D. 描述性调研

34. 下列对市场营销调研内容叙述不正确的是(　　)。

A. 对顾客购买动机和购买行为的调研是对顾客的调研

B. 对产品生命周期的调研是对产品的调研

C. 对公共关系与企业形象的调研是对销售渠道的调研

D. 对市场营销战略及其实际效果是对竞争的调研

35. 企业历年的销售额、销售增长状况，竞争者的销售额、利润率等各种数据属于(　　)。

A. 企业销售资料　　　B. 二手资料　　　C. 一手资料　　　D. 企业营收资料

36. 对市场调研获得的资料进行整理分析、归纳以及给出市场调研报告是调研工作的(　　)。

A. 结束阶段　　　B. 中间阶段　　　C. 初始阶段　　　D. 重要阶段

37. (　　)是市场调研中最常用、最基本的调研方式。

A. 问卷法　　　B. 访谈法　　　C. 观察法　　　D. 实验法

38. 下列关于入户访问的说法中错误的是(　　)。

A. 问卷回答的完整率高　　　　　　　B. 培训结果较为准确

C. 成本低、时间长　　　　　　　　　D. 易于回访复述

39. 下列关于观察法的叙述不正确的是(　　)。

A. 观察法不需要出具调研方案

B. 观察法要求对观察对象进行系统、全面的观察

C. 观察法要求观察人员在充分利用自己感觉器官的同时，还要尽量运用科学的观察工具

D. 观察法的观察结果是当时正在发生的、处于自然状态下的市场现象

40. 下列说法不正确的是(　　)。

A. 观察法不受限制　　　　　　　　　B. 观察法直观可靠

C. 观察法简单易行　　　　　　　　　D. 观察法限制性比较大

41. 以下不属于观察法必须遵循的原则的是(　　)。

A. 客观性原则　　　B. 全面性原则　　　C. 系统性原则　　　D. 持久性原则

42. (　　)的优点在于实验组与控制组在同一时间内进行现场销售对比，不需要按时间顺序分为事前事后，这样可以排除由于实验时间不同而可能出现的外来变数影响。

A. 事前事后对比实验　　　　　　　　B. 控制组同实验组对比实验

C. 随机对比实验　　　　　　　　　　D. 有控制组的事前事后对比实验

43. 下列关于实验法说法不正确的是(　　)。

A. 实验法可以有控制地分析、观察某些市场现象之间是否存在着因果关系，以及相互影响程度

B. 实验法通过实验取得的数据比较客观，具有一定的可信度

C. 实验法有一定的局限性

D. 实验法适用于对任何市场现象的影响分析

44. (　　)可以帮助调研人员排除不理想的市场而认准最有前途的市场。

A. 二手资料调研　　　　　　　　　　B. 观察调研

C. 实验调研　　　　　　　　　　　　D. 一手资料调研

45. "你认为哪家商场的营销比较成功？"这个问题存在(　　)问题。

A. 问题具有引导性　　　B. 缺少选项　　　C. 没有不妥　　　D. 没有逻辑

46. 以下属于开放式问卷特点的是(　　)。

A. 项目的设置和安排没有严格的结构形式

B. 对一些比较复杂的问题，有时很难准确把握对问题答案的周全性

C. 答案标准化

D. 有利于被调研者对问题的理解和回答

47. （　　）是一种很实用的预测方法，也是市场预测中应用较广泛的基本方法。

A. 定性预测法　　　　B. 时间序列法　　　　C. 回归分析法　　　　D. 经济计量法

48. 以下属于定量预测法的是（　　）。

A. 德尔菲法　　　　　　　　　　　B. 购买意向调研预测法

C. 回归分析法　　　　　　　　　　D. 销售人员意见综合预测法

49. 以下属于定性分析法的是（　　）。

A. 回归分析法　　　B. 移动平均法　　　C. 经济计量法　　　D. 德尔菲法

50. 以下不属于时间序列法的是（　　）。

A. 回归分析法　　　B. 趋势预测法　　　C. 指数平滑法　　　D. 移动平均法

三、多项选择题（下列各小题有两个或两个以上的正确答案，请准确选出全部正确答案）

1. 信息按照内容可以划分为三类，分别是（　　）。

A. 传闻　　　B. 消息　　　C. 隐私　　　D. 资料　　　E. 知识

2. 下列关于市场调研叙述正确的是（　　）。

A. 探索性调研的目的是解决"存在的是什么"问题

B. 描述性调研大多作为一个大型市场营销调研项目的前奏

C. 描述性调研的目的是解决"存在的问题是什么情况"

D. 描述性调研与探索性调研相比，研究的问题更加具体

E. 解释性调研的目的在于寻求现象关系存在的条件

3. 市场营销信息系统由（　　）所构成。

A. 内部报告系统　　　B. 外部报告系统　　　C. 营销调研系统

D. 营销情报系统　　　E. 营销分析系统

4. 市场营销调研根据调研的目的可以分为（　　）。

A. 探索性调研　　　B. 描述性调研　　　C. 临时性调研

D. 解释性调研　　　E. 预测性调研

5. 问卷设计中最基本的原则是（　　）。

A. 要使被调查者容易并且能充分理解问句的含义

B. 要使被调查者能够并且愿意回答问题

C. 要对问句确定界限，避免混淆

D. 问句要尽量获得具体或事实的答案

E. 问句要克服偏差，追求精确

6. 以下属于定性预测法的是（　　）。

A. 专家预测法　　　B. 购买意向调研预测法　　　C. 时间序列法

D. 销售人员意见综合预测法　　　E. 因果分析法

7. 以下属于定量预测法的是（　　）。

A. 专家预测法　　　B. 购买意向调研预测法　　　C. 时间序列法

D. 销售人员意见综合预测法　　E. 因果分析法

8. 以下属于时间序列法的是（　　　）。

A. 回归分析法　　　　　　　　B. 趋势预测法　　　　　　　C. 指数平滑法

D. 经济计量法　　　　　　　　E. 移动平均法

9. 以下属于因果关系分析法的是（　　　）。

A. 回归分析法　　　　　　　　B. 趋势预测法　　　　　　　C. 指数平滑法

D. 经济计量法　　　　　　　　E. 移动平均法

10. 市场调研法中属于一手资料法的是（　　　）。

A. 实验法　　　　　　　　　　B. 访问法　　　　　　　　　C. 内部资料

D. 外部资料　　　　　　　　　E. 观察法

11. 信息对人类社会具有三大功能，分别是（　　　）。

A. 中介功能　　　　　　　　　B. 连接功能　　　　　　　　C. 联结功能

D. 放大功能　　　　　　　　　E. 传递功能

12. 下列关于信息的说法中正确的是（　　　）。

A. 营销信息系统是企业进行营销决策和编制计划的基础

B. 营销信息系统是监督、调控企业管理活动的依据

C. 在激烈的竞争中，信息传递的速度越快就越有价值

D. 营销信息反映的是人类社会的市场活动

E. 企业营销信息系统是企业管理信息系统的一个重要的子系统

13. 一个理想的市场营销信息系统应能解决以下哪些问题？（　　　）

A. 它能向各级管理人员提供从事其工作所必需的一切信息

B. 它能够对信息进行选择，以便使各级管理人员获得与他们能够且必须采取的行为有关的信息

C. 它提供信息的时间限于管理人员能够且应当采取行动的时间

D. 它提供所要求的任何形式的分析、数据与信息

E. 它所提供的信息，不一定是最新的，所提供信息的形式都是有关管理人员最易了解和消化的

14. 营销情报系统收集外部信息的方式主要有（　　　）。

A. 无目的的观察　　　　　　　B. 有条件的观察　　　　　　C. 有计划的收集

D. 有目的的观察　　　　　　　E. 非正式的探索

15. 关于市场营销调研系统，下列说法不正确的是（　　　）。

A. 市场营销调研系统着重处理外部信息

B. 市场营销调研系统关心问题的解决与预防

C. 市场营销调研系统是以电脑为基础的

D. 市场营销调研系统包含营销研究及其他系统

E. 市场营销调研系统是不以电脑为基础的

16. 关于市场营销信息系统，下列说法正确的是（　　　）。

A. 市场营销信息系统处理内部及外部信息

B. 市场营销信息系统关心问题的解决

C. 市场营销信息系统是不以电脑为基础的

D. 市场营销信息系统包含营销研究及其他系统

E. 市场营销信息系统是零碎的、间歇的作业

17. 营销分析系统通常由（　　）三部分组成。

A. 资料库　　　　　B. 统计库　　　　　C. 模型库　　　　　D. 研究库　　　　　E. 分析库

18. 下列属于市场营销调研作用的是（　　）。

A. 有利于制定科学的营销规划

B. 有利于优化营销组合

C. 有利于研究新产品

D. 有利于开拓新的市场

E. 有利于提升知名度

19. 市场营销调研步骤包括（　　）。

A. 明确调研目的　　　　　B. 制定调研方案　　　　　C. 收集资料

D. 整理分析资料　　　　　E. 撰写调研报告

20. 以下属于市场调研资料收集方法的是（　　）。

A. 访问法　　　　　B. 观察法　　　　　C. 问卷法

D. 态度测量表法　　　　　E. 实验法

21. 市场营销调研过程中可通过（　　）等途径收集资料。

A. 公开的出版物

B. 国家有关部门

C. 市场调研人员亲自观察、询问

D. 信息咨询机构

E. 其他途径

22. 下列关于入户访问的说法中正确的是（　　）。

A. 问卷回答的完整率高　　　　　B. 培训结果较为准确

C. 成本高、时间长　　　　　D. 易于回访复述

E. 可获得较多资料

23. 观察法按照观察方式可分为（　　）。

A. 直接观察　　　　　B. 间接观察　　　　　C. 测量观察

D. 全面观察　　　　　E. 局部观察

24. 下列关于观察法的说法中正确的是（　　）。

A. 观察法所观察的内容是经过周密考虑的

B. 观察法要求对观察对象进行系统、全面的观察

C. 观察法要求观察人员在充分利用自己感觉器官的同时，还要尽量运用科学的观察工具

D. 观察法的观察结果是当时正在发生的、处于自然状态下的市场现象

E. 观察法不需要出具调研方案

25. 下列说法正确的是（　　）。

A. 观察法只能观察被观察对象的外部动作和表面现象

B. 观察法直观、可靠

C. 观察法简单、易行

D. 观察法限制性比较大

E. 观察法没有限制

26. 观察法必须遵循（　　）原则。

A. 客观性原则　　　　　　B. 全面性原则　　　　　　C. 系统性原则

D. 持久性原则　　　　　　E. 时效性原则

27. 实验法包括（　　）。

A. 事前事后对比实验

B. 控制组同实验组对比实验

C. 控制组的事前事后对比实验

D. 有控制组的事前事后对比实验

E. 随机对比实验

28. 下列关于实验法的说法中正确的是（　　）。

A. 实验法可以有控制地分析、观察某些市场现象之间是否存在着因果关系，以及相互影响程度

B. 实验法通过实验取得的数据比较客观，具有一定的可信度

C. 实验法所需费用较高

D. 实验法适用于对任何市场现象的影响分析

E. 实验法有一定的局限性

29. 以下属于封闭式问卷特点的是（　　）。

A. 有利于被调研者对问题的理解和回答

B. 可以收集到范围比较广泛的资料

C. 答案标准化

D. 有利于调研后资料的整理

E. 对一些比较复杂的问题，有时很难准确把握对问题答案的周全性

30. 调研问卷设计应注意（　　）。

A. 避免应答者可能不明白的缩写、俗语或生僻的用语

B. 答案要具体

C. 确保问题易于回答

D. 不要过多假设

E. 预先测试

31. 下列关于市场需求预测理解正确的是（　　）。

A. 市场需求预测是探索市场发展规律的一种行为

B. 市场需求预测要有充分依据，要在掌握系统、准确的信息资料的基础上进行，要在充分的市场调研的基础上进行

C. 市场需求预测要运用科学的、先进的方法

D. 市场需求预测方法主要有定性预测方法和定量预测方法

E. 市场需求预测方法按照预测范围划分，可分为国际市场预测和国内市场预测

32. 市场需求预测的步骤包括（　　）。

A．确定市场预测的目的

B．调研、收集、整理市场预测所需资料

C．对资料进行周密分析，选择适当的预测方法

D．检验预测成果，修正预测值

E．根据市场预测模型确定预测值，并测定预测误差

33．下列属于德尔菲法特点的是（　　　）。

A．匿名性　　　　B．反馈性　　　　C．系统性　　　　D．整体性　　　　E．收敛性

34．下列关于实施德尔菲法的步骤正确的是（　　　）。

A．成立预测课题小组，确定预测目标

B．选择和邀请专家

C．设计征询表

D．逐轮咨询和信息反馈

E．采用回归分析方法对预测结果进行定量评价和表述

35．时间序列法内容包括（　　　）。

A．成立课题小组，确定序列目标

B．用此模式去预测该社会现象将来的情况

C．分析时间数列，从中寻找该社会现象随时间而变化的规律，得出一定的模式

D．对这些资料进行检查鉴别，排成数列

E．收集与整理某种社会现象的历史资料

36．下列说法正确的是（　　　）。

A．时间序列是将某种统计指标的数值，按时间先后顺序排列所形成的数列

B．时间序列预测法可用于短期、中期和长期预测

C．时间序列预测法根据对资料分析方法的不同，可分为移动平均法、加权移动平均
法、趋势预测法和指数平滑法等

D．加权序时平均数法，也称为算术平均法，即把若干历史时期的统计数值作为观察
值，求出算术平均数作为下期预测值

E．简单移动平均法，就是相继移动计算若干时期的算术平均数作为下期预测值

37．下列说法正确的是（　　　）。

A．回归分析中，当研究的因果关系只涉及因变量和一个自变量时，称为一元回归分析

B．回归分析中，当研究的因果关系涉及因变量和两个或两个以上自变量时，称为多元
回归分析

C．回归分析是最基本的方法，也是市场预测中的一种重要预测方法

D．因果分析预测法在市场预测中常用的方法有回归分析法和经济计量法

E．线性回归分析是最基本的方法，也是市场预测中的一种重要预测方法

38．制定调研方案包括（　　　）。

A．选择和安排调研项目

B．选择调研形式与方法

C．选择和安排调研人员与费用

D．明确调研问题和目的

E. 整理分析资料

39. 为扩大信息的来源和提高信息的质量，企业通常采取(　　)措施改进信息收集工作。

A. 提高营销人员的信息观念，并加强其信息收集、传递职能

B. 鼓励与企业有业务关系的经销商、零售商和中间商收集和提供营销信息

C. 积极购买特定的市场营销信息

D. 多渠道、多形式地了解竞争对手的营销活动情况

E. 建立内部营销信息中心，改进信息处理、传递工作

40. 内部报告系统包括(　　)等信息。

A. 订货数量　　　　　　　　B. 销售额　　　　　　　　C. 股本

D. 投资人　　　　　　　　　E. 应收账款

四、名词解释（请用简洁规范的语言描述下列概念）

1. 市场营销调研　2. 专家预测法　3. 德尔菲法　4. 观察法　5. 实验法
6. 探索性调研　7. 解释性调研　8. 预测性调研　9. 描述性调研　10. 时间序列预测法
11. 市场需求预测　12. 定量访谈法　13. 样本　14. 因果关系分析法　15. 开放式问卷

五、简答题（简要回答下列各小题的知识要点）

1. 简述市场调研的步骤。

2. 简述问卷设计的主要步骤。

3. 简述问卷设计的原则。

4. 简述市场营销信息系统的构成。

5. 简述市场需求预测的步骤。

6. 简述市场营销调研的作用。

7. 简述观察法的优缺点。

8. 简述实验法的优缺点。

9. 简述因果关系分析应用步骤。

10. 简述实施德尔菲法的步骤。

六、论述题（详细回答下列各小题，并阐述自己的观点）

1. 论述一份完整问卷的结构内容和基本要求。

2. 论述市场营销调研报告的基本结构。

3. 论述观察法的特点及应用范围。

4. 论述营销信息系统的构成。

5. 论述市场营销调研的步骤及其内容。

【参考答案要点】

一、判断题

1. √

2. √

3. √

4. ×　理由：市场营销情报信息不仅来源于市场与销售人员，也可能来自于企业中所

有与外部有接触的其他员工。

5. ×　理由：市场营销调研系统关心问题的解决，市场营销信息系统关心问题的解决与预防。

6. ×　理由：描述性模型主要用于分析实体分配、品牌转换、排队等候等营销问题。

7. ×　理由：决策模型主要用于解决产品设计、厂址选择、产品定价、广告预算、营销组合决策等问题。

8. √

9. √

10. √

11. ×　理由：进行探索性调研，方法要尽量简单，时间要短，关键是发现问题。

12. √

13. √

14. √

15. √

16. ×　理由：市场调研首先要解决的问题是明确调研目的。

17. √

18. ×　理由：如何从总体中选取样本、设计样本、容量大小和抽样方法，通常要根据市场调研目的、范围、时间等综合因素考虑而定。

19. ×　理由：市场调研所获得的资料，大多数都是零散的，某些资料还可能是片面的、不准确的。

20. ×　理由：在实际调研中，定量访谈有很多种形式，主要有面谈调研法、电话调研法、邮寄调研法、留置调研法、网络调研法等。

21. √

22. ×　理由：入户访问能够确保受访者在一个熟悉的、舒适、安全的环境里轻松地接受访谈。

23. ×　理由：入户访问可获得较多资料，但其花费成本高、占用时间长。

24. ×　理由：观察法要求观察人员在充分利用自己感觉器官的同时，还要尽量运用科学的观察工具。

25. √

26. ×　理由：广告公司为调研电视节目的收视率，可以在用户同意的前提下，在家庭电视机上安装电子记录器，与公司总部相连，当观众收看电视节目时，就能把所看的电视频道、节目记录下来，确定广告播出的黄金时间。这里是测量观察法。

27. ×　理由：在观察法运用过程中，观察者必须持客观的态度对市场现象进行记录，切不可按其主观倾向或个人好恶，歪曲事实或编造情况。

28. ×　理由：观察法在实施时，常会受到时间、空间和经费的限制，一般需要大量人员到现场长时间观察，调研费用支出较大，比较适用小范围的微观市场调研。

29. √

30. √

31. ×　理由：实验法的最大特点就是把调研对象置于非自然的状态下开展市场调研。

32. √

33. ×　理由：事前事后对比实验是最简便的一种实验调研形式。

34. √

35. ×　理由：实验法只适用于对当前市场现象的影响分析，对历史情况和未来变化则影响较小。

36. √

37. √

38. √

39. √

40. √

41. ×　理由：开放式问卷不适合文化程度不高、文字表达有困难的调研对象。

42. √

43. ×　理由：长期预测一般是指预测期在 5 年和 5 年以上的预测。

44. √

45. ×　理由：定性预测是对未来市场的发展趋势在性质上或程度上给出的预测。

46. √

47. ×　理由：德尔菲法属于定性预测方法。

48. √

49. √

50. √

二、单项选择题

1. D　2. D　3. A　4. B　5. D　6. A　7. D　8. D　9. A　10. D　11. D　12. A　13. D　14. D　15. C　16. D　17. B　18. C　19. B　20. C　21. D　22. B　23. B　24. A　25. C　26. A　27. A　28. C　29. C　30. C　31. B　32. D　33. D　34. C　35. B　36. A　37. B　38. C　39. A　40. A　41. C　42. B　43. D　44. A　45. B　46. A　47. A　48. C　49. D　50. A

三、多项选择题

1. BDE　2. ACDE　3. ACDE　4. ABDE　5. ABCDE　6. ABD　7. CE　8. BCE　9. AD　10. ABE　11. ACD　12. ABCDE　13. ABCD　14. ABCE　15. BCD　16. AD　17. ABC　18. ABD　19. ABCDE　20. ABDE　21. ABCDE　22. ABCDE　23. AC　24. ABCD　25. ABCD　26. ABD　27. ABDE　28. ABCE　29. ACDE　30. ABCDE　31. ABCD　32. ABCDE　33. ABE　34. ABCD　35. BCDE　36. ABCE　37. ABDE　38. ABC　39. ABCDE　40. ABE

四、名词解释

1. 市场营销调研是由人员、设备和程序所构成的一个互相作用的连续复合体。其基本任务是及时、准确地收集、分类、分析、评价和提供有用的信息，供市场营销决策者用于制定或修改市场营销计划，执行和控制市场营销活动。

2. 专家预测法是指由专家来进行预测的一种方法。它可以分为两种方式：一是组织有关专家进行调研研究，然后通过座谈讨论得出预测的结论。二是德尔菲法。

3. 德尔菲法实际上就是专家小组法，或专家意见征询法。这种方法是按一定的程序，采用背对背的反复函询的方式，征询专家小组成员的意见，经过几轮的征询与反馈，使各种不同的意见渐趋一致，经汇总和用数理统计方法进行收敛，得出一个比较合理的预测结果供决策者参考。

4. 观察法是指调研者在现场对被调研者的情况进行直接的观察、记录，以取得市场信息资料的方法。其主要是凭调研人员的直接感觉或是借助于某些摄录设备和仪器来跟踪、记录和考察被调研者的活动和现场事实，以此来获取某些重要的市场信息。

5. 实验法(Experiment Survey)是指在既定条件下，通过实验对比，对市场现象中某些变量之间的因果关系及其发展变化过程加以观察分析的一种调研方法。

6. 探索性调研一般是在调研专题的内容与性质不太明确的情况下，为了了解问题的性质，确定调研的方向与范围而进行搜集初步资料的调研。

7. 解释性调研是检验某种假设，或说明解释某类客观现象，寻求现象关系存在的条件的调研。由于因果关系是建立理论解释的主要方法之一，因此解释性市场调研也常常被称为"因果性市场调研"。

8. 预测性调研是在科学理论的指导下，通过运用科学方法对过去、当前市场信息综合进行分析研究，对市场发展趋势及变动幅度做出科学估计的调研。

9. 描述性调研是通过详细的调研和分析，对市场营销活动的某个方面进行客观的描述，对已经找出的问题做如实的反映和具体回答的调研。

10. 时间序列预测法就是通过编制和分析时间序列，根据时间序列所反映出来的发展过程、方向和趋势，进行类推或延伸，借以预测下一段时间或以后若干年内可能达到的水平。

11. 市场需求预测是指在营销调研的基础上，运用科学的理论和方法，对未来一定时期的市场需求量及影响需求的诸多因素进行分析研究，寻求市场需求发展变化的规律，为营销管理人员提供未来市场需求的预测性信息，作为营销决策的依据。

12. 定量访谈法是指通过设计调研问卷，要求被访者按照事先预设好的问题属类进行选择回答，有计划地通过填写、询问等方式向被调研者提出问题，根据他们的回答内容，获得量化数据进行数据统计分析，进而获得有价值信息的一种调研方式。

13. 市场调研中，调研者从所需了解其特征或行为的总体中选择出来的一部分，称为样本。

14. 因果关系分析法是从事物变化的因果关系的规定性出发，用统计方法寻求市场变量之间依存关系的数量变化函数表达式的一类预测方法。

15. 开放式问卷又叫无结构型问卷，是问卷设计者提供问题，由被调研者自行构思、自由发挥，从而按自己意愿答出问题，主要以问答题型为主。

五、简答题

1. 市场调研的步骤：

(1) 明确调研问题和目的。

(2) 制定调研方案。

(3) 收集资料。

(4) 整理分析资料。

（5）撰写调研报告。

2. 问卷设计的主要步骤：（1）确立主题，规定资料范围。（2）分析样本特征。（3）设计问题。（4）试问。（5）修订。（6）试发。（7）确定问卷。

3. 调研问卷设计原则：

（1）合理性。（2）一般性。（3）逻辑性。（4）明确性。（5）非诱导性。（6）便于整理和分析。

4. 市场营销信息系统的构成：

（1）内部报告系统的主要功能是向市场营销管理者及时提供有关交易的信息，包括各种反映企业营销状况的信息。

（2）市场营销情报系统承担的任务是及时捕捉、反馈、加工、分析市场上正在发生和将要发生的信息，用于提供外部环境的"变化资料"，帮助营销主管人员了解市场动态并指明未来的新机会及问题。

（3）市场营销调研系统，也可称之为专题调研系统，它的任务是系统地、客观地搜集和传递有关市场营销活动的信息，提出与企业所面临的特定营销问题有关的调研报告，以帮助管理者制定有效的营销策略。

（4）营销分析系统是企业用一些先进技术分析市场营销数据和问题的营销信息子系统。

5. 市场需求预测的步骤为：

（1）确定市场预测的目的。

（2）调研、收集、整理市场预测所需资料。

（3）对资料进行周密分析，选择适当的预测方法。

（4）根据市场预测模型确定预测值，并测定预测误差。

（5）检验预测成果，修正预测值。

6. 市场营销调研的作用：

（1）有利于制定科学的营销规划。

（2）有利于优化营销组合。

（3）有利于开拓新的市场。

7. 观察法优点：

（1）直观、可靠。

（2）简单、易行、费用低廉。观察灵活性较强，只要选择好合适的时间和地点随时进行调研，而且不需要特别的费用。

观察法缺点：

（1）观察法只能观察被观察对象的外部动作和表面现象，其内在因素和动机则观察不到，有些时候需要投入大量的人员，长时间观察方可发现某些规律性。

（2）限制性比较大。观察法在实施时，常会受到时间、空间和经费的限制，一般需要大量人员到现场长时间观察，调研费用支出较大，比较适用小范围的微观市场调研。

8. 实验法的优点：

（1）可以有控制地分析、观察某些市场现象之间是否存在着因果关系，以及相互影响程度。

（2）通过实验取得的数据比较客观，具有一定的可信度。

实验法的缺点：

运用有一定的局限性并且费用较高。实验法只适用于对当前市场现象的影响分析，对历史情况和未来变化则影响较小。所需的时间较长，又因为实验中要实际销售、使用商品，因而费用也较高。

9．因果关系分析应用步骤：

（1）利用资料分析市场现象之间的因果关系、确定预测目标以及因变量和自变量。

（2）根据变量之间的因果关系类型，选择数学模型，并经过运算，求出有关参数，通过统计检验建立预测模型。

（3）预测分析，确定预测值市场的客观经济现象是十分复杂的，数学预测模型只能明确、形象地显示出市场从过去至现在发展过程中有关事件观察数据中呈现的因果关系，而如何确定符合市场需要及其变化客观实际的预测值，还需要预测者掌握丰富的市场信息，依靠个人的经验和分析判断能力，最后做出科学判断。

10．实施德尔菲法的步骤：

（1）成立预测课题小组，确定预测目标。

（2）选择和邀请专家。

（3）设计征询表。

（4）逐轮咨询和信息反馈。

（5）采用统计分析方法对预测结果进行定量评价和表述。

六、论述题

1．问卷的一般结构有标题、说明、甄别、主体、编码号、背景资料和致谢语七项内容。

（1）标题。每份问卷都有一个研究主体。调研者应该开宗明义确定题目，反映这个研究主题，使人一目了然，增强填答者的兴趣和责任感。

（2）说明。问卷前面应有一个说明。这个说明可以是一封告知调研对象的信，也可以是指导语，说明这个调研的目的意义，填答问卷的要求和注意事项，下面同时附上调研单位名称和单位。问卷的说明是十分重要的，对采用发放和邮寄方法的问卷尤其不可缺失。

（3）甄别。甄别也叫过滤，主要是为了选择符合调研要求的被调研者而设立的。通过甄别，一方面可以筛掉与调研事项没有关联的人，另一方面也可以确定哪些人是符合要求的被调研者。

（4）主体。这是研究主题的具体化，是问卷的核心部分。它包含了需要调研的全部内容，主要由问题和答案组成。从形式上看，问卷可分为开放式问卷和封闭式问卷两种。

（5）编码号。并不是所有问卷都需要这个项目。对规模较大又需要运用电子计算机统计分析的调研，要求所有资料数据化，与此相应的问卷就要增加一项编码号的内容。

（6）背景资料。背景资料通常放在问卷的最后，主要是一些与被调研者有关的背景资料。该部分所包含的各项问题，可使研究者根据背景资料对被调研者进行分类和比较分析。比如，被调研者的性别、年龄、婚姻情况、家庭人数、收入、职业、教育程度等信息。

（7）致谢语。为了表达对调研对象真诚合作的谢意，研究者在最后应当写上感谢的话，如邮寄问卷的致谢语可能是"再次感谢您的参与，麻烦您检查一下是否还有未回答的问题，将问卷放入随附的回邮信封并投入信箱"。而拦截访问中的感谢语可能会是"访问到此结束，谢谢您的合作，这里有一份小礼品送给您，注意签收，谢谢，再见"。

2. 市场营销调研报告的结构包括：

（1）标题。调研报告要用能揭示内容中心的标题。

（2）正文。调研报告的正文包括前言、主体和结尾三部分。调研报告的前言简要地叙述为什么对这个问题（工作、事件、人物）进行调查；调查的时间、地点、对象、范围、经过及采用的方法；调查对象的基本情况、历史背景以及调查后的结论等。这些方面的侧重点由作者根据调研目的来确定，不必面面俱到。主体是调研报告的主干和核心，是引语的引申，是结论的依据。这部分主要写明事实的真相、收获、经验和教训，即介绍调查的主要内容是什么，为什么会是这样的。主体部分要包括大量的材料：人物、事件、问题、具体做法、困难障碍等。因其内容较多，所以要精心安排调研报告的层次结构，有步骤、有次序地表现主题。

（3）结尾。结尾是调研报告分析问题、得出结论、解决问题的必然结果。一般来说，调研报告的结尾有以下五种：① 对调研报告归纳说明，总结主要观点，深化主题，以提高人们的认识；② 对事物发展做出展望，提出努力的方向，启发人们进一步去探索；③ 提出建议，供领导参考；④ 写出尚存在的问题或不足，说明有待今后研究解决；⑤ 补充交代正文没有涉及而又值得重视的情况或问题。

3. 观察法的主要特点有：

（1）观察法所观察的内容是经过周密考虑的，不同于人们日常生活中的出门看看天气、到公园观赏风景等个人的兴趣行为，而是观察者根据某种需要，有目的、有计划地搜集市场资料、研究市场问题的过程。

（2）观察法要求对观察对象进行系统、全面的观察。在实地观察前，应根据调研目的对观察项目和观察方式设计出具体的方案，尽可能避免或减少观察误差，防止以偏概全，提高调研资料的可靠性。因此，观察法对观察人员有着严格的要求。

（3）观察法要求观察人员在充分利用自己感觉器官的同时，还要尽量运用科学的观察工具。人的感觉器官特别是眼睛，在实地观察中能获取大量的信息。而照相机、摄像机、望远镜、显微镜、探测器等观察工具，不仅能提高人的观察能力，还能将观察结果记录下来，增加了资料的翔实性。

（4）观察法的观察结果是当时正在发生的、处于自然状态下的市场现象。市场现象的自然状态是各种因素综合影响的结果，没有人为制造的假象。

观察法的应用范围：

（1）商品资源和商品库存观察。市场调研人员通过观察了解工农业生产状况，判断商品资源数量，提出市场商品供应数量的报告。比如，通过观察农作物的田间生长情况，判断收成情况，提出农副产品资源报告。通过对库存市场的观察、库存商品的盘点数，来判断商品的分类结构，观察商品的储存条件，从而了解存货货源及销售数量，计算储存成本，检查分析热销商品的情况等，为企业购销决策提供依据。

（2）消费者行为观察。通过观察消费者在营业场所的活动情况，了解消费者的构成、消费者的行为特征、偏好及成交率等重要信息市场资料。消费者行为观察包括消费者购物的偏好、消费者对商品价格的反映、消费者对商品性能的评价、消费者对商标的选择等。

（3）营业状况观察。主要是观察营业现场的情况，综合分析判断企业的经营管理水平，商品供求情况。营业状况观察包括商品陈列、橱窗布置、商品价格的变动、促销活动、消费者流量等。比如，通过观察营业场所商品陈列、橱窗布置、消费者付款是否方便、商品价格的变动和消费者流动状况等，综合分析判断企业的经营管理水平、商品供求情况等，从中找到问题的症结，并提出相应的改进建议。

（4）人流量观察。即通过记录某一地段、街道在一定时间内道路上的行人或车辆的数目、类型及方向，借以评定、分析该地域的商业价值或交通情况。人流量观察包括行人流量观察、非机动车流量观察、机动车流量观察、道路特征观察。比如，新开商店的选址就需要观察一定地段的顾客流量。

4. 营销信息系统的构成：

（1）内部报告系统。内部报告系统的主要功能是向市场营销管理者及时提供有关交易的信息，包括订货数量、销售额、价格、库存状况、应收账款、应付账款等各种反映企业营销状况的信息。内部报告系统的核心是"订单—发货—账单"的循环，同时辅之以销售报告系统。

（2）营销情报系统。市场营销情报系统所要承担的任务是及时捕捉、反馈、加工、分析市场上正在发生和将要发生的信息，用于提供外部环境的"变化资料"，帮助营销主管人员了解市场动态并指明未来的新机会及问题。

（3）营销调研系统，也可称之为专题调研系统。它的任务是系统地、客观地搜集和传递有关市场营销活动的信息，提出与企业所面临的特定营销问题有关的调研报告，以帮助管理者制定有效的营销决策。

（4）营销分析系统。营销分析系统是企业用一些先进技术分析市场营销数据和问题的营销信息子系统。完善的营销分析系统，通常由资料库、统计库和模型库三部分组成。

5. 市场营销调研的步骤及其内容：

（1）明确调研问题和目的。明确调研目的，是市场调研首先要解决的问题。它的目的是提供市场信息，研究市场发展和经营中策略问题，进而为市场预测和决策服务。市场调研初期阶段要明确以下内容：① 为什么要做这次调研？② 通过调研了解哪些情况？③ 调研结果有什么具体用途？

（2）制定调研方案。这是市场调研中最复杂的阶段，它主要包括选择和安排调研项目、调研形式、调研方法、调研人员、调研费用等内容。

（3）收集资料。此为调研执行阶段，根据前面所确定的调研计划方案着手进行资料的收集。一般从公开的出版物、信息咨询机构、国家有关部门或者其他一些途径均可获得二手资料。而一手资料则需通过市场调研人员亲自观察、询问、登记取得，主要包括组织实地调研和进行观察实验。

（4）整理分析资料。对市场调研获得的资料进行整理分析、归纳以及给出市场调研报告是调研工作的结束阶段。要反映市场特征和本质，必须对资料进行加工，使之系统化、条理化，符合一定的逻辑规范。这样才能揭示事物的本质和内在联系，反映市场的客观规律。资料的整理主要是进行资料的编校、分类和分析工作。在系统进行资料汇总统计的基础上，要进行资料统计分析。

（5）撰写调研报告。资料整理分析以后，调研者应该在规定时间内向调研决策者说明调研结果。调研报告撰写应该认真准确，着重用资料数字说明问题，文字表达要准确简明，以便管理者了解报告的重点是什么。完成调研报告并不是一次调研过程的终结，还有对调研结果进行追踪和反馈这一任务。即通过市场活动实践，检验报告反映的问题、提出的建议是否可行、实用及效果如何，并总结市场调研的经验教训，不断提高工作能力和认知水平。值得注意的是，调研人员不应当把调研报告看成是市场调研的结束，而应继续注意市场情况变化，发现问题及时反馈，以检验调研结果的准确程度，并发现市场新的趋势，为改进以后的调研打好基础。

第五章　市场竞争战略分析

一、**判断题**（请判断下列各小题是否正确，正确的在题后的括号内打"√"，错误的打"×"，错误的请给出理由）

1. 竞争是市场经济的基本特性。（　　）

2. "知己知彼"是竞争市场的重要原则，一个企业参与市场竞争，不但要了解谁是自己的目标消费者，而且还要弄清楚谁是自己的竞争对手。（　　）

3. 市场的发展状态具有一定的客观性，企业必须尊重现实，要有长远的眼光，从行业竞争和业务范围的角度识别竞争对手。（　　）

4. 在市场营销活动中，往往把买方的集合称为行业，而把卖方的集合称为市场。（　　）

5. 行业是指一组提供一种或一类相互替代产品的买方的集合。（　　）

6. 任何一个企业都隶属于某一个行业，企业的获利能力和水平不仅仅取决于企业自身的因素，更重要的是取决于其所处行业的结构特征。（　　）

7. 掌握行业的结构特征，有助于企业更好地分析企业的竞争对手，制定正确的市场竞争战略。（　　）

8. 寡头垄断是指在一定地理范围内，某一行业只有一家企业供应产品或服务，不存在替代品生产企业。（　　）

9. 独家企业控制了生产某种产品的全部资源或基本资源的供给就会形成完全垄断。（　　）

10. 独家企业拥有生产某种产品的专利权或有政府的特许就会形成完全垄断。（　　）

11. 在现实的经济生活中，绝对符合完全垄断条件的市场几乎是不存在的。（　　）

12. 根据竞争者的数量、企业规模、产品的差异性等因素，行业结构可以分为完全垄断、寡头垄断、垄断竞争和完全竞争四种类型。（　　）

13. 寡头垄断是指某一行业内少数几家大企业提供产品或服务，占绝大部分市场并相互竞争的行业结构。（　　）

14. 完全寡头垄断也称为无差别寡头垄断，是指某一行业内少数几家大企业提供的产品或服务占据大部分市场，并且消费者认为各企业的产品没有差别，对不同品牌的产品无特殊偏好。（　　）

15. 钢铁、水泥、铝、汽车、飞机等行业是无差别寡头垄断。（　　）

16. 冰箱、计算机、手机等行业多为差别寡头垄断。（　　）

17. 在完全寡头垄断情况下，寡头企业之间的相互牵扯导致每个企业只能按照行业的现行价格水平定价，不能随意变动。（　　）

18. 完全寡头垄断是指某一行业内少数几家大企业提供的产品或服务占据绝大部分市

场，并且消费者认为各企业的产品在质量、性能、款式或服务等方面存在差异，对某些品牌形成特殊偏好，其他品牌不能代替。（　　　）

19. 在不完全寡头垄断情况下，消费者愿意以高于同类产品的价格购买自己喜爱的品牌。（　　　）

20. 在完全寡头垄断情况下，寡头垄断企业对自己的产品具有垄断性，可以制定较高的价格以增加利润。（　　　）

21. 垄断竞争行业结构的特点是：存在着大量的卖方；提供的产品是同质的，并且存在一定的替代性；卖方可以在一定程度上控制价格；进出行业的壁垒几乎不存在，比较容易进入和退出。（　　　）

22. 在完全竞争情况下，所有企业都只能是市场价格的接受者。（　　　）

23. 完全竞争中，企业竞争的焦点是降低成本、增加服务来保持竞争优势。（　　　）

24. 在现实生活中，完全垄断竞争是一种普遍存在的行业结构，尤其在日用消费品市场、零售业和服务行业中广泛存在。（　　　）

25. 完全垄断竞争大多存在于均质产品市场，比如大多数农产品。（　　　）

26. 在不完全寡头垄断情况下，寡头企业之间竞争的焦点不是价格，而是在产品的特色上寻求差异化。（　　　）

27. 在产品导向下，企业业务范围扩大指市场扩大，即是指产品种类或花色品种增多。（　　　）

28. 实行产品导向的企业仅把生产同一品种或规格产品的企业视为竞争对手。（　　　）

29. 技术导向把所有使用同一技术、生产同类产品的企业视为竞争对手。（　　　）

30. 实行需求导向的企业把满足消费者同一需求的企业都视为竞争者，而不论他们采用何种技术、提供何种产品。（　　　）

31. 产品导向的竞争战略是新产业开发，进入与现有产品和技术无关但满足消费者同一需求的行业。（　　　）

32. 消费者导向能够充分利用企业在原有消费者群体中的信誉、业务关系或渠道来销售其他类型产品，减少进入市场的障碍，增加企业销售和利润总量。（　　　）

33. 技术导向要求企业有丰厚的资金和运用多种技术的能力，并且新增业务若未能获得消费者信任和满意将会损害原有产品的声誉和销售。（　　　）

34. 消费者导向的适用条件是企业有雄厚的实力、敏锐的市场洞察力和强大的跨行业经营的能力。（　　　）

35. 一般小型企业适合于进入投资和声誉都较低的群体，这类群体较容易打入；而实力雄厚的大企业则可以考虑进入竞争性强的群体。（　　　）

36. 所有的企业都追求利润"最大化"。（　　　）

37. 一些竞争者可能会对某些竞争措施反应强烈，而对某些竞争措施不加理会，因为他们认为这些竞争措施对自己威胁不大，这类竞争者是随机型竞争者。（　　　）

38. 选择比较强的竞争者为进攻目标，可以提高自己的竞争能力并且获利较大。（　　　）

39. 每个行业都包含"良性"和"恶性"的竞争者。企业应支持良性竞争者，攻击恶性竞争者。（　　　）

40. 差异化战略是使企业获得高于同行业平均水平利润的一种有效的竞争战略。实现

差异化战略，可以培养用户对品牌的忠诚。（　　　）

41. 一般的总成本领先战略和差异化战略多着眼于整个市场、整个行业，从大范围谋求竞争优势；集中化战略则把目标放在某个特定的、相对狭小的领域内，在局部市场争取成本领先或差异化，建立起企业自身的竞争优势。（　　　）

42. 一般来说大中型企业多采用集中化战略。（　　　）

43. 市场挑战者的行为在行业市场中处于主导地位，是其他企业模仿、竞争以及力图超越的对象。（　　　）

44. "边看边学"和"跟进"是市场挑战者的主要特点。（　　　）

45. 紧密跟随战略突出"仿效"和"低调"；距离跟随战略突出在"合适地保持距离"；选择跟随战略突出在选择"追随和创新并举"。（　　　）

46. 市场挑战者是指行业中位于第二、第三或稍后位次，在战略上追随市场领导者的企业。（　　　）

47. 一般而言，市场挑战者会向市场领导者和其他竞争者发动进攻，以夺取更大的市场占有率。（　　　）

48. 市场领导者常常拥有较高的生产和经营能力，能够通过提高市场占有率来获得规模经济成本，追求行业中的最低成本，并以较低的价格销售产品。（　　　）

49. 提高市场占有率一定能给企业增加利润。（　　　）

50. 作为市场的领导者，企业营销战略的核心就是保持其原有的领导地位。（　　　）

二、单项选择题（请在下列每小题中选择一个最合适的答案）

1. 一般服装、化妆品行业属于（　　　）。
A. 寡头垄断　　　　B. 完全垄断　　　　C. 垄断竞争　　　　D. 完全竞争

2. 某一行业内有许多卖主且相互之间的产品有差别，消费者对某些品牌有特殊的偏好，不同的卖主以产品的差异性吸引消费者，开展竞争，这属于（　　　）。
A. 寡头垄断　　　　B. 完全竞争　　　　C. 垄断竞争　　　　D. 完全垄断

3. 竞争者分析的起点是（　　　）。
A. 分析竞争者的特点　　　　　　　B. 分析竞争者的战略
C. 明确首要竞争者　　　　　　　　D. 分析竞争者的反应模式

4. 对某些特定的攻击行为没有迅速反应或强烈反应的竞争者属于（　　　）。
A. 随机型竞争者　　B. 凶猛型竞争者　　C. 选择型竞争者　　D. 从容型竞争者

5. 以下不属于开发新用户的策略是（　　　）。
A. 转变未使用者　　　　　　　　　B. 地理扩展
C. 进入新的细分市场　　　　　　　D. 开发产品的新用途

6. 洗发水厂商鼓励消费者每天洗头，使用了扩大市场需求总量的（　　　）策略。
A. 转变未使用者　　　　　　　　　B. 扩大产品的使用量
C. 开发产品的新用途　　　　　　　D. 进入新的细分市场

7. 产品导向的适用条件是（　　　）。
A. 产品供不应求　　B. 产品更新换代快　　C. 产品供过于求　　D. 企业形象良好

8. 根据（　　　）导向确定企业业务范围时，应该充分考虑市场需求和企业实力。
A. 产品　　　　　　B. 需要　　　　　　C. 技术　　　　　　D. 消费者

9. 占有最大的市场份额，在价格变化、新产品开发、分销渠道建设和促销战略等方面对本行业其他企业起着引领作用的竞争者，被称为（　　　）。

　　A. 市场挑战者　　　　B. 市场领导者　　　　C. 市场跟随者　　　　D. 市场补缺者

10. 有能力对市场领导者采取攻击行动，有望夺取市场领导者地位的企业属于（　　　）。

　　A. 市场挑战者　　　　B. 市场领导者　　　　C. 市场跟随者　　　　D. 市场补缺者

11. 市场跟随者在竞争战略上应当（　　　）。

　　A. 攻击市场领导者　　　　　　　　B. 向市场领导者挑战

　　C. 跟随市场领导者　　　　　　　　D. 不做出任何竞争反应

12. 市场补缺者发展的关键是实现（　　　）。

　　A. 多元化　　　　B. 专业化　　　　C. 避免竞争　　　　D. 紧密跟随

13. 市场挑战者集中优势力量攻击竞争对手的弱点，称之为"声东击西"做法，此战略属于（　　　）。

　　A. 侧翼进攻　　　　B. 正面进攻　　　　C. 多面进攻　　　　D. 游击进攻

14. 市场领导者保护其市场份额的途径是（　　　）。

　　A. 增加使用量　　　　B. 以攻为守　　　　C. 寻找新用途　　　　D. 转变未使用者

15. 市场总需求扩大时，受益最多的往往是（　　　）。

　　A. 市场挑战者　　　　B. 市场领导者　　　　C. 市场跟随者　　　　D. 市场补缺者

16. 企业在密切注意竞争者的同时，不能单纯强调以竞争者为中心，实际上更为重要的是应以（　　　）。

　　A. 利润为中心　　　　B. 消费者为中心　　　　C. 质量为中心　　　　D. 市场为中心

17. 蒙牛一开始提出"向伊利学习，为民族工业争气，争创内蒙古乳业第二品牌！"的口号，所采用的是（　　　）。

　　A. 紧密跟随战略　　　B. 有选择跟随战略　　　C. 有距离跟随战略　　　D. 侧翼跟随战略

18. 杜邦公司正由化工行业向新的领域，比如生命工程领域进军，从市场领导者防御策略看，该公司采用了（　　　）。

　　A. 运动防御　　　　B. 阵地防御　　　　C. 侧翼防御　　　　D. 反攻防御

19. 企业通过实现规模经营，提高劳动生产率，尽一切可能降低和控制总成本，使企业的全部成本低于竞争对手的成本，达到平均总成本最低化。这一战略属于（　　　）。

　　A. 总成本领先战略　　B. 差异化战略　　　C. 集中化战略　　　D. 无差异战略

20. 企业或战略经营单位根据特定消费群体的特殊需求，将经营范围集中于行业内的某一细分市场，使企业的有限资源得以充分发挥效力，在某一局部超过其他竞争对手，建立竞争优势。这一战略属于（　　　）。

　　A. 总成本领先战略　　　　　　　　B. 差异化战略

　　C. 集中化战略　　　　　　　　　　D. 无差异战略

21. 在一定地理范围内，某一行业只有一家企业供应产品或服务，不存在替代品生产企业，这属于（　　　）。

　　A. 寡头垄断　　　　B. 完全竞争　　　　C. 垄断竞争　　　　D. 完全垄断

22. 公用事业（比如水、电等）属于（　　　）。

　　A. 寡头垄断　　　　B. 完全竞争　　　　C. 完全垄断　　　　D. 垄断竞争

23. 独家企业控制了生产某种产品的全部资源或基本资源的供给会形成（　　）。
    A. 寡头垄断　　　　B. 完全垄断　　　　C. 完全竞争　　　　D. 垄断竞争

24. 某一行业内少数几家大企业提供产品或服务，占绝大部分市场并相互竞争的行业结构是（　　）。
    A. 寡头垄断　　　　B. 完全垄断　　　　C. 完全竞争　　　　D. 垄断竞争

25. 某一行业内少数几家大企业提供的产品或服务占据大部分市场，并且消费者认为各企业的产品没有差别，对不同品牌的产品无特殊偏好的是（　　）。
    A. 完全寡头垄断　　　　　　　　　　B. 不完全寡头垄断
    C. 完全竞争　　　　　　　　　　　　D. 垄断竞争

26. 独家企业拥有生产某种产品的专利权或有政府的特许会形成（　　）。
    A. 寡头垄断　　　　B. 完全垄断　　　　C. 完全竞争　　　　D. 垄断竞争

27. 某一行业内少数几家大企业提供的产品或服务占据绝大部分市场，并且消费者认为各企业的产品在质量、性能、款式或服务等方面存在差异，对某些品牌形成特殊偏好，其他品牌不能代替的是（　　）。
    A. 完全寡头垄断　　　　　　　　　　B. 不完全寡头垄断
    C. 完全竞争　　　　　　　　　　　　D. 垄断竞争

28. （　　）企业之间竞争的焦点不是价格，而是在产品的特色上寻求差异化。
    A. 完全寡头垄断　　　　　　　　　　B. 不完全寡头垄断
    C. 完全竞争　　　　　　　　　　　　D. 垄断竞争

29. 一个行业中，许多卖方生产和销售有差别的同种产品，但这些有差别的产品之间又具有一定的替代性，这属于（　　）。
    A. 寡头垄断　　　　B. 完全垄断　　　　C. 完全竞争　　　　D. 垄断竞争

30. 没有一家企业能够影响和控制市场的价格水平，卖主相互之间的产品没有差异的是（　　）。
    A. 寡头垄断　　　　B. 完全垄断　　　　C. 完全竞争　　　　D. 垄断竞争

31. 所有企业都只能是市场价格的接受者，买卖双方也只能按照供求关系确定的现行市场价格来进行交易的是（　　）。
    A. 寡头垄断　　　　B. 完全垄断　　　　C. 完全竞争　　　　D. 垄断竞争

32. 在（　　）导向下，企业业务范围扩大指市场扩大，即消费者增多和所迎合消费者的需求增多，而不是指产品种类或花色品种增多。
    A. 产品　　　　B. 需要　　　　C. 技术　　　　D. 消费者

33. 实行（　　）导向的企业仅把生产同一品种或规格产品的企业视为竞争对手。
    A. 产品　　　　B. 需要　　　　C. 技术　　　　D. 顾客

34. 产品导向的适用条件是（　　）。
    A. 品种供不应求　　　　　　　　　　B. 产品更新换代快
    C. 品种供过于求　　　　　　　　　　D. 企业形象良好

35. （　　）导向把所有使用同一技术、生产同类产品的企业视为竞争对手。
    A. 产品　　　　B. 需求　　　　C. 技术　　　　D. 顾客

36. （　　）导向适用条件是市场商品供过于求，企业具有强大的投资能力、运用多种不同技术的能力和经营促销各类产品的能力。

  A. 产品   B. 需求   C. 技术   D. 顾客

  37. 可能会对某些竞争措施反应强烈，而对某些竞争措施不加理会的竞争者属于（　　）。

  A. 从容型竞争者 B. 选择性竞争者 C. 随机型竞争者 D. 凶猛型竞争者

  38. 对任何形式的挑战都迅速而强烈地做出反应的竞争者属于（　　）。

  A. 从容型竞争者 B. 选择性竞争者 C. 随机型竞争者 D. 凶猛型竞争者

  39. 反应模式难以捉摸，在特定场合可能采取也可能不采取行动，而且无法预料他们将会采取何种行动的竞争者属于（　　）。

  A. 从容型竞争者 B. 选择性竞争者 C. 随机型竞争者 D. 凶猛型竞争者

  40.（　　）的核心是取得某种对顾客有价值的独特性。

  A. 总成本领先战略 B. 差异化战略 C. 集中化战略 D. 无差异战略

  41. 把目标放在某个特定的、相对狭小的领域内，在局部市场争取成本领先或差异化，建立起企业自身的竞争优势的是（　　）。

  A. 总成本领先战略 B. 差异化战略 C. 集中化战略 D. 无差异战略

  42. 佳洁士在强调牙齿美白的同时，也有防蛀的功能，使用了扩大市场需求量的（　　）策略。

  A. 转变未使用者   B. 扩大产品的使用量

  C. 开发产品的新用途   D. 进入新的细分市场

  43.（　　）是一种静态的、被动的防御，它是最基本的防御形式。

  A. 运动防御   B. 阵地防御   C. 侧翼防御   D. 反攻防御

  44.（　　）突出在选择"追随和创新并举"。

  A. 紧密跟随战略 B. 选择跟随战略 C. 距离跟随战略 D. 侧翼跟随战略

  45.（　　）突出在"合适地保持距离"。

  A. 紧密跟随战略 B. 选择跟随战略 C. 距离跟随战略 D. 侧翼跟随战略

  46. 在市场开拓方面，（　　）不会积极主动地培育市场，而是充分利用市场领导者对现有市场的培育开发，实施搭便车策略。

  A. 市场挑战者 B. 市场领导者 C. 市场跟随者 D. 市场补缺者

  47. 选择一个不大可能引起大企业兴趣的细分市场从事专业化经营的企业，这属于（　　）。

  A. 市场挑战者 B. 市场领导者 C. 市场跟随者 D. 市场补缺者

  48. 以小型的、间断性的进攻干扰对方，使竞争对手的士气衰落，不断削弱其力量，这属于（　　）。

  A. 侧翼进攻   B. 正面进攻   C. 多面进攻   D. 游击进攻

  49. 可实行正面回击战略，也可以向进攻者实行"侧翼包抄"或"钳形攻势"，以切断进攻者的后路，这属于（　　）。

  A. 运动防御   B. 阵地防御   C. 侧翼防御   D. 反攻防御

  50.（　　）在行业市场中处于主导地位，是其他企业模仿、竞争以及力图超越的对象。

  A. 市场挑战者 B. 市场领导者 C. 市场跟随者 D. 市场补缺者

三、**多项选择题**(下列各小题有两个或两个以上的正确答案，请准确选出全部正确答案)

1. 市场领导者扩大总需求的途径有(　　)。
   A. 攻击挑战者　　　　　　B. 开发新用户　　　　　　C. 击倒补缺者
   D. 增加使用量　　　　　　E. 寻找产品新用途

2. 企业每项业务的内容包括(　　)。
   A. 要进入的行业类别　　　B. 要迎合的顾客需求　　　C. 满足这些需求的技术
   D. 要服务的顾客群　　　　E. 运用这些技术生产出的产品

3. 市场补缺者的作用主要有(　　)。
   A. 拾遗补缺　　　　　　　B. 见缝插针　　　　　　　C. 打破垄断
   D. 攻击市场追随者　　　　E. 有选择地跟随市场领导者

4. 从心理状态角度看，竞争中常见的反应类型有(　　)。
   A. 从容型竞争者　　　　　B. 选择型竞争者　　　　　C. 凶狠型竞争者
   D. 温柔型竞争者　　　　　E. 随机型竞争者

5. 市场挑战者在确定了战略目标和进攻对象之后，可供选择的战略有(　　)。
   A. 正面进攻　　　　　　　B. 侧翼进攻　　　　　　　C. 包围进攻
   D. 迂回进攻　　　　　　　E. 游击进攻

6. 防御对手进攻和保护市场份额的战略主要有收缩防御、(　　)。
   A. 阵地防御　　　　　　　B. 侧翼防御　　　　　　　C. 以攻为守
   D. 反击防御　　　　　　　E. 机动防御

7. 企业所采取的竞争战略主要有哪三类?(　　)
   A. 差异化战略　　　　　　B. 总成本领先战略　　　　C. 保守型战略
   D. 进攻型战略　　　　　　E. 集中化战略

8. 市场补缺者的风险主要有(　　)。
   A. 找不到补缺市场　　　　B. 竞争者入侵　　　　　　C. 自身利益弱小
   D. 专业化　　　　　　　　E. 目标市场消费习惯变化

9. 市场挑战者的战略选择主要有(　　)。
   A. 正面进攻　　　　　　　B. 迂回进攻　　　　　　　C. 游击进攻
   D. 侧翼进攻　　　　　　　E. 包围进攻

10. 以下各项中，属于市场补缺者竞争战略的是(　　)。
    A. 分工专业化　　　　　　B. 市场细分化　　　　　　C. 垂直专业化
    D. 地理市场专业化　　　　E. 客户订单专业化

11. 市场的发展状态具有一定的客观性，企业必须尊重现实，要有长远的眼光，从
(　　)的角度识别竞争对手。
    A. 行业竞争　　　　　　　B. 发展新用户　　　　　　C. 现有技术
    D. 业务范围　　　　　　　E. 目标市场

12. 根据竞争者的数量、企业规模、产品的差异性等因素，行业结构可以分为(　　)。
    A. 寡头垄断　　　　　　　B. 垄断竞争　　　　　　　C. 完全竞争
    D. 完全垄断　　　　　　　E. 不完全垄断

13. 下列行业中，可以看成是无差别寡头垄断的是（   ）。

A. 钢铁   B. 水泥   C. 轮胎

D. 冰箱   E. 手机

14. 形成完全垄断的原因主要有（   ）。

A. 独家企业控制了生产某种产品的全部资源或基本资源的供给

B. 少数企业控制了生产某种产品的全部资源或基本资源的供给

C. 自然垄断

D. 独家企业拥有生产某种产品的专利权或有政府的特许

E. 少数企业拥有生产某种产品的专利权或有政府的特许

15. 下列行业中，属于差别寡头垄断的是（   ）。

A. 钢铁   B. 飞机   C. 轮胎   D. 冰箱   E. 手机

16. 垄断竞争行业结构的特点是（   ）。

A. 存在着大量的卖方

B. 提供的产品不是同质的，存在着一定的差别，并且存在一定的替代性

C. 卖方可以在一定程度上控制价格

D. 进出行业的壁垒几乎不存在，比较容易进入和退出

E. 进出行业的壁垒过高，不易进入和退出

17. 完全竞争企业竞争的焦点是（   ）。

A. 降低成本   B. 突出品牌特色   C. 提高价格

D. 增加服务   E. 开发新用户

18. 根据业务范围的导向不同，导向可分为（   ）。

A. 产品导向   B. 需求导向   C. 消费者导向

D. 技术导向   E. 质量导向

19. 产品导向的适用条件是（   ）。

A. 产品供不应求

B. 产品供过于求

C. 企业实力薄弱，无力从事产品更新

D. 产品更新换代快

E. 企业形象好

20. 产品导向适用的主要营销战略是（   ）。

A. 产品改革   B. 多元化发展   C. 市场开发

D. 一体化发展   E. 市场渗透

21. 技术导向的适用条件是（   ）。

A. 品种供过于求

B. 不同花色品种的同类产品仍然有较好的市场前景

C. 品种供不应求

D. 企业实力薄弱

E. 产品更新换代快

22. 技术导向适用的主要营销战略是（   ）。

A. 产品改革   B. 多元化发展   C. 市场开发

D. 一体化发展   E. 市场渗透

23. 需求导向的适用条件是（ ）。

A. 市场商品供过于求

B. 企业具有强大的投资能力

C. 企业具有运用多种不同技术的能力

D. 企业具有经营促销各类产品的能力

E. 市场商品供不应求

24. 消费者导向的优点是（ ）。

A. 能够充分利用企业在原有顾客群体中的信誉、业务关系或渠道来销售其他类型产品

B. 提高企业形象

C. 增加企业销售和利润总量

D. 减少进入市场的障碍

E. 提升产品声誉

25. 消费者导向的缺点是（ ）。

A. 要求企业有丰厚的资金和运用多种技术的能力

B. 新增业务若未能获得消费者信任和满意将会损害原有产品的声誉和销售

C. 增加市场进入障碍

D. 减少利润总量

E. 减少销售

26. 多元导向适用条件是（ ）。

A. 企业有雄厚的实力

B. 敏锐的市场洞察力

C. 强大的跨行业经营的能力

D. 市场商品供过于求

E. 市场商品供不应求

27. 我们通过区分战略群体可以知道（ ）。

A. 进入各个战略群体的难易程度不同

B. 同一战略群体内的竞争最为激烈

C. 不同战略群体内的竞争最为激烈

D. 除了在同一战略群体内存在激烈竞争外，在不同战略群体之间也存在竞争

E. 当企业决定进入某一战略群体时，该群体的成员就成为它的主要竞争对手

28. 下列说法正确的是（ ）。

A. 以较弱的竞争者为攻击目标，在提高市场占有率的每个百分点方面所耗费的资金和时间较少，可以节省时间和资源，事半功倍，但是获利较少

B. 以比较强的竞争者为进攻目标，可以提高自己的竞争能力并且获利较大

C. 表现良好的竞争者遵守行业规则，按合理的成本定价，有利于行业的稳定和健康发展

D. 具有破坏性的竞争者不遵守行业规则，会扰乱行业的均衡

E. 良好的竞争者可以激励企业降低成本，提高差异化，保持合理的市场份额与利润水平

29. 下列关于集中化战略说法正确的有（　　）。

A. 集中化战略的表现形式分为集中成本领先战略和集中差异化领先战略

B. 集中化战略的核心是取得某种对顾客有价值的独特性

C. 集中化战略把目标放在某个特定的、相对狭小的领域内

D. 中小型企业多采用集中化战略

E. 集中化战略可以在较窄的市场范围内取得一定的市场地位

30. 企业根据在行业中的市场地位可以分为（　　）。

A. 市场领导者　　　　　　B. 市场跟随者　　　　　C. 市场追随者

D. 市场挑战者　　　　　　E. 市场补缺者

31. 市场领导者的主要竞争战略包括（　　）。

A. 发现和扩大市场

B. 保护现有市场份额

C. 进一步扩大现有市场份额

D. 确定战略目标

E. 选择挑战对象

32. 市场挑战者可以选择（　　）为攻击目标。

A. 市场领先者　　　　　　B. 与自己实力相当的对手　　C. 市场补缺者

D. 大型企业　　　　　　　E. 中小型企业

33. 市场跟随者的战略选择包括（　　）。

A. 紧密跟随　　　　　　　B. 机动跟随　　　　　　C. 距离跟随

D. 选择跟随　　　　　　　E. 侧翼跟随

34. 下列关于市场跟随者说法正确的是（　　）。

A. 市场跟随者必须懂得如何维持现有顾客，并争取一定数量的新顾客

B. 选择跟随战略不是盲目跟随，而是择优跟随

C. 选择跟随战略突出在选择"追随和创新并举"

D. 距离跟随战略突出在"合适地保持距离"

E. 紧密跟随战略突出"仿效"和"低调"

35. 下列关于市场挑战者的说法正确的是（　　）。

A. 市场挑战者的战略选择有正面进攻、迂回进攻、侧翼进攻等

B. 市场挑战者首先需确定自己的战略目标和挑战对象，再选择适当的进攻策略

C. 大多数市场挑战者的战略目标是提高市场占有率，进而达到提高投资收益率和利润率的目标

D. 在行业中位于第二、第三或稍后位次，在战略上追随市场领导者的企业属于市场挑战者

E. 挑战者企业在挑战市场领先者时，应十分谨慎，周密策划以提高成功的可能性

36. 下列说法正确的是（　　）。

A. 在市场营销活动中，卖方的集合称为市场

B. 在市场营销活动中，买方的集合称为市场

C. 在市场营销活动中，卖方的集合称为行业

D. 在市场营销活动中，买方的集合称为行业

E. 任何一个企业都隶属于某一个行业

37. 下列说法正确的是（　　　）。

A. 公用事业（比如水、电等）可以看作完全垄断类型，具有不可替代性

B. 日用消费品市场、零售业和服务行业多是完全竞争类型

C. 钢铁、水泥、铝、轮胎、石油等行业可以看成不完全寡头垄断

D. 冰箱、汽车、飞机、计算机、手机等行业多是完全寡头垄断

E. 完全竞争大多存在于均质产品市场，如大多数农产品

38. 下列各项中属于竞争者分析的是（　　　）。

A. 识别竞争者

B. 判定竞争者的战略和目标

C. 评估竞争者的优势劣势

D. 评估竞争者反应模式

E. 认识市场需求特征

39. 市场挑战者的主要竞争战略包括（　　　）。

A. 攻击市场领导者

B. 扩大总需求

C. 跟随市场领导者

D. 攻击资金不足、经营不佳的公司

E. 降低总需求

40. 业务范围技术导向型企业把所有（　　　）的企业视为竞争对手。

A. 使用同一技术　　　　B. 满足顾客同种需求　　　　C. 满足同一顾客群需求

D. 生产同类产品　　　　E. 产品售价相同

41. 市场补缺者服务的细小市场应具有的特征有（　　　）。

A. 足够的市场潜力

B. 利润有增长的潜力

C. 对主要竞争者不具有吸引力

D. 企业具备必需的资源和能力

E. 足够的市场购买力

四、名词解释（请用简洁规范的语言描述下列概念）

1. 完全垄断　2. 寡头垄断　3. 垄断竞争　4. 完全竞争　5. 总成本领先战略

6. 差异化战略　7. 集中化战略　8. 市场领导者　9. 市场挑战者　10. 市场追随者

11. 市场补缺者　12. 侧翼进攻　13. 完全寡头垄断　14. 不完全寡头垄断

15. 多元导向

五、简答题（简要回答下列各小题的知识要点）

1. 竞争者分析的主要内容有哪些？

2. 根据企业的竞争地位可以把竞争者划分为哪几种类型？

3. 试述三种基本竞争战略的区别与联系。

4. 市场领导者可以采取哪些方式保护市场份额？

5. 简述市场补缺者的风险及其规避策略，并列出五种可以采取的竞争战略。

6. 简述消费者导向的优缺点。

7. 简述垄断竞争的特点。

8. 市场领导者可以采取哪些方式发现和扩大市场？

9. 市场挑战者在明确战略目标时，一般选择怎样的竞争对手？

10. 市场挑战者有哪些战略选择？

六、论述题（详细回答下列各小题，并阐述自己的观点）

1. 论述市场竞争分析的具体步骤和内容。

2. 大连某企业欲进入袋装奶市场，请您对袋装奶市场做出简要分析，并提出该产品的竞争战略。

3. 说说市场领导者的战略选择，并简述其中一种战略的实行策略。

4. 论述市场跟随者的战略选择。

5. 说一说识别竞争者中的各种业务范围导向。

【参考答案要点】

一、判断题

1. √

2. √

3. √

4. ×　理由：在市场营销活动中，往往把买方的集合称为市场，而把卖方的集合称为行业。

5. ×　理由：行业是指一组提供一种或一类相互替代产品的卖方的集合。

6. √

7. √

8. ×　理由：完全垄断是指在一定地理范围内，某一行业只有一家企业供应产品或服务，不存在替代品生产企业。

9. √

10. √

11. √

12. √

13. √

14. √

15. ×　理由：钢铁、水泥、铝、轮胎、石油等行业是无差别寡头垄断；汽车、飞机、冰箱、计算机、手机等行业多为差别寡头垄断。

16. √

17. √

18. ×　理由：不完全寡头垄断是指某一行业内少数几家大企业提供的产品或服务占据绝大部分市场，并且消费者认为各企业的产品在质量、性能、款式或服务等方面存在差异，对某些品牌形成特殊偏好，其他品牌不能代替。

19. √

20. ×　理由：在不完全寡头垄断情况下，寡头垄断企业对自己的产品具有垄断性，可以制定较高的价格以增加利润。

21. ×　理由：垄断竞争行业结构的特点是：存在着大量的卖方；提供的产品不是同质的，存在着一定的差别，并且存在一定的替代性；卖方可以在一定程度上控制价格；进出行业的壁垒几乎不存在，比较容易进入和退出。

22. √

23. √

24. ×　理由：在现实生活中，垄断竞争是一种普遍存在的行业结构，尤其在日用消费品市场、零售业和服务行业中广泛存在。

25. ×　理由：完全竞争大多存在于均质产品市场，如大多数农产品。

26. √

27. ×　理由：在产品导向下，企业业务范围扩大指市场扩大，即消费者增多和所迎合消费者的需求增多，而不是指产品种类或花色品种增多。

28. √

29. √

30. √

31. ×　理由：需求导向的竞争战略是新产业开发，进入与现有产品和技术无关但满足消费者同一需求的行业。

32. √

33. ×　理由：消费者导向的缺点是要求企业有丰厚的资金和运用多种技术的能力，并且新增业务若未能获得消费者信任和满意将会损害原有产品的声誉和销售。

34. ×　理由：多元导向的适用条件是企业有雄厚的实力、敏锐的市场洞察力和强大的跨行业经营的能力。

35. √

36. ×　理由：所有竞争者的最终目标都是利润，但是每个公司对短期利润和长期利润的重视程度不同，对利润满意程度也不同。

37. ×　理由：一些竞争者可能会对某些竞争措施反应强烈，而对某些竞争措施不加理会，因为他们认为这些竞争措施对自己威胁不大。这类竞争者属于选择型竞争者。

38. √

39. √

40. √

41. √

42. ×　理由：一般来说中小型企业多采用集中化战略。

43. ×　理由：市场领导者的行为在行业市场中处于主导地位，是其他企业模仿、竞争以及力图超越的对象。

44. ×　理由："边看边学"和"跟进"是市场追随者的最主要特点。

45. √

46. ×　理由：市场追随者是指行业中位于第二、第三或稍后位次，在战略上追随市场领导者的企业。

47. √

48. √

49. ×　理由：提高市场占有率不一定能给企业增加利润。

50. √

二、单项选择题

1. C　2. C　3. C　4. D　5. A　6. B　7. A　8. B　9. B　10. A　11. C　12. B
13. A　14. B　15. B　16. B　17. C　18. A　19. A　20. C　21. D　22. C　23. B
24. A　25. A　26. B　27. B　28. B　29. D　30. C　31. C　32. A　33. A　34. A
35. C　36. B　37. B　38. D　39. C　40. B　41. C　42. C　43. B　44. B　45. C
46. C　47. D　48. D　49. D　50. B

三、多项选择题

1. BDE　2. BCDE　3. AB　4. ABCE　5. ABCDE　6. ABD　7. ABE　8. BCE
9. ABCDE　10. CDE　11. AD　12. ABCD　13. ABC　14. ACD　15. BDE　16. ABCD
17. AD　18. ABCD　19. AC　20. CE　21. AB　22. AD　23. ABCD　24. ACD
25. AB　26. ABC　27. ABDE　28. ABCDE　29. ACDE　30. ABDE　31. ABC
32. ABE　33. ACD　34. ABCDE　35. ABCE　36. BCE　37. AE　38. ABCD　39. AD
40. AD　41. ABCDE

四、名词解释

1. 完全垄断是指在一定地理范围内，某一行业只有一家企业供应产品或服务，不存在替代品生产企业。

2. 寡头垄断是指某一行业内少数几家大企业提供产品或服务，占绝大部分市场并相互竞争的行业结构。

3. 垄断竞争是指一个行业中，许多卖方生产和销售有差别的同种产品，但这些有差别的产品之间又具有一定的替代性。

4. 完全竞争是指某一行业内有许多卖主且相互之间的产品没有差异。完全竞争大多存在于均质产品市场，如大多数农产品。

5. 总成本领先战略是指企业通过实现规模经营，提高劳动生产率，尽一切可能降低和控制总成本，使企业的全部成本低于竞争对手的成本，达到平均总成本最低化，从而成为行业中的成本领先者的战略。

6. 差异化战略是指为使企业产品与竞争对手产品有明显的区别，形成与众不同的特点而采取的一种战略。差异化战略的核心是取得某种对消费者有价值的独特性。

7. 集中化战略又称为集中战略或重点集中战略，也称为集聚战略或专一战略。它是企业或战略经营单位根据特定消费群体的特殊需求，将经营范围集中于行业内的某一细分市场，使企业的有限资源得以充分发挥效力，在某一局部超过其他竞争对手，建立竞争优势。

8. 市场领导者又称市场主导者，是指在相关产品的市场上市场占有率最高的企业。大多数行业都有一个市场份额最大、被同行所公认的市场领导者。

9. 市场挑战者是指在行业中名列第二、第三名或名次稍低的企业。一般而言，市场挑战者会向市场领导者和其他竞争者发动进攻，以夺取更大的市场占有率。

10. 市场追随者是指行业中位于第二、第三或稍后位次，在战略上追随市场领导者的企业。在企业经营实践中，很多情况下并非所有在行业中处于第二、第三的公司都会向市场领导者挑战。

11. 市场补缺者又称为市场利基者，是指选择一个不大可能引起大企业兴趣的细分市场从事专业化经营的企业。

12. 侧翼进攻是指市场挑战者集中优势力量攻击竞争对手的弱点。此战略进攻者可采取"声东击西"的做法，佯攻正面，实际攻击侧面或背面，使竞争对手措手不及。

13. 完全寡头垄断也称为无差别寡头垄断，是指某一行业内少数几家大企业提供的产品或服务占据大部分市场，并且消费者认为各企业的产品没有差别，对不同品牌的产品无特殊偏好。

14. 不完全寡头垄断也称为差别寡头垄断，是指某一行业内少数几家大企业提供的产品或服务占据绝大部分市场，并且消费者认为各企业的产品在质量、性能、款式或服务等方面存在差异，对某些品牌形成特殊偏好，其他品牌不能代替。

15. 多元导向是指企业通过对各类产品市场需求趋势和获利状况的动态分析来确定业务范围，新发展业务可能与原有产品、技术、需求和消费者群体都没有关系。

五、简答题

1. 竞争者分析的主要内容：

(1) 识别企业的竞争者。

(2) 确认竞争者的目标。

(3) 分析竞争者策略。

(4) 分析竞争者的优势与劣势。

(5) 判断竞争者的反应模式。

(6) 选择要攻击或回避的竞争者。

2. 竞争者分为以下几类：

(1) 市场领导者又称市场主导者，是指在相关产品的市场上市场占有率最高的企业。

(2) 市场挑战者是指在行业中名列第二、第三名或名次稍低的企业。比如，软饮料行业的百事可乐公司、汽车市场的福特等。

(3) 市场追随者是指行业中位于第二、第三或稍后位次，在战略上追随市场领导者的企业。

(4) 市场补缺者又称为市场利基者，是指选择一个不大可能引起大企业兴趣的细分市场从事专业化经营的企业。

3. 三种基本竞争战略的区别：

一般的总成本领先战略和差异化战略多着眼于整个市场、整个行业，从大范围谋求竞争优势；集中化战略则把目标放在某个特定的、相对狭小的领域内，在局部市场争取成本领先或差异化，建立起企业自身的竞争优势；一般来说中小型企业多采用集中化战略。

三种基本竞争战略的相互联系：

三种竞争战略都是企业根据自己的条件灵活运用，以获取或创造企业的竞争优势的竞争战略，可以相互融合，但是需要区分出企业的主要竞争战略。

4. 可以选择六种防御战略：

（1）阵地防御。市场领导者在其现有的市场周围建造一些牢固的防卫工事，以各种有效的战略、战术防止竞争对手侵入自己的市场阵地。

（2）侧翼防御。市场领导者建立一些用于防御的辅助性基地。

（3）先发制人防御。在竞争对手尚未动作之前，先主动攻击，并挫败竞争对手，在竞争中掌握主动地位。

（4）反攻防御。面对竞争对手发动的降价或促销攻势，主动反攻入侵者的主要市场阵地。可实行正面回击战略，也可以向进攻者实行"侧翼包抄"或"钳形攻势"，以切断进攻者的后路。

（5）运动防御。市场领导者把自己的势力范围扩展到新的领域中去，而这些新扩展的领域可能成为未来防御和进攻的重心。市场扩展可通过两种方式实现：市场扩大化和市场多角化。

（6）收缩防御。市场领先者逐步放弃某些对企业不重要的、疲软的市场，把力量集中用于主要的、能获取较高收益的市场。

5. 市场补缺者要承担的较大风险是补缺市场本身可能会枯竭或受到攻击，在选择市场补缺点时，多个补缺点比单一补缺点更能减少风险，增加保险系数，以确保企业的生存和发展。

市场补缺者的竞争战略：

（1）专门致力于为某类最终用户服务的最终用户专业化。

（2）专门致力于分销渠道中的某些层面的垂直层面专业化。

（3）专门为那些被大企业忽略的小客户服务的顾客规模专业化。

（4）只对一个或几个主要客户服务的特定顾客专业化。

（5）专为国内外某一地区或地点服务的地理区域专业化。

（6）只生产一大类产品的某一种产品或产品线专业化。

（7）专门按客户订单生产预订的产品的客户订单专业化。

（8）专门生产经营某种质量和价格的产品的质量和价格专业化。

（9）专门提供某一种或几种其他企业没有的服务项目专业化。

（10）专门服务于某一类分销渠道的分销渠道专业化。

6. 消费者导向的优点是能够充分利用企业在原有消费者群体中的信誉、业务关系或渠道来销售其他类型产品，减少进入市场的障碍，增加企业销售和利润总量。缺点是要求企业有丰厚的资金和运用多种技术的能力，并且新增业务若未能获得消费者信任和满意将会损害原有产品的声誉和销售。

7. 垄断竞争的特点：

（1）存在着大量的卖方。

（2）提供的产品不是同质的，存在着一定的差别，并且存在一定的替代性。

（3）卖方可以在一定程度上控制价格。

（4）进出行业的壁垒几乎不存在，比较容易进入和退出。

8. 采取以下方式：

（1）发现新的用户。通过发现新用户来扩大市场需求量，其产品必须具有能够吸引新的使用者，增加购买者数量的竞争潜力。可以运用市场渗透策略、市场开发策略、地理扩展策略寻找新的使用者。

（2）开辟产品的新用途。通过开辟产品的新用途扩大市场需求量。比如佳洁士在强调牙齿美白的同时，也有防蛀的功能。

（3）增加用户的使用量。通过说服产品使用者增加使用量也是扩大市场需求量的有效途径。最常用的方法有：促使消费者在更多的场合使用该产品；增加使用产品的频率；增加每次消费的使用量。

9. 选择竞争对手：

（1）市场领先者。这是一种既有风险又具潜在价值的战略。一旦成功，挑战者企业的市场地位将会发生根本性的改变，因此颇具吸引力。

（2）与自己实力相当的对手。攻击目前未经营该项业务、财力拮据且与自己规模相仿的公司。企业需要仔细调查消费者的满足程度和创新潜力，如果发现其他公司的资源有限，甚至可以考虑开展正面进攻。

（3）中小型企业。企业可以选择目前未经营该项业务和财力拮据的本地区的小企业。有几个大型的啤酒公司发展到目前的规模，它们并非依靠窃取彼此消费者的方法，而是依靠吞并"小生物"或"小鱼"的方法。

10. 市场挑战者战略选择：

（1）正面进攻。市场挑战者集中优势兵力向竞争对手的主要市场阵地正面发动进攻，即进攻竞争对手的强项而不是它的弱点。

（2）侧翼进攻。市场挑战者集中优势力量攻击竞争对手的弱点。此战略进攻者可采取"声东击西"的做法，佯攻正面进攻，实际攻击侧面或背面，使竞争对手措手不及。

（3）围堵进攻。市场挑战者开展全方位、大规模的进攻策略。

（4）迂回进攻。市场挑战者完全避开竞争对手现有的市场阵地而迂回进攻。

（5）游击进攻。以小型的、间断性的进攻干扰对方，使竞争对手的士气衰落，不断削弱其力量。

六、论述题

1. 竞争者分析的主要内容：

（1）识别企业的竞争者。可以从行业方面与业务范围导向方面识别竞争者。

（2）判断竞争者的目标。分析每个竞争者的战略目标，可以了解它对目前市场地位和利润水平的满意程度，从而推断出竞争者对不同竞争行为的反应。

（3）分析竞争者的优势与劣势。对竞争者的优势，企业可以学习、模仿和改进，力争超过竞争者；对竞争者的劣势，企业可以发起攻击，削弱其市场地位。

（4）判断竞争者的反应模式。

（5）选择要攻击或回避的竞争者。对竞争者进行细致全面的分析之后，企业应选择攻击对象或回避的对象，以便集中精力，有效作战。

2. 简要分析如下：

据统计，袋装牛奶占据了45％的市场份额，南方和沿海经济发达地区奶源很少。目前我国液态奶包装存在三个方面的问题：包装过于单一；包装成本过高；无菌包装未普及。上海光明、北京三元、内蒙古伊利、杭州顶津等生产企业处于市场居前地位。大连属于北方，奶源富足、方便。大连某企业可以采取差异化战略，针对袋装奶的包装外观特点，目标市场可以定位于某一群体，如学生，与学校进行合作，作为课间餐或者其他用途，打开市场。

3. 市场领导者的战略包括三个方面：发现和扩大市场；保护现有市场份额；进一步扩大现有市场份额。

市场领导者的核心战略目标是保持其领导地位，因此，可采用的战略之一就是发现和扩大整个市场的规模。实行以下策略：

（1）发现新的用户。通过发现新用户来扩大市场需求量，其产品必须具有能够吸引新的使用者，增加购买者数量的竞争潜力。

（2）开辟产品的新用途。通过开辟产品的新用途扩大市场需求量。市场领导者企业往往最有能力根据市场需求动态，为自己的产品寻找和开辟新的用途。

（3）增加用户的使用量。通过说服产品使用者增加使用量也是扩大市场需求量的有效途径。说服产品的使用者增加使用量的办法有许多，但最常用的有：促使消费者在更多的场合使用该产品；增加使用产品的频率；增加每次消费的使用量。

4. 市场跟随者可选择的跟随策略有以下 3 种：

（1）紧密跟随。紧密跟随战略突出"仿效"和"低调"。跟随企业在各个细分市场的市场营销组合，尽可能仿效领导者。以至于有时会使人感到这种跟随者好像是挑战者，但是它从不激进地冒犯领导者的领地，在刺激市场方面保持"低调"，避免与领导者发生直接冲突。有些甚至被看成是靠拾取市场领导者的残余而谋生的寄生者。

（2）距离跟随。距离跟随战略突出在"合适地保持距离"。跟随企业在市场的主要方面，如目标市场、产品创新与开发、价格水平和分销渠道等方面都追随领导者，但仍与领导者保持若干差异，以形成明显的距离。对领导者既不构成威胁，又因跟随者各自占有很小的市场份额而使领导者免受独占之指责。采取距离跟随策略的企业，可以通过兼并同行业中的一些小企业而发展自己的实力。

（3）选择跟随。选择跟随战略突出在选择"追随和创新并举"。跟随者在某些方面紧跟领导者，而在另一些方面又别出心裁。这类企业不是盲目跟随，而是择优跟随，在对自己有明显利益时追随领导者，在跟随的同时还不断地发挥自己的创造性，但一般不与领导者进行直接竞争。采取这类战略的跟随者之中有些可能发展成为市场挑战者。

5. 识别竞争者中的各种业务范围导向：

（1）产品导向。

实行产品导向的企业仅仅把生产同一品种或规格产品的企业视为竞争对手。产品导向的适用条件是：市场的产品供不应求，现有产品不愁销路；企业实力薄弱，无力从事产品更新。当原有产品供过于求而企业又无力开发新产品时，主要营销战略是市场渗透和市场开发。市场渗透是设法增加现有产品在现有市场的销售量，提高市场占有率；市场开发是寻找新的目标市场，用现有产品满足新市场的需求。

（2）技术导向。

技术导向把所有使用同一技术、生产同类产品的企业视为竞争对手。技术导向适应的营销战略是产品改革和一体化发展，即对产品的质量、样式、功能和用途加以改革，并利用原有技术生产与原产品处于同一领域的不同阶段的产品。

技术导向未把满足同一需要的其他大类产品的生产企业视为竞争对手，容易发生"竞争者近视症"。比如，钢笔的竞争者包括圆珠笔、铅笔、墨水笔、毛笔和掌上电脑等；打字机生产企业的主要威胁不是来自其他同类企业，而是迅速普及的家用电脑和手提电脑；激光照排的普及淘汰了铅字印刷业。当满足同一需要的其他行业迅猛发展时，本行业产品就会被淘汰或严重供过于求，继续实行技术导向就难以维持企业的生存。

（3）需求导向

根据需求导向确定业务范围时，应考虑市场需求和企业实力，避免过窄或过宽。过窄则市场太小，无利可图；过宽则力不能及。比如，铅笔公司如果将自身业务范围定义为满足低年级学生练习硬笔字的需求则太窄，其他的铅笔市场会被忽视；如果定义为满足人们记录信息的需求则太宽，衍生出许多力不能及的产品，如电脑、录音机等。

实行需求导向的企业把满足顾客同一需求的企业都视为竞争者，而不论他们采用何种技术、提供何种产品。适用条件是市场商品供过于求，企业具有强大的投资能力、运用多种不同技术的能力和经营促销各类产品的能力。如果企业受到自身实力的限制而无法按照需求导向确定业务范围，也要在需求导向指导下密切关注需求变化和来自其他行业的可能的竞争者，在更高的视野上发现机会和避免危险。

需求导向的竞争战略是新产品开发，进入与现有产品和技术无关但满足消费者同一需求的行业。

（4）消费者导向。

消费者导向是指企业业务范围确定为满足某一群体的需求。业务范围扩大是指发展与原先消费者群体有关但与原有产品、技术和需求可能无关的新业务。

消费者导向的适用条件是企业在某类消费者群体中享有盛誉和销售网络等优势，并且能够转移到公司的新增业务上。换句话说，该消费者群体出于对企业的信任和好感而乐于购买企业增加经营的与原产品生产技术上有关或无关的其他产品，企业也能够利用原有的销售渠道促销新产品。消费者导向的优点是能够充分利用企业在原有消费者群体中的信誉、业务关系或渠道来销售其他类型产品，减少进入市场的障碍，增加企业销售和利润总量。缺点则是要求企业有丰厚的资金和运用多种技术的能力，并且新增业务若未能获得消费者信任和满意将会损害原有产品的声誉和销售。

（5）多元导向。

多元导向是指企业通过对各类产品市场需求趋势和获利状况的动态分析来确定业务范围，新发展业务可能与原有产品、技术、需求和消费者群体都没有关系。比如宝洁公司经营婴幼儿食品，菲利浦·莫里斯公司经营啤酒、饮料和冷冻食品等。适用条件是企业有雄厚的实力、敏锐的市场洞察力和强大的跨行业经营的能力。多元导向的优点是可以最大限度地发掘和抓住市场机会，撇开原有产品、技术、需求和消费者群体对企业业务发展的束缚。缺点则是新增业务若未能获得市场承认将会损害原成名产品的声誉。

第六章　目标市场战略

一、判断题(请判断下列各小题是否正确,正确的在题后的括号内打"√",错误的打"×",错误的请给出理由)

1. 市场细分(Market Segmenting)的概念是由美国著名的市场学家温德尔·史密斯(Wendell R. Smith)于 20 世纪 40 年代中期提出。(　　)

2. 市场细分是指企业根据消费者的购买力、购买行为等各方面的差异性,把某一产品的市场整体(异质市场)划分为若干个消费者群(同质市场)的市场分类过程。(　　)

3. 市场细分理论和实践的发展,经历了以下几个阶段:大量营销阶段、产品差异化营销阶段和目标市场营销阶段。(　　)

4. 每一个企业的营销能力对于整体市场来说都是无限的。(　　)

5. 由于市场细分是建立在市场需求差异的基础上的,因此形成需求差异的各种因素均可作为市场细分的标准。(　　)

6. 所谓聚集的过程,就是把对某种产品特点最易作出反应的消费者集合成群。(　　)

7. 消费者是需求的前提,需求可能因消费者人口特征的不同而不同。(　　)

8. 人口特征变量包括年龄、性别、家庭生命周期、收入、职业、教育和佛教等因素。(　　)

9. 实际营销活动中,大多数企业通常是采用两个或两个以上的人口因素来细分市场。(　　)

10. 个性是指一个人比较稳定的心理活动与心理特征,它会导致一个人对其所处环境做出相对一致和持续不断的反应。(　　)

11. 许多营销人员认为,行为因素能更直接地反映出消费者的需求差异,因而成为市场细分的最佳起点。(　　)

12. 用户对产品的需求是生产资料市场细分常用的标准。(　　)

13. 企业应当根据用户规模大小来细分市场,并根据用户或客户的规模不同,企业的营销组合方案也应有所不同。(　　)

14. 可衡量性是指细分市场能够被识别,但是其规模、购买力及其市场特征等是不可以被测量的。(　　)

15. 可进入性是指企业能够接近和达到细分市场,并提供有效服务,实际上就是考虑营销活动的可行性。(　　)

16. 相对稳定性是指细分后的市场在时间上有一定的稳定性和延续性。细分后的市场能否在一定的时间内保持相对稳定,直接关系到企业生产、营销活动的稳定性。(　　)

17. 目标市场就是通过市场细分后,企业准备以相应的产品和服务满足其需要的一个或几个子市场。(　　)

18. 波特认为有四种力量决定整个市场或其中任何一个细分市场长期的内在吸引力。（　　）

19. 不同的细分市场存在不同的市场特征，对企业资源具有相同的要求。（　　）

20. 按照产品和市场的关联性构成的细分市场组合模式称之为目标市场模式。（　　）

21. 企业通过分散营销，更加了解本细分市场的需要，并树立了特别的声誉，因此可以在该细分市场建立稳定的市场地位。（　　）

22. 密集市场营销风险相对较小。（　　）

23. 产品专业化模式指企业集中生产一种产品，向不同的细分市场销售该产品。（　　）

24. 市场专业化模式指的是企业选择某一类消费者群体为目标市场，并专门为满足这类消费者群体的各种需求服务。（　　）

25. 不同的人，在不同的时间、地点、情境会有着不同的需求，市场全面化模式意味着企业将会拥有更多的机会。（　　）

26. 无差异营销的理论基础是成本的经济性。（　　）

27. 对于大多数产品，无差异营销战略一定合适。（　　）

28. 采用集中化营销战略的企业对目标市场有较深的了解，这是大部分大中型企业应当采用的战略。（　　）

29. 中小企业由于受财力、技术等方面因素制约，在整体市场可能无力与大企业抗衡，但可以集中资源优势在大企业尚未顾及的市场建立自己的绝对优势。（　　）

30. 实行差异化营销战略和无差异营销战略，企业均是以整体市场作为营销目标，试图满足所有消费者在某一方面的需要。（　　）

31. 集中化营销战略是集中力量进入一个或少数几个细分市场，实行集中化生产和销售。（　　）

32. 影响企业目标市场选择的因素主要包括以下几类：企业资源或实力；产品同质性；市场同质性；产品所处生命周期的不同阶段；竞争者的市场营销战略；竞争者的数目。（　　）

33. 产品处于投入期，同类竞争产品不多，竞争不激烈，企业可采用差异化营销策略。（　　）

34. 如果竞争对手采用差异化营销战略，企业应采用差异化或集中化营销战略与之抗衡。（　　）

35. 市场定位是通过给竞争者的产品创立鲜明的个性，从而塑造出独特的市场形象来实现的。（　　）

36. 产品差异化仅仅是实现市场定位的手段，并不是市场定位的全部内容。（　　）

37. 对潜在产品的预定位，要求营销者不必从零开始，使产品特色确实符合所选择的目标市场。（　　）

38. 海飞丝、飘柔、潘婷、力士、清扬等品牌洗发水，每种产品都有自己的市场定位，基本上都以产品使用者类型为导向。（　　）

39. 企业常常试图将其产品指向某一个特定的使用者，以便根据这些使用者的看法塑造出产品恰当的形象。（　　）

40. 消费者因为产品和品牌能够给自己带来利益而购买，因此市场定位可以瞄准消费

者利益的达成。（　　）

41. 利益导向定位法不能很好地为老产品找到一种新的用途。（　　）

42. 以价值导向的定位方法，也可以称之为层次定位法，实际上就是在满足消费者的虚荣心。（　　）

43. 所谓比附定位，就是攀附名牌，比拟名牌来给自己的产品进行定位，以借名牌之光使自己的品牌生辉。（　　）

44. 对于一个具体的产品而言，竞争优势的选择只需要考虑企业的整体实力。（　　）

45. 通过市场定位示意图，可以清晰地识别出行业的竞争态势，也便于企业确立产品的竞争优势。（　　）

46. 避强定位战略是企业避免与强有力的竞争对手发生直接竞争，而将自己的产品定位于另一市场的区域内，使自己的产品在某些特征或属性方面与强势对手有明显的区别。（　　）

47. 重新定位战略是企业对销路多、市场反应好的产品进行二次定位。（　　）

48. 重新定位是企业摆脱经营困境，寻求新活力的有效途径。（　　）

49. 识别企业潜在的竞争优势是市场定位的核心内容。（　　）

50. 竞争优势一般有两种基本类型：一是价格竞争优势；二是偏好竞争优势。（　　）

二、单项选择题（请在下列每小题中选择一个最合适的答案）

1. （　　）差异性的存在是市场细分的客观依据。
   A. 产品　　　　B. 价格　　　　C. 需求偏好　　　　D. 特征

2. 企业目前的资源能否通过适当的营销组合有效进入该细分市场并为之服务，这是有效市场细分的（　　）条件。
   A. 可衡量性　　　B. 可进入性　　　C. 可盈利性　　　D. 差异性

3. 采用无差异营销战略的最大优点是（　　）。
   A. 市场占有率高　　　　　　B. 成本的经济性
   C. 市场适应性强　　　　　　D. 需求满足程度高

4. 集中化营销战略尤其适合于（　　）。
   A. 跨国公司　　B. 大型企业　　C. 中型企业　　D. 小型企业

5. 同质性较高的产品，宜采用（　　）。
   A. 集中化营销　　B. 市场专业化　　C. 无差异营销　　D. 差异化营销

6. 某工程机械公司专门向建筑业用户供应推土机、打桩机、起重机、水泥搅拌机等建筑工程中所需要的机械设备，这是一种（　　）战略。
   A. 市场集中化　　B. 市场专业化　　C. 产品专业化　　D. 市场全面化

7. "好空调，格力造"属于（　　）定位。
   A. 情感心理定位　　B. 使用者类型定位　　C. 产品特色定位　　D. 比附定位

8. 在市场营销实践中，追求利益细分是一种行之有效的细分方式，它属于（　　）。
   A. 地理细分　　B. 人口细分　　C. 心理细分　　D. 行为细分

9. 以下不属于消费者市场细分标准的是（　　）。
   A. 地理细分　　B. 人口细分　　C. 用户行业　　D. 行为细分

10. 消费者对某种产品的使用率属于（　　）。

A. 地理因素　　　　　B. 人口因素　　　　　C. 心理因素　　　　　D. 行为因素

11. 当市场产品供不应求时，一般宜实行(　　)。

A. 无差异市场营销　　　　　　　　B. 差异化市场营销

C. 集中化市场营销　　　　　　　　D. 大量市场营销

12. 市场定位的实质是(　　)。

A. 取得目标市场的竞争优势　　　　B. 在本行业中处于领先地位

C. 开发出最先进的产品　　　　　　D. 做好售后服务

13. 企业推出单一产品，运用单一的市场营销组合，力求在一定程度上适合尽可能多的消费者的需求，这种战略是(　　)。

A. 无差异营销战略　　　　　　　　B. 差异化营销战略

C. 集中化营销战略　　　　　　　　D. 密集化营销战略

14. 大米、食盐和粮食适合采取的营销战略是(　　)。

A. 差异化营销战略　　　　　　　　B. 综合化营销战略

C. 集中化营销战略　　　　　　　　D. 无差异营销战略

15. 下列目标市场选择模式可以降低企业投资风险的是(　　)。

A. 产品专业化　　　B. 市场专业化　　　C. 选择专业化　　　D. 市场集中化

16. 企业的目标市场意为(　　)。

A. 企业欲给予满足的消费者需求　　B. 企业有充分了解的消费者需求

C. 购买能力最强的消费者需求　　　D. 有目标购买商品的消费者需求

17. 如果市场是异质化的，则宜采用(　　)。

A. 差异化营销战略　　　　　　　　B. 无差异营销战略

C. 集中化营销战略　　　　　　　　D. 无差异或集中化营销战略

18. 寻求(　　)是差异化营销战略经常使用的手段。

A. 产品特征　　　B. 良好服务　　　C. 人才优势　　　D. 价格优势

19. 企业一切营销活动的进行都是围绕着(　　)展开的。

A. 产品策略　　　B. 目标市场　　　C. 市场环境　　　D. 企业盈利

20. 宝洁在洗发水市场上的细分主要采用了以下哪一种细分标准？(　　)

A. 心理因素　　　B. 行为因素　　　C. 人口因素　　　D. 地理因素

21. (　　)是指企业根据消费者的欲望、购买行为等各方面的差异性，把某一产品的市场整体(异质市场)划分为若干个消费者群(同质市场)的市场分类过程。

A. 市场细分　　　B. 市场定位　　　C. 市场选择　　　D. 消费者定位

22. 细分市场有许多种方法。其中产品属性是影响消费者购买行为的重要因素，根据消费者对不同属性的重视程度，可以划分为(　　)偏好模式。

A. 两种　　　B. 三种　　　C. 四种　　　D. 五种

23. 市场上所有的消费者有大致相同的偏好，且相对集中于中央位置，这指的是以下哪种消费者偏好？(　　)

A. 同质偏好　　　B. 扩散偏好　　　C. 集群偏好　　　D. 差异偏好

24. 市场上的消费者对两种属性的偏好散布在整个空间，偏好极其分散，这指的是以下哪种消费者偏好？(　　)

A. 同质偏好　　　　B. 扩散偏好　　　　C. 集群偏好　　　　D. 差异偏好

25. 市场上出现几个群组的偏好，客观上形成了不同的细分市场，这指的是以下哪种消费者偏好？（　　）

A. 同质偏好　　　　B. 扩散偏好　　　　C. 集群偏好　　　　D. 差异偏好

26. （　　）是从消费者的角度进行划分的，是根据消费者的需求、动机、购买行为等方面的多元化和差异性所进行的划分。

A. 市场细分　　　　B. 市场定位　　　　C. 市场选择　　　　D. 消费者定位

27. 市场细分的重要依据是客观存在的消费者（　　）的差异性，然而差异性很多，究竟按照什么方法进行细分，没有一个绝对正确的方法或固定不变的模式。

A. 需要偏好　　　　B. 需求偏好　　　　C. 欲望偏好　　　　D. 喜好偏好

28. （　　）是按照消费者所处的地理位置、自然环境来细分市场，比如根据国家、地区、城市规模、气候、人口密度、地形地貌等方面的差异将整体市场划分为不同的子市场。

A. 心理因素　　　　B. 行为因素　　　　C. 人口因素　　　　D. 地理因素

29. （　　）变量包括年龄、性别、家庭生命周期、收入、职业、教育、宗教等因素。

A. 心理因素　　　　B. 行为因素　　　　C. 人口因素　　　　D. 地理因素

30. （　　）是根据消费者所处的社会阶层、生活方式、个性特点等心理因素来对市场进行细分。

A. 心理因素　　　　B. 行为因素　　　　C. 人口因素　　　　D. 地理因素

31. （　　）是根据消费者对产品的了解程度、态度、使用情况以及反应等将他们划分为不同的群体。

A. 心理因素　　　　B. 行为因素　　　　C. 人口因素　　　　D. 地理因素

32. （　　）指的是用户对产品的要求，这是生产资料市场细分常用的标准。

A. 用户要求　　　　B. 用户规模　　　　C. 用户地点　　　　D. 用户习惯

33. （　　）指的是在生产者市场中，有的用户购买量很大，而另外一些用户购买量很小。

A. 用户要求　　　　B. 用户规模　　　　C. 用户地点　　　　D. 用户习惯

34. （　　）指的是每一个国家或地区大都在一定程度上受自然资源、气候条件和历史传统等因素影响，会形成若干工业区。

A. 用户要求　　　　B. 用户规模　　　　C. 用户地点　　　　D. 用户习惯

35. （　　）是指细分市场能够被识别，其规模、购买力及其市场特征是可以被测量的。

A. 可衡量性　　　　B. 可进入性　　　　C. 可盈利性　　　　D. 相对稳定性

36. （　　）是指企业能够接近和达到细分市场，并提供有效服务，实际上就是考虑营销活动的可行性。

A. 可衡量性　　　　B. 可进入性　　　　C. 可盈利性　　　　D. 相对稳定性

37. （　　）是指细分市场的规模要大得能够让企业足够获利的程度，企业值得为它设计一套营销规划方案，以便顺利地实现营销目标，并且存在拓展的潜力，以保证按计划获得理想的经济效益和社会服务效益。

A. 可衡量性　　　　B. 可进入性　　　　C. 可盈利性　　　　D. 相对稳定性

38. （　　）是指细分后的市场在时间上有一定的稳定性和延续性。

A. 可衡量性　　　　　B. 可进入性　　　　　C. 可盈利性　　　　　D. 相对稳定性

39.（　　）就是企业期望并有能力占领和开拓，能为企业带来最佳营销机会与最大经济效益，具有大体相近需求，企业决定以相应商品和服务去满足其需求并为其服务的消费者群体。

A. 市场细分　　　　B. 市场定位　　　　C. 市场选择　　　　D. 目标市场

40. 按照产品和市场的关联性构成的细分市场组合模式称之为（　　）。

A. 目标市场模式　　B. 市场定位　　　　C. 市场选择　　　　D. 市场细分

41.（　　）是指企业全方位进入不同的细分市场，为所有消费者提供不同的有差异化的产品。

A. 市场全面化　　　B. 选择专业化　　　C. 产品专业化　　　　D. 市场专业化

42.（　　）是指选择若干个细分市场，其中每个细分市场在客观上都有吸引力，并且符合企业的目标和资源。

A. 市场全面化　　　B. 选择专业化　　　C. 产品专业化　　　　D. 市场专业化

43.（　　）是指企业集中生产一种产品，向不同的细分市场销售该产品。

A. 市场全面化　　　B. 选择专业化　　　C. 产品专业化　　　　D. 市场专业化

44.（　　）是指企业选择某一类消费者群体为目标市场，并专门为满足某类消费者群体的各种需求服务。

A. 市场全面化　　　B. 选择专业化　　　C. 产品专业化　　　　D. 市场专业化

45.（　　）是指企业将产品的整个市场视为一个目标市场，用单一的营销组合策略开拓市场，即用一种产品和一套营销方案吸引尽可能多的购买者。

A. 专业化营销战略　　　　　　　B. 集中化营销战略

C. 差异化营销战略　　　　　　　D. 无差异营销战略

46.（　　）就是把整个市场细分为若干子市场，针对不同的子市场，设计不同的产品，制定不同的营销策略，满足不同的消费需求。

A. 专业化营销战略　　　　　　　B. 集中化营销战略

C. 差异化营销战略　　　　　　　D. 无差异营销战略

47.（　　）就是在细分后的市场上，选择一个或少数几个细分市场作为目标市场，实行专业化生产和销售，在少数市场上发挥优势，提高市场占有率。

A. 专业化营销战略　　　　　　　B. 集中化营销战略

C. 差异化营销战略　　　　　　　D. 无差异营销战略

48.（　　）就是企业常常试图将其产品指向某一类特定的使用者，以便根据这些使用者的看法塑造产品恰当的形象。

A. 产品特色定位　　　　　　　　B. 使用者类型定位

C. 竞争导向定位　　　　　　　　D. 利益导向定位

49. 市场定位是一种（　　），显示了一种产品或一家企业同类似的产品或企业之间的竞争关系。

A. 企业战略　　　　　　　　　　B. 消费者竞争

C. 竞争导向定位　　　　　　　　D. 竞争战略

50.（　　）是企业根据自身的实力，为占据较佳的市场位置，不惜与市场上占支配地位、实力最强或较强的竞争对手发生正面竞争，从而使自己的产品进入与对手相同的市场位置。

  A. 避强定位   B. 重新定位   C. 迎头定位   D. 竞争定位

三、**多项选择题**（下列各小题有两个或两个以上的正确答案，请准确选出全部正确答案）

1. 目标市场营销战略的主要步骤有（　　）。

  A. 市场细分   B. 目标市场选择   C. 市场营销组合

  D. 市场定位   E. 大市场营销

2. 企业在决定为多个子市场服务时可供选择的营销战略有（　　）。

  A. 大量市场营销   B. 无差异市场营销   C. 差异化市场营销

  D. 集中化市场营销   E. 大市场营销

3. 企业在选择目标市场策略时需考虑的主要因素有（　　）。

  A. 企业资源   B. 产品特点   C. 市场特点

  D. 产品生命周期阶段   E. 竞争对手的策略

4. 市场定位的常用方法有（　　）。

  A. 情感心理定位   B. 产品特色定位   C. 比附定位

  D. 利益导向定位   E. 价值导向定位

5. 以下属于生产者市场细分因素的有（　　）。

  A. 用户要求 B. 用户规模 C. 用户地点 D. 人口因素 E. 行为因素

6. 人口细分的因素有（　　）。

  A. 年龄   B. 家庭规模 C. 宗教   D. 使用情况 E. 生活方式

7. 有效市场细分必须具备的条件包括（　　）。

  A. 变动性   B. 可进入性 C. 差异性   D. 可衡量性 E. 可盈利性

8. 以下对无差异营销战略的表述中合理的有（　　）。

  A. 具有成本的经济性   B. 不进行市场细分

  C. 适宜于绝大多数产品   D. 只强调需求共性

  E. 适用于小企业

9. 企业采用差异化营销战略时（　　）。

  A. 一般只适合于小企业

  B. 要进行市场细分

  C. 有较高的适应能力和应变能力

  D. 能更好地满足市场深层次的需求

  E. 以不同的营销组合针对不同的细分市场

10. 市场细分对企业营销的意义在于（　　）。

  A. 有利于发现新的市场机会

  B. 有利于合理地运用企业资源

  C. 有利于提高企业的竞争实力

  D. 有利于掌握市场变化，更好地满足不同层次的需求

  E. 有利于节省成本费用

11. 市场细分理论和实践的发展，经历了以下几个阶段：（　　　）。

A. 大量营销阶段　　　　　　　　B. 产品差异化营销阶段

C. 目标市场营销阶段　　　　　　D. 产品集中化营销阶段

E. 利益营销阶段

12. 消费者需求偏好的差异性体现在以下几个方面：（　　　）。

A. 同质偏好　　B. 扩散偏好　　C. 集中偏好　　D. 集群偏好　　E. 差异偏好

13. 市场细分是从消费者的角度进行划分的，是根据市场细分的理论基础，即（　　　）等方面的多元化和差异性所进行的划分。

A. 消费者的需求　　　　　　B. 动机　　　　　　C. 消费者的欲望

D. 消费者的需要　　　　　　E. 购买行为

14. 行业细分一般只是把业已存在（哪怕很小）或潜在的市场用容易区分或识别的标准如（　　　）等单一要素，最多为二维变量，来划分成更小的子行业，以便于统计、分析和归纳其特性。

A. 年龄　　　　B. 性别　　　　C. 性能　　　　D. 原料　　　　E. 产地

15. 只有在市场启动和成长期的恰当时机率先进行广度市场细分的企业才有机会占有更大的市场份额。这时候品牌竞争往往表现得不够明显，竞争一般会表现在（　　　）等方面。

A. 产品　　　　B. 质量　　　　C. 价格　　　　D. 渠道　　　　E. 需求

16. 通常在消费者市场最常被使用的细分标准可以概括为（　　　）和行为因素方面。

A. 地理因素　　B. 人口因素　　C. 环境因素　　D. 心理因素　　E. 行为因素

17. 消费者市场细分标准中心理因素包括（　　　）等。

A. 生活方式　　B. 性格　　　　C. 购买动机　　D. 购买习惯　　E. 态度

18. 地理因素之所以作为市场细分的依据，是因为处在不同地理环境下的消费者所表现出来的（　　　）等都具有明显的差异性，他们对企业采取的营销策略与措施也会有不同的反应。

A. 生活方式　　B. 消费观念　　C. 价值观念　　D. 购买特征　　E. 流行与时尚

19. 根据城镇大小，可划分为（　　　）。处在不同规模城镇的消费者，在消费结构方面存在很大差异。

A. 大城市　　　B. 中等城市　　C. 小城市　　　D. 乡镇　　　　E. 特大城市

20. 行为因素细分指的是根据消费者对产品的（　　　）等将他们划分为不同的群体。

A. 了解程度　　B. 态度　　　　C. 使用情况　　D. 反应　　　　E. 家庭人口

21. 根据消费者是否使用和使用程度细分市场，通常可分为（　　　）。

A. 分享购买者　　B. 经常购买者　　C. 首次购买者　　D. 潜在购买者　　E. 非购买者

22. 根据消费者使用某一产品的数量大小细分市场，通常可分为（　　　）。

A. 大量使用者　　B. 中度使用者　　C. 轻度使用者　　D. 频繁使用者　　E. 少量使用者

23. 根据消费者提出（　　　）产品的不同时机，将他们划分为不同的群体。

A. 需求　　　　B. 欣赏　　　　C. 需要　　　　D. 购买　　　　E. 使用

24. 许多用来细分消费者市场的标准，同样可用于细分生产者市场，比如（　　　）等因素。

A. 购买时间　　B. 地理因素　　C. 追求的利益　　D. 使用者状况　　E. 家庭人口

25. 不同的用户对产品有着不同的需求，比如晶体管工厂可根据晶体管用户不同，把市场细分为（　　）。

　　A. 军工市场　　　B. 工业市场　　　C. 商业市场　　　D. 农业市场　　　E. 家庭市场

26. 每一个国家或地区大都在一定程度上受（　　）等因素影响，会形成若干工业区。

　　A. 自然资源　　　　　　B. 气候条件　　　　　　C. 历史传统

　　D. 生产水平　　　　　　E. 经济发展水平

27. 细分的标准不是固定不变的，如（　　）等，均会随着时间的推移而发生变化。

　　A. 收入水平　　　B. 城市大小　　　C. 交通条件　　　D. 生产水平　　　E. 年龄

28. 化妆品的经营者把 18－45 岁的城市中青年妇女确定为目标市场，就运用了以下细分标准：（　　）。

　　A. 交通条件　　　　　　B. 年龄　　　　　　C. 地理区域

　　D. 性别　　　　　　　　E. 收入（职业妇女）

29. 一般而言，一些带有客观性的变量，比如（　　）等，都容易确定，并且有关的信息和统计数据，也比较容易获得；而一些带有主观性的变量，比如心理和性格方面的变量，就比较难确定。

　　A. 民族　　　　B. 年龄　　　　C. 地理位置　　　D. 性别　　　　E. 收入

30. 企业也不宜以市场吸引力作为唯一取舍，特别是应力求避免"多数谬误"，即与竞争企业遵循同一思维逻辑，将（　　）的市场作为目标市场。

　　A. 规模最大　　　B. 吸引力最大　　　C. 人口最多　　　D. 消费最多　　　E. 经济最稳定

31. 波特认为有几种力量决定整个市场或其中任何一个细分市场长期的内在吸引力。这几个群体是（　　）。

　　A. 同行业竞争者　　　　　　B. 潜在的进入者　　　　　　C. 替代品生产者

　　D. 购买者　　　　　　　　　E. 供应商

32. 细分市场结构的吸引力包括（　　）。

　　A. 潜在进入者的威胁

　　B. 替代品生产者的威胁

　　C. 细分市场内激烈竞争的威胁

　　D. 供应商讨价还价能力加强的威胁

　　E. 购买者讨价还价能力加强的威胁

33. 根据产品和市场的关联程度不同，企业目标市场选择存在着以下几种模式：（　　）。

　　A. 市场集中化　　B. 选择专业化　　C. 产品专业化　　D. 市场专业化　　E. 市场全面化

34. 市场专业化模式相对于市场集中化和产品专业化模式，对企业的（　　）有更高的要求。

　　A. 生产能力　　　B. 经营能力　　　C. 资金实力　　　D. 组织间依赖　　　E. 资源环境

35. 贝因美是国内消费者所熟悉的婴幼儿食品专业生产商，现已形成集（　　）等一体的同心多元化战略，这是典型的市场专业化模式。

　　A. 生产能力　　　　　　B. 婴幼儿专业食品　　　　　　C. 用品

　　D. 亲子早教　　　　　　E. 母婴服务

36. 大公司之所以都倾向于拥有这么多的品牌，原因很简单，因为不同的人，在不同的

（　　）会有不同的需求，市场全面化模式意味着企业将会拥有更多的机会。

　　A. 空间　　　　B. 房间　　　　C. 时间　　　　D. 地点　　　　E. 情境

37. 目标市场营销战略包括以下类型：（　　）。

　　A. 无差异营销　B. 差异化营销　C. 集中化营销　D. 市场专业化　E. 市场全面化

38. 影响企业目标市场选择的因素主要包括：（　　）。

　　A. 企业资源或实力　　　　B. 产品同质性　　　　C. 市场同质性

　　D. 产品所处生命周期的不同阶段　E. 竞争者的市场营销战略

39. 对于（　　）等产品，尽管每种产品因产地和生产企业的不同会有些品质差别，但消费者可能并不十分看重，此时，竞争将主要集中在价格上。这样的产品适合采用无差异营销战略。

　　A. 大米　　　　B. 食盐　　　　C. 钢铁　　　　D. 服装　　　　E. 化妆品

40. 对于（　　）等产品，由于在型号、式样、规格等方面存在较大差别，产品选择性强，同质性较低，因而更适合于采用差异化或集中化营销战略。

　　A. 大米　　　　B. 食盐　　　　C. 汽车　　　　D. 服装　　　　E. 化妆品

41. "定位"（Positioning）一词是由艾尔·里斯（Al Reis）和杰克·特劳特（Jack Trout）在1972年提出的。他们对定位的解释是：定位始于产品，那产品可能是（　　）。

　　A. 一件商品　　B. 一项服务　　C. 一家公司　　D. 一个机构　　E. 一个人

42. 一个产品是多个因素的综合反映，包括（　　）、质量等，市场定位就是要强化或放大某些产品因素，从而形成与众不同的独特形象。

　　A. 性能　　　　B. 构造　　　　C. 成分　　　　D. 包装　　　　E. 形状

43. 市场定位的方法有很多，一般常用的有以下几种：（　　）。

　　A. 产品特色定位　　　　B. 使用者类型定位　　　　C. 竞争导向定位

　　D. 利益导向定位　　　　E. 价值导向定位

44. 主要的市场定位战略一般有以下几种：（　　）。

　　A. 迎头定位　　　　　　B. 重新定位　　　　　　C. 避强定位

　　D. 比附定位　　　　　　E. 情感心理定位

45. 迎头定位又称为（　　），这种战略是企业根据自身的实力，为占据较佳的市场位置，不惜与市场上占支配地位、实力最强或较强的竞争对手发生正面竞争，从而使自己的产品进入与对手相同的市场位置。

　　A. 竞争性定位　　　　　B. 针对性定位　　　　　C. 重新定位

　　D. 比附定位　　　　　　E. 情感心理定位

46. 企业应该在市场定位过程中避免犯以下一些错误：（　　），否则就会影响企业在消费者心目中的形象。

　　A. 定位过低　　　　　　B. 定位过高　　　　　　C. 定位混乱

　　D. 定位怀疑　　　　　　E. 定位偏移

47. 市场定位步骤包括（　　）。

　　A. 识别潜在竞争优势　　B. 明确定位　　　　　　C. 制订计划

　　D. 企业核心竞争优势定位　E. 制定发挥核心竞争优势的战略

四、名词解释（请用简洁规范的语言描述下列概念）

1. 市场细分　2. 目标市场选择　3. 市场定位　4. 无差异营销战略

5. 差异化营销战略　6. 集中化营销战略　7. 市场细分的有效性原则

8. 产品专业化模式　9. 市场专业化模式　10. 市场全面化模式　11. 比附定位

12. 利益导向定位　13. 迎头定位　14. 避强定位　15. 市场集中化

五、简答题（简要回答下列各小题的知识要点）

1. 市场细分的有效性原则包括哪些？

2. 何为市场定位，常用的市场定位方法有哪些？

3. 简述企业五种目标市场选择模式。

4. 简述企业差异化营销战略的内涵及其优缺点。

5. 简述市场定位的步骤。

6. 简述市场细分的作用。

7. 简述集中化营销战略的优点。

8. 简述集中化营销战略的缺点。

9. 简述市场定位常用方法。

六、论述题（详细回答下列各小题，并阐述自己的观点）

1. 阐述目标市场选择战略类型的内涵，结合实例分析你对目标市场战略的理解。

2. 阐述市场定位常用的方法，结合实例分析你对市场定位方法的理解。

3. 阐述市场定位战略类型的内涵，结合实例分析你对市场定位战略的理解。

4. 阐述市场细分的内涵，结合实例分析你对市场细分的理解。

5. 阐述市场细分的标准和分类。

【参考答案要点】

一、判断题

1. ×　理由：市场细分（Market Segmenting）的概念是由美国著名的市场学家温德尔·史密斯（Wendell R. Smith）于 20 世纪 50 年代中期提出。

2. ×　理由：市场细分是指企业根据消费者的欲望、购买行为等各方面的差异性，把某一产品的市场整体（异质市场）划分为若干个消费者群（同质市场）的市场分类过程。

3. √

4. ×　理由：每一个企业的营销能力对于整体市场来说都是有限的。

5. √

6. √

7. ×　理由：消费者是需求的载体，需求可能因消费者人口特征的不同而不同。

8. ×　理由：人口特征变量包括年龄、性别、家庭生命周期、收入、职业、教育和宗教等因素。

9. √

10. ×　理由：个性是指一个人比较稳定的心理倾向与心理特征，它会导致一个人对其所处环境做出相对一致和持续不断的反应。

11. √

12. ✕ 理由：用户对产品的要求是生产资料市场细分常用的标准。

13. √

14. ✕ 理由：可衡量性是指细分市场能够被识别，其规模、购买力及其市场特征是可以被测量的。

15. √

16. √

17. √

18. ✕ 理由：波特认为有五种力量决定整个市场或其中任何一个细分市场长期的内在吸引力。

19. ✕ 理由：不同的细分市场存在不同的市场特征，对企业资源具有不同的要求。

20. √

21. ✕ 理由：企业通过密集营销，更加了解本细分市场的需要，并树立了特别的声誉，因此可以在该细分市场建立稳定的市场地位。

22. ✕ 理由：密集市场营销比一般情况风险更大。

23. √

24. √

25. √

26. √

27. ✕ 理由：对于大多数产品，无差异营销战略并不一定合适。

28. ✕ 理由：采用集中化营销战略的企业对目标市场有较深的了解，这是大部分中小型企业应当采用的战略。

29. √

30. √

31. ✕ 理由：集中化营销战略是集中力量进入一个或少数几个细分市场，实行专业化生产和销售。

32. √

33. ✕ 理由：产品处于投入期，同类竞争产品不多，竞争不激烈，企业可采用无差异营销策略。

34. √

35. ✕ 理由：市场定位是通过为自己的产品创立鲜明的个性，从而塑造出独特的市场形象来实现的。

36. √

37. ✕ 理由：对潜在产品的预定位，要求营销者必须从零开始，使产品特色确实符合所选择的目标市场。

38. ✕ 理由：海飞丝、飘柔、潘婷、力士、清扬等品牌洗发水，每种产品都有自己的市场定位，基本上都以产品特点为导向。

39. ✕ 理由：企业常常试图将其产品指向某一类特定的使用者，以便根据这些消费者的看法塑造产品恰当的形象。

40. √

41. ×　理由：利益导向定位法能很好地为老产品找到一种新的用途。

42. ×　理由：以价值导向的定位方法，也可以称之为档次定位法，实际上就是在满足消费者的虚荣心。

43. √

44. ×　理由：对于一个具体的产品而言，竞争优势的选择除了需要考虑企业的整体实力，还需要考虑消费者对产品属性重视程度。

45. √

46. √

47. ×　理由：重新定位战略是企业对销路少、市场反应差的产品进行二次定位。

48. √

49. ×　理由：识别企业潜在的竞争优势是市场定位的基础。

50. √

二、单项选择题

1. C　2. B　3. B　4. D　5. A　6. B　7. C　8. D　9. C　10. D　11. A　12. A　13. A　14. D　15. A　16. D　17. A　18. A　19. B　20. C　21. A　22. B　23. A　24. B　25. C　26. A　27. B　28. D　29. C　30. B　31. B　32. A　33. B　34. C　35. A　36. B　37. C　38. D　39. D　40. A　41. A　42. B　43. C　44. D　45. D　46. C　47. B　48. B　49. D　50. C

三、多项选择题

1. ABD　2. BCD　3. ABCDE　4. ABCDE　5. ABC　6. ABC　7. BDE　8. ABDE　9. BDE　10. ABCD　11. ABC　12. ABD　13. ABE　14. ABCDE　15. ABCD　16. ABD　17. ABCE　18. BCDE　19. ABCD　20. ABCD　21. BCDE　22. ABC　23. CDE　24. BCD　25. ABC　26. ABC　27. ABCE　28. BCDE　29. ABCDE　30. AB　31. ABCDE　32. ABCDE　33. ABCDE　34. ABC　35. BCDE　36. CDE　37. ABC　38. ABCDE　39. ABC　40. CDE　41. ABCDE　42. ABCDE　43. ABCDE　44. ABC　45. AB　46. ABCD　47. ADE

四、名词解释

1. 市场细分是指企业根据消费者的欲望、购买行为等各方面的差异性，把某一产品的市场整体（异质市场）划分为若干个消费者群（同质市场）的市场分类过程。

2. 目标市场选择是指企业从希望成为自己的几个目标市场中，根据一定的要求和标准，选择其中一个或几个目标市场作为可行的经营目标的决策过程。

3. 市场定位是企业根据竞争者现有产品在细分市场上所处的地位和消费者对产品某些属性的重视程度，设计、塑造出本企业产品与众不同的鲜明个性或形象并传递给目标消费者，使产品在细分市场上占据强有力的竞争位置。

4. 无差异营销战略是指企业将产品的整个市场视为一个目标市场，用单一的营销组合策略开拓市场，即用一种产品和一套营销方案吸引尽可能多的购买者。

5. 差异化营销战略就是把整个市场细分为若干子市场，针对不同的子市场，设计不同的产品，制定不同的营销策略，满足不同的消费需求。

6. 集中化营销战略就是在细分后的市场上，选择一个或少数几个细分市场作为目标市场，实行专业化生产和销售，在少数市场上发挥优势，提高市场占有率。

7. 市场细分的有效性原则：可衡量性、可进入性、可盈利性、相对稳定性。

8. 产品专业化模式指企业集中生产一种产品，向不同的细分市场销售该产品。

9. 市场专业化模式是指企业选择某一类消费者群体为目标市场，并专门为满足某类消费者群体的各种需求服务。

10. 市场全面化是指企业全方位进入不同的细分市场，为所有消费者提供不同的有差异化的产品。

11. 比附定位就是攀附名牌，比拟名牌来给自己的产品进行定位，以借名牌之光使自己的品牌生辉。

12. 利益导向定位是指消费者因为产品和品牌能够给自己带来利益而购买，因此市场定位可以瞄准消费者利益的达成。这里的利益可以是产品的利益，也可以是品牌的利益。

13. 迎头定位又称之为"竞争性定位""针对性定位"，这种战略是企业根据自身的实力，为占据较佳的市场位置，不惜与市场上占支配地位、实力最强或较强的竞争对手发生正面竞争，从而使自己的产品进入与对手相同的市场位置。

14. 避强定位战略是指企业避免与强有力的竞争对手发生直接竞争，而将自己的产品定位于另一市场的区域内，使自己的产品在某些特征或属性方面与强势对手有明显的区别。

15. 在目标市场选择模式中，最简单的方式是企业选择一个细分市场集中营销。企业通过密集营销，更加了解本细分市场的需要，并树立了特别的声誉，因此可以在该细分市场建立稳定的市场地位。

五、简答题

1. 市场细分的有效性原则：（1）可衡量性。（2）可进入性。（3）可盈利性。（4）相对稳定性。

2. 市场定位是企业根据竞争者现有产品在细分市场上所处的地位和消费者对产品某些属性的重视程度，设计、塑造出本企业产品与众不同的鲜明个性或形象并传递给目标消费者，使产品在细分市场上占据强有力的竞争位置。

市场定位常用方法：产品特色定位、使用者类型定位、竞争导向定位、利益导向定位、价值导向定位、情感心理定位、比附定位。

3. 企业五种目标市场选择模式：

（1）市场集中化：最简单的方式是企业选择一个细分市场集中营销。企业通过密集营销，更加了解本细分市场的需要，并树立了特别的声誉，因此可以在该细分市场建立稳定的市场地位。

（2）选择专业化：采用此方法选择若干个细分市场，其中每个细分市场在客观上都有吸引力，并且符合企业的目标和资源。但在各细分市场之间很少有或者根本没有任何联系，然而每个细分市场都有可能赢利。这种多细分市场目标优于单细分市场目标，因为这样可以分散企业的风险，即使某个细分市场失去吸引力，企业仍可继续在其他细分市场获取利润。

（3）产品专业化：产品专业化模式指企业集中生产一种产品，向不同的细分市场销售该产品。产品专业化往往能够使企业在某一产品领域树立起很高的声誉，消费者群体的扩大使企业摆脱对个别市场的依赖，营销的风险比市场集中化模式要小的多。

（4）市场专业化：市场专业化模式是指企业选择某一类消费者群体为目标市场，并专门为满足某类消费者群体的各种需求服务。该模式的优势在于企业专门为某一消费者群服务，可以充分、准确地理解这类消费者的需求和行为，从而更有效地为这些消费者服务，在这一消费者群体中建立相当高的信誉度和知名度。

（5）市场全面化：市场全面化是指企业全方位进入不同的细分市场，为所有消费者提供不同的有差异化的产品。

4.差异化营销战略就是把整个市场细分为若干子市场，针对不同的子市场，设计不同的产品，制定不同的营销策略，满足不同的消费需求。

采用差异化营销战略的优点是：小批量、多品种，生产机动灵活、针对性强，使消费者需求更好地得到满足，由此促进产品销售，可以有效地繁荣市场。

差异化营销战略的不足之处主要体现在两个方面：一是增加营销成本。由于产品品种多，管理和存货成本将大大增加，同时由于公司必须针对不同的细分市场设计独立的营销计划，会增加企业在市场调研、促销和渠道管理等方面的营销成本。二是可能使企业的资源配置不能有效集中，顾此失彼，甚至在企业内部出现彼此争夺资源的现象，从而使企业的重点产品难以形成优势。

5.市场定位的步骤：（1）识别潜在竞争优势。（2）企业核心竞争优势定位。（3）制定发挥核心竞争优势的战略。

6.市场细分的作用：（1）有利于发掘市场机会，开拓新市场。（2）有利于选择目标市场和制定市场营销策略。（3）有利于与竞争对手相抗衡。（4）有利于提高企业的竞争实力。

7.集中化营销战略优点：（1）由于市场集中，便于企业深入挖掘消费者的需求，能及时得到反馈意见，使企业能制定正确的营销策略。（2）生产专业化程度高，企业可有针对性地采取营销组合，节约成本和费用。（3）目标市场较小，可以使企业的特点和市场特征尽可能达成一致，从而有利于充分发挥企业自身优势。（4）在细分市场上占据一定优势后，可以积聚力量，与竞争者抗衡。

8.集中化营销战略缺点：因为它的目标市场范围小，品种单一，如果目标市场的消费者需求和爱好发生变化，企业就可能因应变不及时而陷入困境。同时，当强有力的竞争者打入目标市场时，企业就要受到严重影响。

9.市场定位常用方法：（1）产品特色定位。（2）使用者类型定位。（3）竞争导向定位。（4）利益导向定位。（5）价值导向定位。（6）情感心理定位。（7）比附定位。

六、论述题

1.目标市场选择战略类型的内涵：

（1）无差异营销战略是指企业将产品的整个市场视为一个目标市场，用单一的营销组合策略开拓市场，即用一种产品和一套营销方案吸引尽可能多的购买者。

（2）差异化营销战略就是把整个市场细分为若干子市场，针对不同的子市场，设计不同的产品，制定不同的营销策略，满足不同的消费需求。

（3）集中化营销战略就是在细分后的市场上，选择一个或少数几个细分市场作为目标市场，实行专业化生产和销售，在少数市场上发挥优势，提高市场占有率。

2. 市场定位常用方法：(1)产品特色定位。(2)使用者类型定位。(3)竞争导向定位。(4)利益导向定位。(5)价值导向定位。(6)情感心理定位。(7)比附定位。

3. **市场定位战略类型内涵：**

(1)避强定位这种战略是企业避免与强有力的竞争对手发生直接竞争，而将自己的产品定位于另一市场的区域内，使自己的产品在某些特征或属性方面与强势对手有明显的区别。

(2)迎头定位，又称之为"竞争性定位""针对性定位"，这种战略是企业根据自身的实力，为占据较佳的市场位置，不惜与市场上占支配地位、实力最强或较强的竞争对手发生正面竞争，从而使自己的产品进入与对手相同的市场位置。

(3)重新定位这种战略是企业对销路少、市场反应差的产品进行二次定位。初次定位后，如果由于消费者的需求偏好发生转移，市场对本企业产品的需求减少，或者由于新的竞争者进入市场，选择与本企业相近的市场位置，此时企业就需要对其产品进行重新定位。

4. **市场细分**(Market Segmenting)的概念是由美国著名的市场学家温德尔·史密斯(Wendell R. Smith)于 20 世纪 50 年代中期提出。其产生背景是美国市场特征由"卖方市场"转变为"买方市场"，对同一产品的消费者需求呈现明显的差异性。市场细分是指企业根据消费者的欲望、购买行为等各方面的差异性，把某一产品的市场整体(异质市场)划分为若干个消费者群(同质市场)的市场分类过程。每一个消费者群就是一个细分市场，每一个细分市场都是具有类似需求倾向的消费者构成的群体。

5.（1）消费者市场细分标准：

表 1　消费者市场细分标准

细分标准	细 分 变 量
地理因素	地理位置、城镇大小、地形、地貌、气候、交通状况、人口密集度等
人口因素	年龄、性别、职业、收入、民族、宗教、教育、家庭人口、家庭生命周期等
心理因素	生活方式、性格、购买动机、态度等
行为因素	购买时间、购买数量、购买频率、购买习惯(品牌忠诚度)，以及对服务、价格、渠道、广告的敏感程度等

（2）生产者市场细分标准：

① 用户要求。用户对产品的要求是生产资料市场细分常用的标准。

② 用户规模。在生产者市场中，有的用户购买量很大，而另外一些用户购买量很小。

③ 用户地点。每一个国家或地区大都在一定程度上受自然资源、气候条件和历史传统等因素影响，会形成若干工业区。

第七章　产品策略

一、判断题（请判断下列各小题是否正确，正确的在题后的括号内打"√"，错误的打"×"，错误的请给出理由）

1. 企业在考虑营销组合策略时，首先需要确定生产经营什么产品来满足消费者的需要。（　　）

2. 产品种类、产品品牌和产品品种的生命周期是不相同的。（　　）

3. 产品生命周期与产品使用寿命是相同的。（　　）

4. 消费者购买产品其实质是为了满足某种需要。（　　）

5. 产品组合的宽度是指产品组合中所拥有产品线的数目。（　　）

6. 产品组合的长度是指产品品种的总数。（　　）

7. 产品组合的长度是指一条产品线中所含产品项目的多少。（　　）

8. 产品生命周期由企业与市场的生命周期所决定。（　　）

9. 成长期营销人员促销策略的主要目标是在消费者心目中建立品牌偏好，争取新的消费者。（　　）

10. 期望产品是指购买者在购买产品时，期望得到与产品密切相关的一整套属性和条件。（　　）

11. 只要是能提供给市场选择和消费，并能满足某种欲望和需要的任何有形实体或无形体的服务均为商品。（　　）

12. 期望产品又称为实质产品，是指产品能向消费者提供的基本效用或利益。这是产品最基本的层次，是满足消费者需要的核心内容。（　　）

13. 产品整体概念体现了以消费者为中心的市场营销观念，指明了产品是有形特征和无形特征构成的综合体，对企业经营有着重要的意义。（　　）

14. 产品的特征是影响市场营销策略的主要因素。（　　）

15. 耐用品是指在正常情况下能较长时间、多次使用的有形物品。（　　）

16. 非耐用品是指在正常情况下经过一次或几次使用后就会被消费掉的有形物品。（　　）

17. 选购品是指那些消费者通常频繁购买、即买即用、购买时几乎不需要花费太多精力去比较的商品。（　　）

18. 特殊品是指那些特征独特、品牌知名度高、消费者通常愿意付出更多的努力或代价去取得的产品。（　　）

19. 产业用品是指企业或组织购买后，用于制造其他产品或者满足业务活动需要的物品或服务。（　　）

20. 产品线是指某一品牌或产品大类中不同尺码、规格、外观及其他属性的具体产品。（　　）

21. 产品组合是指企业提供给市场的全部产品线和产品项目的组合或结构，即企业的业务经营范围。（　　）

22. 产品组合的宽度是指一个企业的产品大类，即产品线总和。（　　）

23. 产品组合的长度是指产品项目中每一个品牌所含不同花色、规格、质量的产品数目的多少。（　　）

24. 产品组合的深度是指一个企业的各条产品线在最终用途、生产条件、分销渠道等方面的相关联程度。（　　）

25. 增加产品组合的长度是指在原有产品线中增加产品线，又称之为产品线的延伸策略。（　　）

26. 向下延伸是指企业原来定位于高档市场的产品线向下延伸，在高档产品线中增加中、低档产品项目。（　　）

27. 向上延伸是指企业原来定位于中、低档市场的产品线向上延伸，在原有产品线中增加高、中档产品项目。（　　）

28. 产品组合的缩减是通过减少宽度和长度，即删减产品线或紧缩产品线来实现的。（　　）

29. 产品组合决策是指在分析每条产品线（即企业的业务领域）的经营情况及竞争情况的基础上，决定哪些业务领域需要重点发展，哪些业务领域需要改进或放弃。（　　）

30. 波士顿矩阵利用企业产品的相对市场占有率和市场增长率为参数，分析企业各产品目前的状况，通过产品的优化组合来实现企业现金流量的平衡。（　　）

31. 产品生命周期是指一种产品从研制成功投放市场开始，直到被市场淘汰为止所经历的全部时间和过程。（　　）

32. 集中策略是指把资源集中使用在最有利的细分市场、最有效的销售渠道以及最易销售的品种、款式上。（　　）

33. 新产品概念是指凡是在产品整体概念中的任何一个部分有所创新、改革或改变，能够给消费者带来新的利益和满足的产品，都是新产品。（　　）

34. 全新产品是指企业在市场已有产品的基础上，采用或部分采用新技术、新材料对产品进行革新，使其在性能或品质上有显著提高的产品。（　　）

35. 换代新产品是指企业对现有产品的结构、品质、功能、款式、花色以及包装等进行突破并加以改进的产品。（　　）

36. 强行关系法是将现有产品的属性一一排列出，然后进行探讨，尝试改良每一种属性的方法，在此基础上形成新的产品创意。（　　）

37. 产品属性排列法首先将产品的重要因素抽象出来，然后具体地分析每一种特性，再形成新的创意。（　　）

38. 头脑风暴法是指产品设计人员通过问卷调查、召开座谈会等方式了解消费者需求，征求科技人员意见，询问技术发明人、专利代理人、大学或企业的实验室、广告代理商等的意见。（　　）

39. 新产品研制主要是指将通过商业分析后的新产品概念交送研究开发部门或技术工艺部门试制成产品模型或样品，同时进行包装的研制和品牌的设计。（　　）

40. 品牌（Brand）是用以识别某个销售者或某群销售者，并使之与竞争对手的产品或服

务区别开来的商业名称及其标志，通常由文字、标记、符号、图案和颜色等要素或这些要素的组合构成。（　　）

41. 品牌化策略是指企业为其产品确定采用品牌，并规定品牌名称、品牌标志，以及向政府工商部门注册登记的一系列业务活动。（　　）

42. 品牌设计是让某一类型的主打商品成为品牌信息的一部分，就如保时捷、法拉利所做的那样，通过产品的个性魅力树立起产品的形象。（　　）

43. 多品牌是指企业对其所生产的不同产品使用不同的品牌(甚至是一品多牌)。（　　）

44. 复合品牌策略是指对同一种产品赋予其两个或两个以上的品牌，多牌共推一品，不仅集中了一品一牌策略的优点，而且还有增加宣传效果等作用。（　　）

45. 包装是商品生产的继续，商品只有经过包装才能进入流通领域，实现其价值和使用价值。（　　）

46. 包装标志是指附着或系挂在产品销售包装上的文字、图形、雕刻以及印制的说明。（　　）

47. 运输包装又称外包装，主要目的是保护产品在运输过程中的品质安全和数量完整，是产品在储存、识别、装卸和运输时所必需的包装。（　　）

48. 复用包装策略是指按照消费习惯，将几种或多种有关联的不同商品集中装于一个包装物中。（　　）

49. 分类包装策略指根据消费者购买目的不同，对同一产品采用不同的包装，即精包装，简包装等。（　　）

50. 等级包装策略指的是企业对自己生产经营的不同质量等级的产品分别设计和使用不同的包装，便于消费者选择。（　　）

二、单项选择题(请在下列每小题中选择一个最合适的答案)

1. 企业在考虑营销组合策略时，首先需要确定生产经营什么产品来满足（　　）的需要。
A. 消费者　　　　B. 社会　　　　C. 目标市场　　　　D. 顾客

2. 消费者购买产品其实质是为了（　　）。
A. 满足某种需要　　B. 获得产品　　C. 获得功能　　D. 提高生活水平

3. 产品组合的宽度是指产品组合中所拥有（　　）的数目。
A. 产品项目　　　B. 产品种类　　C. 产品线　　　D. 产品品牌

4. 产品组合的长度是指（　　）的总数。
A. 产品项目　　　B. 产品品种　　C. 产品规格　　D. 产品品牌

5. 产品组合的（　　）是指一条产品线中所含产品项目的多少。
A. 长度　　　　　B. 深度　　　　C. 宽度　　　D. 关联度

6. 产品生命周期由（　　）的生命周期所决定。
A. 企业与市场　　B. 质量与价格　　C. 需求与技术　　D. 促销与服务

7. 导入期选择快速掠取策略主要是针对目标消费者的（　　）。
A. 求名心理　　　B. 求实心理　　C. 求美心理　　D. 求新心理

8. 成长期营销人员促销策略的主要目标是在消费者心目中建立（　　)争取新的顾客。
A. 产品外观　　　B. 产品质量　　C. 产品信誉　　D. 品牌偏好

9. 大多数企业开发新产品是改进现有产品而非创造（　　）。

A. 换代产品   B. 全新产品   C. 产品信誉   D. 仿制产品

10. 期望产品是指购买者在购买产品时，期望得到与（   ）密切相关的一整套属性和条件。

A. 服务   B. 质量   C. 产品   D. 用途

11. 以下说法正确的是（   ）。

A. 某一产品在不同市场中所处的生命周期阶段是相同的

B. 产品生命周期是指产品的使用寿命

C. 每个产品都必然经历导入期、成长期、成熟期、衰退期四个阶段

D. 不同的产品可能有着完全不同的生命周期

12. 宝洁公司在中国市场上推出的洗发水有"海飞丝""飘柔""潘婷""沙宣""伊卡璐"等，这种品牌运营策略是（   ）。

A. 统一品牌   B. 分类品牌   C. 多品牌   D. 单一品牌

13. 产品整体概念中最重要的部分是（   ）。

A. 核心产品   B. 形式产品   C. 延伸产品   D. 潜在产品

14. 某服装企业原来只生产高档服装，后来规模扩大，开始增加生产中档和低档服装，这种产品组合策略属于（   ）。

A. 向上延伸   B. 向下延伸   C. 双向延伸   D. 缩减延伸

15. 企业获取利润的黄金时期是（   ）。

A. 产品的导入期   B. 产品的成长期   C. 产品的成熟期   D. 产品的衰退期

16. 企业产品组合的衡量指标，通常使用（   ）。

A. 产品数量和质量   B. 长度、宽度、深度和关联度

C. 企业拥有的产品线   D. 企业拥有的产品项目

17. 在产品的导入期，如果市场规模较小、产品已有一定的知名度、目标消费者愿意支付高价、潜在竞争的威胁不大，则企业宜采用（   ）。

A. 快速掠取策略   B. 缓慢掠取策略   C. 快速渗透策略   D. 缓慢渗透策略

18. 由黑白电视机发展为彩色电视机，这样的产品属于（   ）。

A. 全新产品   B. 仿制新产品   C. 改进新产品   D. 换代新产品

19. 非渴求商品是指消费者不了解或即便了解也（   ）的产品。

A. 很想购买   B. 不想购买   C. 渴求购买   D. 即刻购买

20. 企业为了提高新产品开发的成功率，必须建立科学的开发管理程序，通常新产品开发流程的第一步工作是（   ）。

A. 新产品研制   B. 商业分析   C. 寻求创意   D. 筛选构思

21. （   ）是市场营销组合中最重要，也是最基本的因素。

A. 产品   B. 服务   C. 企业   D. 消费者

22. 产品最基本的层次是（   ）。

A. 期望产品   B. 形式产品   C. 延伸产品   D. 核心产品

23. 企业各产品线的产品项目总和就是（   ）。

A. 产品组合的长度   B. 产品组合的宽度

C. 产品组合的深度   D. 产品组合的关联度

24. 采取高价格的同时，配合大量的宣传推销活动，把新产品推入市场。这种策略是（　　）。

　　A. 快速掠取策略　　B. 缓慢掠取策略　　C. 快速渗透策略　　D. 缓慢渗透策略

25. 在采用高价格的同时不做出大的促销努力，高价格的目的在于能及早收回投资，获取利润。这种策略是（　　）。

　　A. 快速掠取策略　　B. 缓慢掠取策略　　C. 快速渗透策略　　D. 缓慢渗透策略

26. 在采用低价格的同时做出巨大的促销努力。这种策略是（　　）。

　　A. 快速掠取策略　　B. 缓慢掠取策略　　C. 快速渗透策略　　D. 缓慢渗透策略

27. 在新产品进入市场时采取低价格，同时不做大的促销努力。这种策略是（　　）。

　　A. 快速掠取策略　　B. 缓慢掠取策略　　C. 快速渗透策略　　D. 缓慢渗透策略

28. 各销售渠道基本呈饱和状态，增长率缓慢上升，有少数后续的购买者继续进入市场。这一时期属于（　　）。

　　A. 成长成熟期　　B. 稳定成熟期　　C. 衰退成熟期　　D. 快速成熟期

29. 由于市场饱和，消费平稳，产品销售稳定，销售增长率一般只与购买者人数成比例，如无新购买者则增长率停滞或下降。这一时期属于（　　）。

　　A. 成长成熟期　　B. 稳定成熟期　　C. 衰退成熟期　　D. 快速成熟期

30. 销售水平开始下降，原有顾客的兴趣已经开始转向其他产品或替代品。这一时期属于（　　）。

　　A. 成长成熟期　　B. 稳定成熟期　　C. 衰退成熟期　　D. 快速成熟期

31. 市场多元化策略，即寻求新用户、开发新市场。这一策略属于（　　）。

　　A. 市场改良策略　　B. 产品改良策略　　C. 营销组合策略　　D. 快速渗透策略

32. （　　）又称为"产品再推出"，是指改进产品的品质或服务后再次投入市场，以扩大产品的销售量。

　　A. 市场改良策略　　B. 产品改良策略　　C. 营销组合策略　　D. 快速渗透策略

33. 通过综合运用价格、渠道、促销等营销组合因素来刺激产品销售量的回升，尽量延长产品的成熟期。这一策略是（　　）。

　　A. 市场改良策略　　B. 产品改良策略　　C. 营销组合改良策略　　D. 快速渗透策略

34. 下列哪一阶段的营销目标是创造产品知名度？（　　）

　　A. 导入期　　B. 成长期　　C. 成熟期　　D. 衰退期

35. 下列哪一阶段的营销目标是建立产品美誉度？（　　）

　　A. 导入期　　B. 成长期　　C. 成熟期　　D. 衰退期

36. 下列哪一阶段的营销目标是建立品牌忠诚度？（　　）

　　A. 导入期　　B. 成长期　　C. 成熟期　　D. 衰退期

37. 下列哪一阶段的营销目标是榨取利益重组资源？（　　）

　　A. 导入期　　B. 成长期　　C. 成熟期　　D. 衰退期

38. （　　）是企业运用新工艺、新材料、新技术制造出来的。

　　A. 全新产品　　B. 换代新产品　　C. 改进新产品　　D. 仿制新产品

39. 将现有产品的属性一一排列出，然后进行探讨，尝试改良每一种属性的方法，在此基础上形成新的产品创意。该方法是（　　）。

A. 产品属性排列法　B. 强行关系法　　　C. 多角分析法　　　　D. 头脑风暴法

40. 先列举若干不同的产品，然后把某一产品与另一产品或者几种产品强行结合起来，产生一种新的构思。这一方法是（　　）。

A. 产品属性排列法　B. 强行关系法　　　C. 多角分析法　　　　D. 头脑风暴法

41. 首先将产品的重要因素抽象出来，然后具体地分析每一种特性，再形成新的创意。这一方法是（　　）。

A. 产品属性排列法　B. 强行关系法　　　C. 多角分析法　　　　D. 头脑风暴法

42. 将若干名有见解的专业人员或发明家集中在一起开讨论会（一般以不超过 10 人为宜），会前提出若干问题并给予时间准备；会上让其畅所欲言，彼此激励，相互启发，提出种种设想和建议；会后经过分析归纳，便可形成新产品构思。这一方法是（　　）。

A. 产品属性排列法　B. 强行关系法　　　C. 多角分析法　　　　D. 头脑风暴法

43. 产品设计人员通过问卷调查、召开座谈会等方式了解消费者需求，征求科技人员意见，询问技术发明人、专利代理人、大学或企业的实验室、广告代理商等的意见。这一方法是（　　）。

A. 产品属性排列法　B. 强行关系法　　　C. 多角分析法　　　　D. 征求意见法

44. （　　）代表着销售者对交付给消费者的产品特征、利益和服务的一贯性承诺。

A. 质量　　　　　　B. 服务　　　　　　C. 品牌　　　　　　D. 文化

45. 波士顿矩阵一般以市场增长率多少为基准？（　　）

A. 5%　　　　　　B. 10%　　　　　　C. 15%　　　　　　D. 20%

46. （　　）是指核心产品借以实现的形式或者目标市场对某一需求的特定满足形式。

A. 形式产品　　　　B. 核心产品　　　　C. 期望产品　　　　D. 延伸产品

47. （　　）是由活动、利益或满足组成的用于出售的一种产品形式。

A. 服务　　　　　　B. 产品　　　　　　C. 商品　　　　　　D. 包装

48. （　　）是指大多数购买者已经接受该产品，市场销售额缓慢增长或开始下降的阶段。

A. 导入期　　　　　B. 成长期　　　　　C. 成熟期　　　　　D. 衰退期

49. （　　）是指该产品在市场上迅速为顾客所接受、销售额迅速上升的阶段。

A. 导入期　　　　　B. 成长期　　　　　C. 成熟期　　　　　D. 衰退期

50. （　　）是让某一类型的主打商品成为品牌信息的一部分，如保时捷、法拉利汽车，通过产品的个性魅力树立起产品的形象。

A. 品牌设计　　　　B. 品牌定位　　　　C. 品牌延伸　　　　D. 品牌防御

三、多项选择题（下列各小题有两个或两个以上的正确答案，请准确选出全部正确答案）

1. 从产品整体概念出发，产品层次可分为（　　）。

A. 核心产品　　B. 形式产品　　C. 期望产品　　D. 延伸产品　　E. 潜在产品

2. 根据销售额和利润额的变化，企业通常将产品生命周期划分为（　　）。

A. 研发期　　　B. 导入期　　　C. 成长期　　　D. 成熟期　　　E. 衰退期

3. 品牌对营销者的作用主要表现在（　　）。

A. 树立企业形象　　　　　　B. 促进产品销售　　　　　　C. 保护合法权益

D. 约束不良行为　　　　　　　　E. 扩大产品组合

4. 产品组合的变量主要包括(　　　)。

A. 适应度　　　　B. 长度　　　　C. 关联度　　　　D. 宽度　　　　E. 深度

5. 快速渗透策略指的是企业以(　　　)来推出新产品。

A. 低价格　　　　B. 高价格　　　　C. 低促销　　　　D. 高促销　　　　E. 高品质

6. 产品可以依据其耐用性和是否有形进行分类,大致可以分为(　　　)三类。

A. 高档消费品　　B. 耐用品　　　　C. 劳务　　　　D. 低档消费品　　E. 非耐用品

7. 对于产品生命周期衰退期阶段的产品,可供选择的市场营销策略有(　　　)。

A. 集中策略　　　B. 扩张策略　　　C. 维持策略　　　D. 竞争策略　　　E. 榨取策略

8. 产品生命周期中的成长期阶段,主要的营销目的是(　　　)。

A. 扩大市场占有率　　　　　　　B. 延长产品成长期　　　　　　C. 建立企业的信誉

D. 获取最大的效益　　　　　　　E. 尽可能长久保持销售利润进一步增长

9. 产品线延伸的具体方式主要有(　　　)。

A. 向上延伸　　　B. 双向延伸　　　C. 单向延伸　　　D. 立体延伸　　　E. 向下延伸

10. 新产品构思的来源是多方面的,主要包括(　　　)。

A. 经销商　　　　　　　　　　　B. 消费者　　　　　　　　　　C. 竞争者

D. 企业营销人员　　　　　　　　E. 企业高级管理人员

11. 消费品类可分为(　　　)。

A. 便利品　　　　B. 选购品　　　　C. 特殊品　　　　D. 非渴求品　　　E. 廉价品

12. 产业用品类可分为(　　　)。

A. 材料与部件　　B. 资本项目　　　C. 商业用品　　　D. 供应品　　　　E. 商业服务

13. 产品组合是指企业提供给市场的全部(　　　)的组合或结构,即企业的业务经营范围。

A. 产品线　　　　B. 产品花色　　　C. 产品项目　　　D. 产品宽度　　　E. 产品长度

14. 产品组合的深度是指产品项目中每一个品牌所含不同(　　　)的产品数目的多少。

A. 花色　　　　　　　B. 价格　　　　　　　C. 规格　　　　　　　D. 质量

15. 扩大产品组合策略的优点主要有(　　　)。

A. 可以充分利用企业的人力、物力和财力资源

B. 减少企业受市场需求变动的影响,分散市场风险,降低损失

C. 更好地满足不同偏好消费者的各种需求,提高产品市场占有率,并提高企业的声誉

D. 避免企业资源的浪费,提高企业经营效果

16. 产品组合的缩减是指通过减少(　　　),即删减产品线或紧缩产品线来实现。

A. 宽度　　　　　　　B. 数量　　　　　　　C. 质量　　　　　　　D. 长度

17. 缩短产品组合策略的优点是(　　　)。

A. 集中技术资源改进保留的产品线,便于降低成本,提高竞争力

B. 有利于市场经营的专业化,提高生产效率

C. 降低成本,使企业向纵深方向发展,寻求合适的目标市场

D. 减少资金占用率,加速资金周转

18. 波士顿矩阵利用企业产品的(　　　)为参数,分析企业各产品目前的状况,通过产

品的优化组合来实现企业现金流量的平衡。

A. 相对市场占有率　B. 长度　　　　　　C. 宽度　　　　　　　D. 市场增长率

19. 明星类产品是(　　)。

A. 高增长率　　　　B. 低增长率　　　　C. 高市场份额　　　D. 低市场份额

20. 问题类产品是(　　)。

A. 高增长率　　　　B. 低增长率　　　　C. 高市场份额　　　D. 低市场份额

21. 金牛类产品是(　　)。

A. 高增长率　　　　B. 低增长率　　　　C. 高市场份额　　　D. 低市场份额

22. 瘦狗类产品是(　　)。

A. 高增长率　　　　B. 低增长率　　　　C. 高市场份额　　　D. 低市场份额

23. 产品生命周期分为(　　)。

A. 导入期　　　　　B. 成熟期　　　　　C. 成熟期　　　　　D. 衰退期

24. 产品组合的关联度是指一个企业的各条产品线在(　　)等方面的相关联程度。

A. 最终用途　　　　B. 生产条件　　　　C. 分销渠道　　　　D. 长度

25. 全新产品是指企业运用(　　)制造出来的产品。

A. 新工艺　　　　　B. 新材料　　　　　C. 新技术　　　　　D. 新设备

26. 换代新产品是指其在(　　)上有显著提高的产品。

A. 性能　　　　　　B. 质量　　　　　　C. 品质　　　　　　D. 材料

27. 获取现成的新产品有什么途径?(　　)

A. 联合经营　　　　B. 购买专利　　　　C. 特许经营　　　　D. 独立研制

28. 寻求新产品创意的主要方法有(　　)。

A. 产品属性排列法　B. 强行关系法　　　C. 多角分析法　　　D. 头脑风暴法

E. 征求意见法

29. 新产品开发中构思的筛选应遵循哪些标准?(　　)

A. 市场的条件　　　B. 企业内部条件　　C. 销售条件　　　　D. 利润收益条件

30. 新产品开发的趋势是什么?(　　)

A. 高科技产品　　　　　　　　　　　　B. 绿色产品

C. 大规模定制模式下的个性化产品　　　D. 多功能产品

31. 为了深刻揭示品牌的含义,应从以下几个方面进行分析?(　　)

A. 属性　B. 利益　C. 价值　D. 文化　E. 个性　　F.消费者

32. 品牌给消费者带来的益处是(　　)。

A. 便于消费者辨认、识别所需商品　　　B. 有助于消费者选购商品

C. 维护消费者利益　　　　　　　　　　D. 促进产品改良

E. 约束企业的不良行为

33. 品牌设计的基本原则主要有(　　)。

A. 简洁醒目,易读易记　　　　　　　　B. 构思巧妙,暗示属性

C. 富蕴内涵,情意浓重　　　　　　　　D. 尊重文化传统,彰显个性

34. 品牌归属策略有哪几种?(　　)

A. 制造商品牌　　　　　　　　　　　　B. 中间商品牌

C. 制造商品牌与中间商品牌混合使用　　D. 消费者品牌

35. 如何有效实行品牌防御策略?（　　）

A. 注册商标　　B. 扩大影响力　　C. 加大市场占有率　　D. 注册互联网域名

36. 包装标志主要有哪几种?（　　）

A. 运输标志　　B. 提醒标志　　C. 指示性标志　　D. 警告性标志

37. 包装的元素是指哪些?（　　）

A. 包装标志　　B. 包装标签　　C. 指示性标志　　D. 警告性标志

38. 产品包装主要包括（　　）。

A. 运输包装　　B. 销售包装　　C. 大包装　　D. 小包装

39. 包装的作用有哪些?（　　）

A. 吸引注意,促进销售　　　　　　B. 保护商品

C. 便于储运　　　　　　　　　　D. 创新产品,增加盈利

40. 新产品试销成功后,就可以正式批量生产,全面推向市场,但必须预先做好（　　）决策。

A. 投放时机　　B. 投放区域　　C. 目标市场　　D. 营销组合

41. 营销组合改良,即通过综合运用（　　）等营销组合因素来刺激产品销售量的回升,尽量延长产品的成熟期。

A. 价格　　B. 渠道　　C. 产品　　D. 促销

42. 新产品的类型主要有哪些?（　　）

A. 全新产品　　B. 换代新产品　　C. 改进新产品　　D. 仿制新产品

E. 重新定位新产品　　　　　　F. 新品牌产品

43. 产品生命周期的形态主要有（　　）。

A. 正态分布曲线　　　　B. 再循环形态　　　　C. 多循环形态

D. 非循环形态　　　　　E. 非连续循环形态

四、名词解释(请用简洁规范的语言描述下列概念)

1. 产品整体概念　2. 产品组合　3. 产品生命周期　4. 形式产品　5. 延伸产品
6. 核心产品　7. 新产品　8. 品牌　9. 期望产品　10. 潜在产品　11. 产品组合的宽度
12. 产品项目　13. 强行关系法　14. 产品属性排列法　15. 品牌设计

五、简答题(简要回答下列各小题的知识要点)

1. 简述产品整体概念的含义。

2. 简述什么是产品生命周期。对处于成长期的产品可以采取的市场营销策略有哪些?

3. 简述新产品的概念及企业开发新产品的必要性。

4. 简述品牌的概念及其主要作用。

5. 简述包装策略的主要类型。

6. 简述品牌统分策略。

7. 简述衰退期的市场特点。

8. 简述新产品开发方式。

9. 简述寻求新产品创意的主要方法。

10. 简述新产品开发程序。

六、论述题（详细回答下列各小题，并阐述自己的观点）

1. 论述产品生命周期理论的主要内容及其对企业营销活动的启示。

2. 论述什么是波士顿矩阵。对于该模型中的不同类别产品，企业可以选择的投资策略主要包括哪几种？

3. 论述产品生命周期理论的重要意义。

4. 论述导入期的市场特点。

5. 试论述品牌重新定位策略。

【参考答案要点】

一、判断题

1. ×　理由：企业制定营销组合策略，首先必须决定发展什么样的产品来满足目标市场需求。

2. ×　理由：产品种类、产品品牌和产品品种的生命周期是各不相同的。

3. ×　理由：产品生命周期与产品使用寿命是不相同的。

4. √

5. √

6. ×　理由：产品组合的长度是指产品项目的总和。

7. √

8. ×　理由：产品生命周期由需求与技术的生命周期所决定。

9. √

10. √

11. ×　理由：只要是能提供给市场选择和消费，并能满足某种欲望和需要的任何有形实体或无形体的服务均为产品。

12. ×　理由：核心产品又称为实质产品，是指产品能向消费者提供的基本效用或利益。这是产品最基本的层次，是满足消费者需要的核心内容。

13. ×　理由：产品整体概念体现了以消费者需求为中心的市场营销观念，指明了产品是有形特征和无形特征构成的综合体，对企业经营有着重大的意义。

14. √

15. √

16. √

17. ×　理由：便利品是指那些消费者通常频繁购买、即买即用、购买时几乎不需要花费太多精力去比较的商品

18. √

19. √

20. ×　理由：产品项目是指某一品牌或产品大类中不同尺码、规格、外观及其他属性的具体产品。

21. √

22. √

23. ×　理由：产品组合的深度是指产品项目中每一个品牌所含不同花色、规格、质量的产品数目的多少。

24. ×　理由：产品组合的关联度是指一个企业的各条产品线在最终用途、生产条件、分销渠道等方面的相关联程度。

25. ×　理由：增加产品组合的长度是指在原有产品线中增加产品项目，又称之为产品线的延伸策略。

26. √

27. √

28. √

29. √

30. √

31. √

32. √

33. √

34. ×　理由：换代新产品是指企业在市场已有产品的基础上，采用或部分采用新技术、新材料对产品进行革新，使其在性能或品质上有显著提高的产品。

35. ×　理由：改进新产品是指企业对现有产品的结构、品质、功能、款式、花色以及包装等进行突破并加以改进的产品。

36. ×　理由：产品属性排列法是将现有产品的属性一一排列出，然后进行探讨，尝试改良每一种属性的方法，在此基础上形成新的产品创意。

37. ×　理由：多角分析法首先将产品的重要因素抽象出来，然后具体地分析每一种特性，再形成新的创意。

38. ×　理由：征集意见法是指产品设计人员通过问卷调查、召开座谈会等方式了解消费者需求，征求科技人员意见，询问技术发明人、专利代理人、大学或企业的实验室、广告代理商等的意见。

39. √

40. √

41. √

42. √

43. √

44. √

45. √

46. ×　理由：包装标签是指附着或系挂在产品销售包装上的文字、图形、雕刻以及印制的说明。

47. √

48. ×　理由：配套包装策略是指按照消费习惯，将几种或多种有关联的不同商品集中装于一个包装物中。

49. √

50. √

二、单项选择题

1. C　2. A　3. C　4. A　5. A　6. C　7. D　8. D　9. B　10. C　11. D　12. C
13. A　14. B　15. C　16. B　17. B　18. D　19. B　20. C　21. A　22. D　23. A
24. A　25. B　26. C　27. A　28. A　29. B　30. C　31. A　32. B　33. C　34. A
35. B　36. C　37. D　38. A　39. A　40. B　41. C　42. D　43. D　44. C　45. B
46. A　47. A　48. C　49. B　50. A

三、多项选择题

1. ABCDE　2. BCDE　3. ABCDE　4. BCDE　5. AD　6. BCE　7. ACE　8. ACE
9. ABE　10. ABCDE　11. ABCD　12. ABDE　13. AC　14. ACD　15. ABCD
16. AD　17. ABCD　18. AD　19. AC　20. AD　21. BC　22. BD　23. ABCD
24. ABC　25. ABC　26. AC　27. ABC　28. ABCDE　29. ABCD　30. ABCD
31. ABCDEF　32. ABCD　33. ABCD　34. ABC　35. AD　36. ACD　37. AB　38. AB
39. ABCD　40. ABCD　41. ABD　42. ABCDEF　43. ABCE

四、名词解释

1. 产品整体概念可用核心产品、形式产品、期望产品、延伸产品和潜在产品五个层次来表达。

2. 产品组合是指企业生产或销售的全部产品线和产品项目的组合，是企业全部产品的构成，反映了企业的业务经营范围。

3. 产品生命周期是指一种产品从研制成功投放市场到被淘汰出市场所经历的全部时间和过程。它经历了导入期、成长期、成熟期和衰退期。

4. 形式产品是指核心产品借以实现的形式或者目标市场对某一需求的特定满足形式。

5. 延伸产品又称为附加产品，是指消费者购买产品时所获得的全部附加利益与服务，包括送货、安装、使用指导、包退包换、维修保养、售后服务等。

6. 核心产品又称为实质产品，是指产品能向消费者提供的基本效用或利益。

7. 新产品是指凡是在产品整体概念中的任何一个部分有所创新、改革或改变，能够给消费者带来新的利益和满足的产品。

8. 品牌是用以识别某个销售者或某群销售者，并使之与竞争对手的产品或服务区别开来的商业名称及其标志，通常由文字、标记、符号、图案和颜色等要素或这些要素的组合构成。

9. 期望产品是指消费者在购买产品时期望得到的与产品密切相关的一整套的属性和条件。

10. 潜在产品是指最终可能实现的与现有产品相关的未来可提供给消费者的增值性产品。

11. 产品组合的宽度是指一个企业的产品大类，即产品线总和。

12. 产品项目是指某一品牌或产品大类中不同尺码、规格、外观及其他属性的具体产品。

13. 强行关系法是指先列举若干不同的产品，然后把某一产品与另一产品或者几种产品强行结合起来，产生一种新的构思。

14. 产品属性排列法是指将现有产品的属性一一排列出，然后进行探讨，尝试改良每一种属性的方法，在此基础上形成新的产品创意。

15. 品牌设计是让某一类型的主打商品成为品牌信息的一部分，就如保时捷、法拉利汽车所做的那样，通过产品的个性魅力树立起产品的形象。

五、简答题

1. 产品整体概念的含义为：

产品可分为核心产品、形式产品、期望产品、延伸产品和潜在产品五个层次。核心产品又称为实质产品，是指产品能向消费者提供的基本效用或利益。形式产品是指核心产品借以实现的形式或者目标市场对某一需求的特定满足形式。期望产品是指消费者在购买产品时期望得到的与产品密切相关的一整套的属性和条件。潜在产品是指最终可能实现的与现有产品相关的未来可提供给消费者的增值性产品。延伸产品，又称为附加产品，是指消费者购买产品时所获得的全部附加利益与服务，包括送货、安装、使用指导、包退包换、维修保养、售后服务等。

2. 产品生命周期指产品从投放市场到被淘汰出市场所经历的全部时间。它经历了导入期、成长期、成熟期和衰退期。

对处于成长期的产品可以采取的市场营销策略有：

（1）根据消费者需求和其他市场信息，不断提高产品质量，努力发展产品的新款式、新型号，增加产品的新用途。

（2）加强促销环节，树立强有力的产品形象。促销策略的重心应从建立产品知名度转移到树立产品形象，主要目标是建立品牌偏好，争取新的消费者。

（3）重新评价渠道选择决策，巩固原有销售渠道，增加新的销售渠道，开拓新的市场。

（4）选择适当的时机调整价格，以争取更多的消费者。

3. 新产品是指凡是在产品整体概念中的任何一个部分有所创新、改革或改变，能够给消费者带来新的利益和满足的产品。

企业开发新产品的必要性：产品生命周期理论总结了企业的产品进入市场后的发展变化规律，揭示了任何产品都有其有限的生命周期，因此，不断开发新产品，引导和满足消费者变化的需求是企业生存和发展的动力来源。

4. 品牌是用以识别某个销售者或某群销售者，并使之与竞争对手的产品或服务区别开来的商业名称及其标志，通常由文字、标记、符号、图案和颜色等要素或这些要素的组合构成。

品牌的主要作用分为品牌对营销者的作用及品牌给消费者带来的益处。

品牌对营销者的重要作用：

（1）品牌有助于促进产品销售，树立企业形象。

（2）品牌有利于保护品牌所有者的合法权益。

（4）品牌有助于扩大产品组合。

（3）品牌有利于约束企业的不良行为。

品牌给消费者带来的益处：

（1）品牌便于消费者辨认、识别所需商品，有助于消费者选购商品。

（2）品牌有助于维护消费者利益。

（3）品牌有利于促进产品改良，有益于消费者。

5. 包装策略的主要类型：（1）类似包装策略。（2）等级包装策略。（3）分类包装策略。（4）配套包装策略。（5）复用包装策略。（6）赠品包装策略。（7）更新包装策略。

6. 品牌统分策略分为统一品牌、分类品牌、多品牌、复合品牌策略。复合品牌策略一般又分为：主副品牌策略和品牌联合策略。

7. 简述衰退期的市场特点：

（1）产品销售量由缓慢下降变为迅速下降，消费者的兴趣已经完全转移。

（2）价格已经下降到最低水平。

（3）多数企业无利可图，被迫退出市场。

（4）留在市场上的企业逐渐减少产品附带服务、削减促销预算等以维持最低水平的经营。

8. 新产品开发方式有：

（1）自己开发：① 独立研制。② 协约开发。

（2）获取现成的新产品：① 联合经营。② 购买专利。③ 特许经营。

9. 寻求新产品创意的主要方法有：（1）产品属性排列法。（2）强行关系法。（3）多角分析法。（5）征集意见法。（4）头脑风暴法。

10. 新产品开发程序为：（1）寻求创意。（2）筛选构思。（3）新产品概念的形成与测试。（4）初拟营销计划。（5）商业分析。（6）新产品研制。（7）市场试销。（8）商业性投放。

六、论述题

1. 产品生命周期是指一种产品从研制成功投放市场开始，直到被市场淘汰为止所经历的全部时间和过程。产品生命周期由需求与技术的生命周期所决定，因为任何产品都只是作为满足特定需要或解决问题的特定方式而存在的。

导入期的市场营销策略：（1）快速掠取策略。（2）缓慢掠取策略。（3）快速渗透策略。（4）缓慢渗透策略。

成长期的市场营销策略：（1）根据顾客需求和其他市场信息，不断提高产品质量，努力发展产品的新款式、新型号，增加产品的新用途。（2）加强促销环节，树立强有力的产品形象。促销策略的重心应从建立产品知名度转移到树立产品形象，主要目标是建立品牌偏好，争取新的消费者。（3）重新评价渠道选择决策，巩固原有销售渠道，增加新的销售渠道，开拓新的市场。（4）选择适当的时机调整价格，以争取更多的消费者。

成熟期的市场营销策略：（1）市场改良策略。（2）产品改良策略。（3）营销组合改良。

衰退期的市场营销策略：（1）集中策略。（2）维持策略。（3）榨取策略。（4）放弃策略。

2. 波士顿矩阵（BCG矩阵）是波士顿咨询集团于20世纪70年代初期开发的一种分析多元化公司产品组合的技术工具。它利用企业产品的相对市场占有率和市场增长率为参数，分析企业各产品目前的状况，通过产品的优化组合来实现企业现金流量的平衡。

（1）问题类（Question Marks，高增长率，低市场份额）产品：企业应该根据自身的资源和能力，确定是否投以大量的资金，确保其成为明星类产品，否则应予以保留或放弃。

（2）明星类（Stars，高增长率，高市场份额）产品：这取决于企业在市场增长期间是保持不断的投入、提高产量和销量以维持甚至提高市场份额，还是急于获得利润。

（3）金牛类（Cash Cows，低增长率，高市场份额）产品：企业应该保持稳健的生产方式和营销手段，以较低的投入创造较高的产出，取得高额的利润。金牛类产品是企业利润的主要来源。

（4）瘦狗类（Dogs，低增长率，低市场份额）产品：一般不应大量投入，而应该采取适当保持、收缩或放弃的方案。

3. 产品生命周期是市场营销的基本理论，对企业具有重要的指导意义，主要体现在四个方面：

（1）产品的生命是有限的。市场上的任何产品的生命都是有限的，总有一天要淘汰出市场。但是对产品经营管理的水平直接影响着其在市场上的生命周期。

（2）因为产品的生命有限，从产品组合的角度，企业需要不断地开发新产品，以应对市场的持续变化，才能实现企业的持续发展。

（3）不同阶段的产品有着不同的市场特征，需要有不同的营销策略。只有这样，才可能使营销策略有的放矢，提高市场营销效果。

（4）在产品生命周期的不同阶段，企业需要有不同的财务、生产、采购和人力资源战略，以配合产品的市场竞争。

4. 导入期的市场特点

（1）消费者对该产品不了解，大部分不愿放弃或改变自己以往的消费行为，因此产品的销售量小，而单位产品成本相应较高。

（2）企业尚未建立理想的营销渠道和高效率的分配模式。

（3）价格决策难以确立，高价可能限制购买，低价则可能难以收回成本。

（4）广告费用和其他营销开支较大。

（5）产品的技术、性能还不够完善。

（6）利润较少，甚至出现经营亏损，企业承担的市场风险较大。

5. 品牌重新定位策略又称为再定位策略，是指全部或部分调整或者改良品牌原有市场定位的方法。

企业在进行品牌重新定位决策时，要考虑两个方面的因素：第一，产品品牌从一个市场定位点转移到另一个市场定位点所要支付的成本费用，比如包装费用、宣传推广费等。一般来说，重新定位的距离越远，重新定位费用越高。第二，企业定位于新位置的品牌获利情况。获利多少取决于此市场的顾客数量、平均购买率、竞争者的实力及数量等。企业应对各种品牌重新定位方案进行分析，权衡利弊，从中选优。

第八章 价格策略

一、判断题(请判断下列各小题是否正确,正确的在题后的括号内打"√",错误的打"×",错误的请给出理由)

1. 因为价格是商品价值的表现形式,因此决定商品价格的唯一因素是价值。(   )

2. 产品成本是影响产品价格的基本因素。(   )

3. 企业定价总的要求是追求利润的最大化。(   )

4. 定价是一门科学也是一门艺术。(   )

5. 在产品组合定价策略中,根据补充产品定价原理,制造商经常为主要产品制定较低的价格,而对附属产品制定较高的加成。(   )

6. 当采取认知定价法时,如果企业过高地估计认知价值,便会定出偏低的价格。(   )

7. 在制定价格过程中,现行价格弹性的大小对确保企业实现利润最大化的定价没有影响。(   )

8. 随行就市定价法适用于同质产品。(   )

9. 在完全寡头竞争条件下,当需求有弹性时,一个寡头企业不能通过提价而获利,而当需求缺乏弹性时,一个寡头企业也不能通过降价获利。(   )

10. 产品差异化使购买者对价格差异的存在不甚敏感,因此在异质产品市场上企业有较大的自由度决定其价格。(   )

11. 在销售量和生产或经营成本一定的条件下,价格的高低直接决定了企业盈利的多少。(   )

12. 销售中的折扣价无一例外地遵循单位价格随订购数量的上升而下降这一规律。(   )

13. 从市场营销的实践看,当市场有足够的购买者,且对商品的需求缺乏弹性时,企业往往能成功地实施撇脂定价。(   )

14. 最大利润目标必然要制定高价格。(   )

15. 对于需求价格弹性较大的商品,降低价格导致的损失可以由销量的增加得到补偿,因此企业宜采用薄利多销的策略。(   )

16. 消费者是影响产品价格最直接的因素。(   )

17. 受到供需关系的影响,商品的价格围绕其价格上下波动。(   )

18. 一般情况下,产品价格与市场需求量呈正比例关系。(   )

19. 在完全竞争的市场中,产品的价格是由市场中的供需关系决定的。(   )

20. 不完全垄断是指某种产品的生产和销售完全被一家或少数几家企业独立控制的情况。(   )

21. 一般来说,季节性强的产品的加成率往往较高,特殊品、周转慢的产品、储存或搬运费用高的产品以及需求弹性低的产品加成率较高。(   )

22. 如果某品牌的价格弹性大，其加成率就应该相对高些。（　　　）

23. 目标收益定价法是指企业在保证回收成本的基础上，还要实现一定数额目标收益的定价方法。（　　　）

24. 边际贡献是预计的销售收入减去变动成本后的余额。（　　　）

25. 当边际贡献为零时，产品价格等于变动成本。（　　　）

26. 盈亏平衡点的销售量＝固定成本/（单位产品销售收入－单位产品变动成本）。（　　　）

27. 企业的一切生产经营必须以企业需求为中心，并在产品、价格、分销、促销等方面予以充分体现。（　　　）

28. 认知价值定价法是指根据消费者对本企业所销售商品价值在主观上的判断而实行的定价方法。（　　　）

29. 认知价值定价法的核心问题是掌握消费者对商品的主观判断。（　　　）

30. 以产品为基础的差别定价，比如国内火车站的商店、餐厅向乘客提供商品的价格普遍远高于市内的商店和餐厅。（　　　）

31. 企业在制定价格时，主要以同类竞争对手的定价为依据，而不是过多考虑成本以及市场需求等因素，这就是通常所说的需求导向定价法。（　　　）

32. 竞争导向定价法主要包括随行就市定价法、密封投标定价法、拍卖定价法以及竞争价格定价法。（　　　）

33. 密封投标定价法又称投标竞争定价法，是由一个卖主（或买主）对两个以上相互竞争的潜在买主（或卖主）的密封报价择优成交的定价方法。（　　　）

34. 投标价格是买主根据自己企业的报价估计确定的。（　　　）

35. 最佳报价即为目标利润与中标概率两者的最佳组合。（　　　）

36. 拍卖定价法是指卖方委托拍卖行，以公开叫卖方式引导买方报价，利用买方竞争求购的心理，从中选择高价格成交的一种定价方法。（　　　）

37. 市场有足够的购买者，他们的需求缺乏弹性，对价格不敏感，即使价格定得很高，需求也不会大量减少，宜采用渗透定价法。（　　　）

38. 企业为了鼓励买方及早付清货款、大量购买、淡季购买，可酌情降低其基本价格，这种价格调整称之为价格折扣。（　　　）

39. 回扣是直接折扣的一种形式。（　　　）

40. 津贴是间接折扣的一种形式。（　　　）

41. 声望定价是一种利用企业或产品的知名度，给产品制定一个较高价格的一种定价方法。（　　　）

42. 撇脂定价是指零售商利用部分消费者求廉的心理，特意将某几种商品的价格定得很低以吸引消费者。（　　　）

43. 整数定价是将产品价格采取合零凑整的办法，企业有意将产品的价格定为整数，以显示产品具有一定质量，这样给人以高档的感觉。（　　　）

44. 产品线定价策略是指根据产品线内的不同产品，由于它们的价值相差不大或属于同一型号但质量稍有不同，企业有意识地专门制定不同的价格。（　　　）

45. 企业将原本可以以整体形式销售的产品分拆开来出售，并对不同的产品组件单独定价，这些分拆开来的产品组件在功能上往往具有一定的互补性，这就是补充产品定价策

略。（　　）

46. 在很多健身俱乐部，消费者不仅要支付一定的门票费或入会费，还要为他们所得到的服务项目付费，这是选择品定价策略。（　　）

47. 产品系列定价是指将两种或两种以上的产品或服务作为一个整体包，以一个特别优惠的价格卖给消费者。（　　）

48. 由于通货膨胀，货币贬值，产品的市场价格低于其价值，迫使企业不得不通过涨价的形式来减少因货币的贬值所带来的损失。（　　）

49. 企业降价可采用明降和暗降两种方式实现。明降包括赠送样品和优惠券等。暗降方式有数量折扣、现金折扣、津贴等形式。（　　）

50. 成本导向定价法分为成本加成定价法、目标收益定价法、边际成本定价法、盈亏平衡定价法。（　　）

二、单项选择题（请在下列每小题中选择一个最合适的答案）

1. 中国电信规定每日 21:00—24:00 拨打国内长途电话半价收费，这种定价属于（　　）。
   A. 成本加成策略　　B. 差别定价策略　　C. 心理定价策略　　D. 组合定价策略

2. 准确计算产品所提供的全部市场认知价值是（　　）的关键之所在。
   A. 需求差异定价法　B. 认知价值定价法　C. 成本导向定价法　D. 反向定价法

3. 企业利用消费者具有仰慕名牌商品或名店声望所产生的某种心理，对质量不易鉴别的商品的定价最适宜采用（　　）定价法。
   A. 招徕定价法　　　B. 声望定价法　　　C. 反向定价法　　　D. 尾数定价法

4. 当企业生产的系列产品存在需求和成本的内在关联时，为了充分发挥这种内在关联性的积极效应，需要采用（　　）策略。
   A. 补充产品定价　　B. 选择品定价　　　C. 产品大类定价　　D. 分部定价

5. 当产品市场需求富有弹性且生产成本和经营费用随着生产经营经验的增加而下降时，企业便具备了（　　）的可能性。
   A. 撇脂定价　　　　B. 渗透定价　　　　C. 尾数定价　　　　D. 招徕定价

6. 按照单位成本加上一定百分比的加成来制定产品销售价格定价方法称之为（　　）定价法。
   A. 成本加成　　　　B. 目标　　　　　　C. 认知价值　　　　D. 诊断

7. 当企业有意愿和同行和平共处而且自身产品成本的不确定因素又较多时，企业往往会采取（　　）定价方法。
   A. 反向　　　　　　B. 投标　　　　　　C. 诊断　　　　　　D. 随行就市

8. 投标过程中，投标商对其价格的确定主要是依据（　　）制定的。
   A. 对竞争者的报价估计　　　　　　B. 市场需求
   C. 企业自身的成本费用　　　　　　D. 边际成本

9. 企业因竞争对手率先降价而做出跟随竞争对手相应降价的策略主要适用于（　　）市场。
   A. 同质产品市场　　B. 完全竞争　　　　C. 差别产品市场　　D. 寡头

10. 在商业企业，很多商品的定价都不进位成整数，而保留零头。这种心理定价策略称之为（　　）策略。

A. 尾数定价 　　　　B. 习惯定价 　　　　C. 招徕定价 　　　　D. 声望定价

11. 在（　　　）条件下，个别企业无力影响整个市场的产品价格，因而不存在企业制定原有价格的问题。

A. 完全竞争 　　　　B. 垄断竞争 　　　　C. 寡头垄断 　　　　D. 不完全竞争

12. 中国服装设计师李艳萍设计的女士服装以典雅、高贵享誉中外，在国际市场上，一件"李艳萍"牌中式旗袍售价高达 1000 美元。这种定价策略属于（　　　）。

A. 声望定价 　　　　B. 尾数定价 　　　　C. 招徕定价 　　　　D. 需求导向定价

13. 在市场上，经常看到一些商品的定价标为 2.98 元、98 元等。这种定价策略属于（　　　）。

A. 尾数定价 　　　　B. 整数定价 　　　　C. 招徕定价 　　　　D. 声望定价

14. 某家电企业推出了一款新手机，在该款手机上市初期定价较高，以便在短时间内获得较大的利润。这种产品定价策略称为（　　　）。

A. 撇脂定价策略 　　B. 渗透定价策略 　　C. 满意定价策略 　　D. 获利定价策略

15. 商家把某些商品的价格定的低于一般市场价以吸引顾客上门，这属于心理定价策略中的（　　　）。

A. 习惯定价策略 　　B. 声望定价策略 　　C. 低廉定价策略 　　D. 招徕定价策略

16. 为促使消费者早日偿还欠款，以加速企业资金周转所给予的折扣称之为（　　　）。

A. 现金折扣 　　　　B. 交易折扣 　　　　C. 季节折扣 　　　　D. 数量折扣

17. 以下属于竞争导向定价法的是（　　　）。

A. 随行就市定价法 　B. 成本加成定价法 　C. 需求差别定价法 　D. 渗透定价法

18. 以下属于成本导向定价法的是（　　　）。

A. 认知价值定价法 　B. 成本加成定价法 　C. 需求差别定价法 　D. 密封投标定价

19. 企业的产品供不应求，不能满足所有消费者的需要。在这种情况下，企业就必须（　　　）。

A. 降价 　　　　　　B. 维持价格不变 　　C. 提价 　　　　　　D. 降低产品质量

20. 在强大竞争者的压力之下，企业的市场占有率将下降，在这种情况下，企业就需要考虑（　　　）。

A. 提价 　　　　　　B. 不变 　　　　　　C. 降价 　　　　　　D. 大幅提价

21. （　　　）是影响产品价格最直接的因素。

A. 成本 　　　　　　B. 需求 　　　　　　C. 竞争者 　　　　　D. 消费者

22. 在完全竞争的市场中，产品的价格是由市场中的（　　　）决定的。

A. 产品成本 　　　　B. 供需关系 　　　　C. 竞争者 　　　　　D. 消费者心理

23. 国内火车站的商店、餐厅向乘客提供商品的价格普遍远高于市内的商店和餐厅，这是以（　　　）为基础的差别定价。

A. 时间 　　　　　　B. 产品销售地区 　　C. 产品 　　　　　　D. 消费者

24. 在春节、国庆等节假日，也是购物的黄金时期，商品价格比平时会有一些上涨，这是以（　　　）为基础的差别定价。

A. 时间 　　　　　　B. 产品销售地区 　　C. 产品 　　　　　　D. 消费者

25. 在 2008 年北京奥运会举行期间，印有奥运会会徽或吉祥物的 T 恤以及一些相关商品的价格，比其他同类商品的价格要高，这是以（　　　）为基础的差别定价。

  A. 时间   B. 产品销售地区   C. 产品   D. 消费者

  26. 某著名婴儿奶粉企业在宣传时强调其奶粉是真正源自国外，采取了打"进口牌"的推广策略，从公司名称到形象包装，都定位"国际化"，使消费者对该品牌的印象就定位为进口品牌。这采用了什么定价方法？（　　　）

  A. 认知价值定价法   B. 需求差异定价法

  C. 逆向定价法   D. 竞争导向定价法

  27. 某连锁酒店企业对其房价在不同的季节、不同的时间，比如周末、节假日都规定有不同的价格。这采用了什么定价方法？（　　　）

  A. 认知价值定价法   B. 需求差异定价法

  C. 逆向定价法   D. 竞争导向定价法

  28. 许多大宗商品、原材料、成套设备和建筑工程项目最终的买卖和承包价格一般采用什么定价方法？（　　　）

  A. 认知价值定价法   B. 需求差异定价法   C. 逆向定价法   D. 密封投标定价法

  29. 销售合同上写明："2/10，信用净期 30"，表示买方应在 30 日内付清货款，如在 10 日内付清，可折扣 2％。这采用了什么折扣策略？（　　　）

  A. 现金折扣   B. 数量折扣   C. 功能性折扣   D. 季节折扣策略

  30. 购买一瓶饮料为全价，一次性购买一箱饮料给予 9 折优惠，一次性购买 10 箱给予 7 折优惠。这采用了什么折扣策略？（　　　）

  A. 现金折扣   B. 数量折扣   C. 功能性折扣   D. 季节折扣策略

  31. 啤酒生产厂家对在冬季进货的采购商给予大幅让利，羽绒服生产企业则为在夏季购买其商品的客户提供折扣，旅馆、旅行社、航空公司和酒店在经营淡季也会提供季节折扣，这采用了什么折扣策略？（　　　）

  A. 现金折扣   B. 数量折扣   C. 功能性折扣   D. 季节折扣策略

  32. 某商品定价 998 元，其销路可能远远好于定价 1000 元的商品，这采用了什么定价策略？（　　　）

  A. 尾数定价策略   B. 声望定价策略   C. 招徕定价策略   D. 整数定价策略

  33. 炫耀性商品、贵重物品、价格较贵耐用品，比如车、房、名贵礼品等，这适合什么样的定价策略？（　　　）

  A. 尾数定价策略   B. 声望定价策略   C. 招徕定价策略   D. 整数定价策略

  34. 影剧院，虽然不同座位的成本费用都一样，但是不同座位的票价有所不同，这是因为观赏的效果和感觉不同；动车的座位一、二等座票价不同，是其舒适性和便利性决定的。这采用了什么定价策略？（　　　）

  A. 顾客差别定价策略   B. 产品形式差别定价策略

  C. 产品地点差别定价策略   D. 销售时间差别定价策略

  35. 旅游景点对平时、周末以及节假日定的票价会有所不同。这采用了什么定价策略？（　　　）

  A. 顾客差别定价策略   B. 产品形式差别定价策略

  C. 产品地点差别定价策略   D. 销售时间差别定价策略

36. 比如在饭店定价中，一般酒类的价格很高，而食品的价格相对较低。这采用了什么定价策略？（　　）

A. 产品线定价策略　　　　　　　　　　B. 选择品定价策略

C. 单一价格定价策略　　　　　　　　　D. 补充产品定价策略

37. 男士服装店，对某型号的男装制定三种价格：1500 元、2500 元、3500 元，在消费者心目中形成低、中、高三个档次。这采用了什么定价策略？（　　）

A. 产品线定价策略　　　　　　　　　　B. 选择品定价策略

C. 单一价格定价策略　　　　　　　　　D. 补充产品定价策略

38. 店内所有商品无论颜色、大小、款式、档次，价格一律按"十元"或"一元"进行出售。这采用了什么定价策略？（　　）

A. 产品线定价策略　　　　　　　　　　B. 选择品定价策略

C. 单一价格定价策略　　　　　　　　　D. 补充产品定价策略

39. 把剃须刀的价格定得较低，而把配套的刀片价格定得较高。这采用了什么定价策略？（　　）

A. 产品线定价策略　　　　　　　　　　B. 选择品定价策略

C. 单一价格定价策略　　　　　　　　　D. 补充产品定价策略

40. 动物园可以联系有机肥需求商，制定合理价格后把动物的粪便进行销售。这采用了什么定价策略？（　　）

A. 产品线定价策略　　　　　　　　　　B. 选择品定价策略

C. 副产品定价策略　　　　　　　　　　D. 补充产品定价策略

41. 游乐园一般先收门票费，如果游玩的地方超过规定，就再交费，这采用了什么定价策略？（　　）

A. 产品系列定价策略　　　　　　　　　B. 分部定价策略

C. 副产品定价策略　　　　　　　　　　D. 补充产品定价策略

42. 剧场采用预售方式出售月度、季度、年度套票。这采用了什么定价策略？（　　）

A. 副产品定价策略　　　　　　　　　　B. 分部定价策略

C. 产品系列定价策略　　　　　　　　　D. 补充产品定价策略

43. 在垄断竞争和完全竞争的市场结构条件下，企业适合采用什么定价法？（　　）

A. 随行就市定价法　　　　　　　　　　B. 密封投标定价法

C. 拍卖定价法　　　　　　　　　　　　D. 竞争价格定价法

三、多项选择题（下列各小题有两个或两个以上的正确答案，请准确选出全部正确答案）

1. 一般情况下企业可考虑的定价目标主要有（　　）。

A. 利润最大化　　　　B. 销售额最大化　　　　C. 改善形象

D. 获取适度利润　　　E. 市场占有率最大化

2. 影响企业定价的因素主要包括（　　）。

A. 产品成本　　　　　B. 市场需求　　　　　　C. 竞争状况

D. 消费者心理因素　　E. 相关政策法规

3. 价格折扣主要有（　　）。

A. 现金折扣　　　　　　B. 数量折扣　　　　　C. 功能折扣

D. 季节折扣　　　　　　E. 时间折扣

4. 心理定价策略主要有（　　　）。

A. 尾数定价　　　　　　B. 声望定价　　　　　C. 分部定价

D. 招徕定价　　　　　　E. 整数定价

5. 引起企业提价的主要原因有（　　　）。

A. 通货膨胀，物价上涨　　B. 企业市场占有率下降　　C. 产品供不应求

D. 产品生产能力过剩　　　E. 企业成本费用比竞争者低

6. 企业定价方法主要有（　　　）三大类。

A. 效益导向定价法　　　　B. 成本导向定价法　　　C. 需求导向定价法

D. 竞争导向定价法　　　　E. 批量导向定价法

7. 以下不属于提价方法的是（　　　）。

A. 减少折扣　　　　　　　B. 减少赠送品　　　　　C. 增加产品特色服务

D. 增加产品分量，价格不变　E. 使用便宜的材料，价格不变

8. 企业采取渗透定价策略不利于（　　　）。

A. 了解市场反应　　　　　B. 迅速打开销售　　　　C. 取得丰厚的利润

D. 取得价格竞争力　　　　E. 取得价格调整的主动权

9. 以下属于产品组合定价策略的有（　　　）。

A. 产品线定价策略　　　　B. 补充产品定价策略　　C. 产品系列定价策略

D. 选择品定价策略　　　　E. 随行就市定价法

10. 以下属于成本导向定价法的有（　　　）。

A. 目标收益定价法　　　　B. 盈亏平衡定价法　　　C. 逆向定价法

D. 成本加成定价法　　　　E. 边际成本定价法

11. 以下属于需求导向定价法的有（　　　）。

A. 认知价值定价法　　　　　　B. 盈亏平衡定价法

C. 需求差异定价法　　　　　　D. 逆向定价法

12. 以下属于竞争导向定价法的有（　　　）。

A. 随行就市定价法　　　　　　B. 密封投标定价法

C. 拍卖定价法　　　　　　　　D. 竞争价格定价法

13. 企业可采取的定价策略主要有（　　　）。

A. 新产品定价策略　　　　B. 折扣定价策略　　　　C. 心理定价策略

D. 差别定价策略　　　　　E. 产品组合定价策略

14. 以下属于新产品定价法的有（　　　）。

A. 撇脂定价策略　　　　　　　B. 渗透定价策略

C. 竞争价格定价法　　　　　　D. 满意定价策略

15. 产品成本主要由（　　　）构成。

A. 生产成本　　　B. 营销成本　　　C. 储运成本　　　D. 时间成本

16. 采用招徕定价策略，要注意以下哪几点？（　　　）。

A. 使用频率高　　B. 品种多　　　C. 商品数量要多　　D. 降价幅度要大

17. 整数定价策略适用于哪些商品？（　　）

A. 炫耀性商品　　　　　　　　B. 实惠商品　　　　　　　　C. 贵重物品

D. 价格较高的耐用品　　　　　E. 廉价商品

18. 调整价格的方式与技巧主要有（　　）。

A. 提高产品质量　　　　　　　B. 公开真实成本　　　　　　C. 增加产品分量

D. 附送赠品或优惠　　　　　　E. 增加产品的附加服务

19. 企业降价的原因有（　　）。

A. 企业急需回笼大量现金　　　　　　B. 开拓新市场

C. 市场占有率上升　　　　　　　　　D. 出于对中间商要求的考虑

20. 企业明降价有哪些形式？（　　）

A. 赠送样品　　　　B. 现金折扣　　　　C. 实行有奖销售　　　　D. 数量折扣

21. 企业暗降价有哪些形式？（　　）

A. 津贴　　　　　　　　　　　B. 允许顾客分期付款　　　　C. 免费送货上门

D. 提高产品质量　　　　　　　E. 免费技术培训

22. 撇脂定价策略的优点是有利于（　　）。

A. 了解市场反映　　　　　　　　　　B. 取得丰厚的利润

C. 维护和提高产品质量和信誉　　　　D. 迅速打开销路

E. 取得价格调整的主动权

23. 声望定价的适用条件主要有（　　）。

A. 声誉较高　　　　B. 知名度较高　　　　C. 产品线很长　　　　D. 产品线很宽

24. 制造商在商定是否采取直接运送时，必须考虑的因素包括（　　）。

A. 顾客订购量　　　B. 所需运送的成本　　C. 所运送产品的特性　　D. 市场范围的大小

25. 价格变动的主要形式有（　　）两种。

A. 降价　　　B. 重新定价　　　C. 提价　　　D. 进行价格组合　　　E. 新产品定价

26. 只要具备了（　　）条件时，企业就可以考虑通过降低价格来实现市场占有率的提高。

A. 市场对价格反应迟钝

B. 生产与分销的单位成本会随生产经验的积累而下降

C. 市场对价格高度敏感

D. 低价能吓退现有的和潜在的竞争者

E. 产品质量优良

27. 以下哪些商品需求可能缺乏弹性？（　　）

A. 生活必需品　　　　　　B. 奢侈品　　　　　　C. 用途单一　　　　　　D. 用途广泛

28. 当出现（　　）情况时，商品需求可能缺乏弹性。

A. 市场上出现竞争者或替代品

B. 市场上没有竞争者或者没有替代品

C. 购买者改变购买习惯较慢，也不积极寻找较便宜的东西

D. 购买者对较高价格不在意

E. 购买者认为产品质量有所提高，或者认为存在通货膨胀等因素，价格较高是应该的

29. 撇脂定价策略是指企业（　　）推出新产品。

A. 高品质　　　　B. 高促销　　　　C. 低促销　　　　D. 高价格　　　　E. 低价格

30. 快速渗透定价策略是指企业（　　）推出新产品。

A. 高品质　　　　B. 高促销　　　　C. 低促销　　　　D. 高价格　　　　E. 低价格

31. 企业使用成本加成定价法要注意的方面有哪些？（　　）

A. 产品不同，加成率也不同　　　　　　　　　　B. 价格弹性差异

C. 企业的预期利润　　　　　　　　　　　　　　D. 消费者心理

32. 使用目标收益定价法定价应注意（　　）。

A. 明确所要实现的目标收益是多少

B. 根据产品的需求弹性来考虑各种价格及其对销售量的影响

C. 将价格定在能够使企业实现目标收益的水平上

D. 将价格定在企业能够实现目标收益的水平之下

33. 边际成本通常适用于哪两种情况？（　　）

A. 市场上产品供不应求　　　　　　　　B. 市场上产品供过于求

C. 当订货充足，企业生产能力不足　　　D. 当订货不足，企业生产能力过剩时

34. 在密封投标定价法中，最佳报价是（　　）和（　　）的最佳组合。

A. 目标利润　　　　B. 实际利润　　　　C. 中标概率　　　　D. 中标次数

四、名词解释（请用简洁规范的语言描述下列概念）

1. 撇脂定价　2. 心理定价　3. 随行就市定价法　4. 需求导向定价法

5. 密封投标定价法　6. 招徕定价　7. 渗透定价　8. 声望定价　9. 认知价值定价法

10. 产品线定价　11. 目标收益定价法　12. 需求差异定价法　13. 拍卖定价法

14. 满意定价策略　15. 整数定价策略

五、简答题（简要回答下列各小题的知识要点）

1. 企业定价的目标主要有哪些？

2. 影响企业定价的因素主要有哪些？

3. 需求差别定价的形式主要有哪些？

4. 折扣定价策略的主要形式有哪些？

5. 心理定价策略的主要形式有哪些？

6. 竞争导向定价法的形式有哪些？

7. 需求导向定价法的形式有哪些？

8. 成本导向定价法的形式有哪些？

9. 新产品定价策略的形式有哪些？

10. 差别定价策略的形式有哪些？

六、论述题（详细回答下列各小题，并阐述自己的观点）

1. 企业在制定价格后，为什么有时需要进行价格调整？

2. 企业在哪些情况下可能需要采取降价策略？

3. 企业新产品的定价策略有哪些？它们各有什么优缺点？

4. 论述影响定价的主要因素。

5. 企业在哪些情况下可能需要采取提价策略？提价的方法和技巧有哪些？

【参考答案要点】

一、判断题

1. ×　理由：决定商品价值的是成本、需求、竞争因素以及相关政策法规等。

2. √

3. ×　理由：企业生产的直接目的就是追求利润的最大化。

4. √

5. √

6. ×　理由：当采取认知定价法时，如果企业过高地估计认知价值，便会定出偏高的价格。

7. ×　理由：在制定价格过程中，现行价格弹性的大小对确保企业实现利润最大化的定价有影响。

8. √

9. √

10. √

11. √

12. ×　理由：只能说大部分是遵循这一规律，奢侈品、贵重品除外。

13. √

14. ×　理由：价格太高，会导致销售量下降，利润总额可能会因此减少。

15. √

16. ×　理由：成本是影响产品价格最直接的因素。

17. ×　理由：受到供需关系的影响，商品的价格围绕其价值上下波动。

18. ×　理由：一般情况下，产品价格与市场需求量呈反比例关系。

19. √

20. ×　理由：完全垄断是指某种产品的生产和销售完全被一家或少数几家企业独立控制的情况。

21. √

22. ×　理由：如果某品牌的价格弹性大，其加成率就应该相对低些。

23. √

24. √

25. √

26. √

27. ×　理由：企业的一切生产经营必须以消费者需求为中心，并在产品、价格、分销、促销等方面予以充分体现。

28. √

29. ×　理由：认知价值定价法的核心问题是掌握消费者对商品价格（价值）的主观判断。

30. ×　理由：以产品销售地区为基础的差别定价，比如国内火车站的商店、餐厅向乘客提供商品的价格普遍远高于市内的商店和餐厅。

31．×　理由：企业在制定价格时，主要以同类竞争对手的定价为依据，而不是过多考虑成本以及市场需求等因素，这就是通常所说的竞争导向定价法。

32．√

33．√

34．×　理由：投标价格是买主根据竞争者的报价估计确定的。

35．√

36．√

37．×　理由：市场有足够的购买者，他们的需求缺乏弹性，对价格不敏感，即使价格定得很高，需求也不会大量减少，宜采用撇脂定价法。

38．√

39．×　理由：回扣是间接折扣的一种形式。

40．√

41．√

42．×　理由：招徕定价是指零售商利用部分消费者求廉的心理，特意将某几种商品的价格定得很低以吸引消费者。

43．√

44．√

45．×　理由：企业将原本可以以整体形式销售的产品分拆开来出售，并对不同的产品组件单独定价，这些分拆开来的产品组件在功能上往往具有一定的互补性，这就是分部定价策略。

46．×　理由：在很多健身俱乐部，消费者不仅要支付一定的门票费或入会费，还要为他们所得到的服务项目付费，这是分部定价策略。

47．√

48．√

49．×　理由：企业降价可采用明降和暗降两种方式实现。明降包括数量折扣、现金折扣、津贴等形式。暗降方式有赠送样品和优惠券等。

50．√

二、单项选择题
1．B　2．B　3．B　4．D　5．B　6．A　7．D　8．A　9．A　10．A　11．A　12．A　13．A　14．A　15．C　16．A　17．A　18．B　19．C　20．C　21．A　22．B　23．B　24．A　25．C　26．A　27．B　28．D　29．A　30．B　31．D　32．A　33．C　34．C　35．D　36．B　37．A　38．C　39．D　40．C　41．B　42．C　43．A

三、多项选择题
1．ABCDE　2．ABCDE　3．ABCD　4．ABDE　5．AC　6．BCD　7．CD　8．CE　9．ABCD　10．ABDE　11．ACD　12．ABCD　13．ABCDE　14．ABD　15．ABC　16．ABD　17．ACD　18．ABCD　19．ABD　20．BD　21．BCDE　22．ABCE　23．AB　24．ABCD　25．AC　26．BCD　27．AC　28．BCDE　29．AD　30．BE　31．ABC　32．ABC　33．BD　34．AC

四、名词解释

1. 撇脂定价：新产品进入市场时，企业有意将产品价格定的相对较高，以便在最短的时间内获取最大的利润，尽快回收投资，这种做法犹如从鲜奶中撇取奶油，因此，被形象地称为撇脂定价策略。

2. 心理定价策略是一种针对消费者心理活动和变化所使用的定价策略，运用心理学原理，依据不同类型的消费者在购买商品时的不同心理要求来制定价格，以诱导消费者增加购买量，扩大企业销售量。

3. 随行就市定价法是指企业为了避免价格竞争所带来的损失，将本企业某产品价格保持在市场平均价格水平上下，利用这样的价格来获得平均利润。

4. 需求导向定价法：企业的一切生产经营必须以消费者需求为中心，并在产品、价格、分销、促销等方面予以充分体现。随着市场的变化，需求导向定价法作为一种适应新的市场环境、市场状况的方法而出现。

5. 密封投标定价法又称投标竞争定价法，是由一个卖主（或买主）对两个以上相互竞争的潜在买主（或卖主）的密封报价择优成交的定价方法。

6. 招徕定价是指零售商利用部分消费者求廉的心理，特意将某几种商品的价格定得很低以吸引消费者

7. 渗透定价是指企业将新产品的价格定得很低，使新产品以物美价廉的形象吸引消费者，从而挤占市场。

8. 声望定价是一种利用企业或产品的知名度，给产品制定一个较高价格的一种定价方法。

9. 认知价值定价法是指根据消费者对本企业所销售商品价值在主观上的判断而实行的定价方法。

10. 产品线定价是指根据产品线内的不同产品，由于它们的价值相差不大或属于同一型号但质量稍有不同，企业有意识地专门制定不同的价格。

11. 目标收益定价法是指企业在保证回收成本的基础上，还要实现一定数额目标收益的定价方法。

12. 需求差异定价法是指企业以不同的时间、地点、商品以及不同消费者的消费需求强度差异为定价的基础依据，针对每种差异决定其在基础价格上是加价还是降价。

13. 拍卖定价法是指卖方委托拍卖行，以公开叫卖方式引导买方报价，利用买方竞争求购的心理，从中选择高价格成交的一种定价方法。

14. 满意定价策略是一种介于撇脂定价与渗透定价之间的折中定价策略。其新产品的价格水平适中，同时兼顾生产企业、消费者和中间商的利益，能较好地被各方所接受，是一种中间价格。

15. 整数定价策略是将产品价格采取合零凑整的办法，企业有意将产品的价格定位整数，以显示产品具有一定质量，这样给人以高档的感觉。

五、简答题

1. 企业定价的目标主要有利润最大化、获取适度利润、市场占有率最大化、销售额最大化、改善形象等。

2. 影响企业定价的因素：产品成本、市场需求、竞争状况、相关政策法规、货币数量、

消费者心理因素等。

3. 需求差别定价的形式主要有以产品销售地区、时间、产品、消费者为基础的差别定价。

4. 折扣定价策略的主要形式有现金折扣策略、数量折扣策略、功能折扣策略、季节折扣策略、回扣和津贴策略。

5. 心理定价策略的主要形式有尾数定价策略、声望定价策略、招徕定价策略、整数定价策略、习惯定价策略。

6. 竞争导向定价方法的形式有随行就市定价法、密封投标定价法、拍卖定价法、竞争价格定价法。

7. 需求导向定价法的形式有认知价值定价法、需求差异定价法、逆向定价法。

8. 成本导向定价法的形式有成本加成定价法、目标收益定价法、边际成本定价法、盈亏平衡定价法。

9. 新产品定价策略的形式有撇脂定价策略、渗透定价策略、满意定价策略。

10. 差别定价策略的形式有顾客差别定价策略、产品形式差别定价策略、产品地点差别定价策略、销售时间差别定价策略。

六、论述题

1. 在生产经营过程中，企业为了适应不断变化的市场环境，应当对产品价格经常做出相应的调整。企业到底应该在什么时候以什么方式调整产品价格，产品价格调整后消费者和竞争对手又会做出什么反应，对竞争对手的价格调整企业又应该采取什么对策等等，都是企业必须考虑的问题。所以企业在制定价格后，有时还需要进行价格调整。

2. 企业在下列情况下可能需要采取降价策略：

（1）企业急需回笼大量现金。

（2）通过降价开拓新市场。

（3）企业生产能力过剩，需要扩大销售。

（4）企业的成本费用比竞争对手低。

（5）企业在强大的竞争压力下，其市场占有率下降。

（6）经济不景气，消费者购买意愿不足。

（7）企业决策者出于对中间商要求的考虑。

（8）政治、法律环境以及经济形式发生变化。

3. 企业新产品的定价策略有撇脂定价策略、渗透定价策略、满意定价策略，它们各自的优缺点为：

（1）撇脂定价策略。

优点：新产品初上市，奇货可居，可抓紧时机迅速收回投资，再用以开发其他新产品；价格一开始定的高一些，后期会有较大的回旋余地，可使企业掌握价格上的主动权，根据市场需求随时调价；可以借助价格提高产品身价，树立高档产品形象。

缺点：过高的定价限制了市场开拓。

（2）渗透定价策略。

优点：产品以低价进入市场，能迅速打开产品的销路；有利于企业提高产品的市场占有率；价格低，易于与同类产品竞争；有利于企业批量生产、降低成本、增加产品竞争力；

价格低、利润较薄，可有效排斥竞争者。

缺点：产品价格较低，使新产品投资回收期较长；若产品成本上升，需要调高价格时，会引起消费者的不满；价格较低，使企业在市场竞争中价格回旋余地不大。

（3）满意定价策略。

优点：满意价格对企业和消费者都较为合理公平，由于价格比较稳定，在正常情况下盈利目标可按期实现。

缺点：价格比较保守，不适用于竞争激烈或者复杂多变的市场环境。这一策略适用于价格需求弹性较小的商品，包括重要的生产资料和生活必需品。

4. 影响定价的主要因素为：

（1）产品成本：成本是影响产品价格最直接的因素，产品的价格必须包含各项成本要素。

（2）市场需求：供需关系与产品价格的形成和变动都存在着密切的联系。

（3）竞争状况：竞争因素对产品价格的定制有很大的影响，企业要深入分析产品所处的市场竞争状况，从而制定相应的价格策略。

（4）相关政策法规：企业制定价格时，不仅要分析竞争力量的因素，还应关注政策和法律因素，从而制定适合自身发展的价格策略。

（5）货币数量：价格是商品价值的货币表现形式，单位货币的价值量对商品的价格有制约作用。

（6）消费者心理因素：消费者的购买行为都有一定的心理动机，因此心理因素也是影响企业定价决策的一个重要因素。

5. 企业在以下情况下可能需要采取提价策略：

（1）成本上涨。（2）通货膨胀。（3）产品供不应求。（4）改进产品。（5）竞争策略的需求。

提价的方法与技巧：

（1）公开真实成本。

（2）提高产品质量。

（3）增加产品分量。

（4）附送赠品或优惠。

（5）价格不变，但减少产品的附加服务或对原来免费的服务项目收取服务费。

第九章 渠道策略

一、判断题（请判断下列各小题是否正确，正确的在题后的括号内打"√"，错误的打"×"，错误的请给出理由）

1. 商流是分销活动的基本前提，物流则是分销活动的实质内容。（   ）

2. 营销渠道是指某种货物和劳务从生产者向消费者移动时取得这种货物和劳务的所有权或帮助转移其所有权的所有企业和个人。（   ）

3. 分销渠道包括供应商和辅助商。（   ）

4. 分销渠道的作用包括促销、融资、承担风险、物流。（   ）

5. 商流的运动方向是生产者与消费者双向的。（   ）

6. 询盘是分销渠道八种主要功能之一。（   ）

7. 根据有无中间商分类，分销渠道可分为直接渠道和间接渠道。（   ）

8. 密集性分销渠道的缺点是难以调动中间商的积极性，制造商需要承担相当大的广告费。（   ）

9. 生产资料分销渠道模式共有五种形式。（   ）

10. 独家分销渠道适合特殊品、名牌商品和专业技术性强的商品。（   ）

11. 技术性和售后服务属于分销渠道设计影响因素中的企业自身因素。（   ）

12. 环境因素是影响渠道结构的主要因素。（   ）

13. 评估主要渠道方案常用的有经济性、可控性、实用性三个方面的标准。（   ）

14. 生产企业能够选择负责其产品销售的经销商类型、数目和地理分布，并且能够支配这些经销商的销售政策和价格政策，这样的控制称为高度控制。（   ）

15. 对企业的某个分销渠道的目标市场重新进行定位是调整整个分销渠道系统的内容。（   ）

16. 批发商可能会抱怨制造商留给自己的利润空间太小，而销售支持（如广告、推销等）又太少，这属于垂直渠道冲突。（   ）

17. 联合不是渠道冲突管理的方式之一。（   ）

18. 处于衰退期的产品，利润下降快，渠道成本在上升，因此需要压缩分销渠道长度和宽度。（   ）

19. 企业的产品组合越深，采用独家经销或少量的中间商就越有利。（   ）

20. 对每个渠道成员的工作效率进行评估是分销渠道管理的主要职责之一。（   ）

21. 制造商和农场主属于批发商。（   ）

22. 批发商为零售商提供宣传、广告、定价、商情等服务。（   ）

23. 代理商在经营商品时，不注入资金，但仍需承担商品销售中的风险。（   ）

24. 专卖店、购物中心都属于零售业商店，但专业店不属于。（   ）

25. 有限服务批发商的主要类型有现购自运批发商、承销批发商、卡车批发商、托售批发商以及邮购批发商等。（　　　）

26. 经纪人的主要作用是为买卖双方牵线搭桥，促其成交，从中赚取佣金。（　　　）

27. 零售商承担着监督检查产品和提高销售活动效率的职能。（　　　）

28. 完全服务批发商执行批发商业的全部职能，他们提供的服务主要有保持存货、雇佣固定的销售人员、提供信贷、送货和协助管理等。（　　　）

29. 专营批发商是批发商的主体，拥有产品的所有权，因此他们不存在卖不出去的风险。（　　　）

30. 折扣商店的经营模式趋于自助式，设备较少，店址趋于租金低的地段。（　　　）

31. 分销渠道的目的在于成为生产者和消费者或用户的桥梁与纽带。（　　　）

32. 分销渠道的意义表现在它能够提高企业的工作效率、降低企业的交易成本。（　　　）

33. 有些消费品技术性强，又需要广泛推销，多采用二级分销渠道。（　　　）

34. 多渠道系统对每条渠道或至少对其中一条渠道拥有较大的控制权。（　　　）

35. 企业的资金实力越强，对分销渠道控制和管理的能力越强，对分销商所起的作用就越单一。（　　　）

36. 企业产品组合的宽度、深度、关联度会对分销渠道成员的选择起到重要的作用。（　　　）

37. 与分销渠道设计密切相关的中间商因素中，中间商所提供的服务是企业在设计分销渠道时所要考虑的重点。（　　　）

38. 渠道设计的中心环节是确定达到目标市场的最佳途径。（　　　）

39. 一个渠道选择方案包括三方面的要素：渠道的长度策略、渠道的宽度策略以及中间商结构的类型。（　　　）

40. 分销渠道管理的主要职责不包括了解中间商的要求。（　　　）

41. 评估主要渠道方案的任务，是解决在那些看起来都可行的渠道结构方案中，选择出最能满足企业长期营销目标的渠道结构方案。（　　　）

42. 调整某些分销渠道是分销渠道改进和调整的最高层次。（　　　）

43. 同一分销渠道中不同层次的渠道成员之间的冲突被称为横向渠道冲突。（　　　）

44. 分销的职能对于生产商与零售商具有同等的效用。（　　　）

45. 批发商的购买活动，是商品流通过程的起点。（　　　）

46. 自营批发商是专门从事各种批发业务的商业企业，它们是批发商的主体。（　　　）

47. 零售商处于商品流通的最终阶段。（　　　）

48. 间接渠道主要包括邮购、产品订货会或展示会、电子商务订购等方式。（　　　）

49. 有效的渠道设计应该以确定企业所要达到的市场为起点。（　　　）

50. 一级分销渠道主要优点是能对零售商进行有效的控制。（　　　）

二、单项选择题（请在下列每小题中选择一个最合适的答案）

1. 向最终消费者直接销售产品和服务，用于个人及非商业性用途的活动属于（　　　）。

A. 零售　　　　　　B. 批发　　　　　　C. 代理　　　　　　D. 直销

2. 分销渠道的每个层次使用同种类型中间商数目的多少，被称之为分销渠道的（　　　）。

A. 深度　　　　　　B. 宽度　　　　　　C. 长度　　　　　　D. 关联度

3. 工业分销商主要向（　　）销售产品。

A. 零售商　　　　B. 制造商　　　　C. 供应商　　　　D. 消费者

4. 物流的主要职能是将产品由其生产地转移到消费地，从而创造（　　）。

A. 形式效应　　　B. 时间效应　　　C. 空间效应　　　D. 占有效应

5. 生产消费品中的便利品的企业通常采取（　　）策略。

A. 选择性分销　　B. 密集性分销　　C. 独家分销　　　D. 直销

6. 如果目标顾客人数较多时，生产商在渠道策略选择上倾向于采用（　　）。

A. 短渠道　　　　B. 直接渠道　　　C. 窄渠道　　　　D. 长而宽的渠道

7. 非标准化产品或者单位价值较高的产品，一般采取（　　）。

A. 密集性分销　　B. 直销　　　　　C. 自动售货　　　D. 广泛分配路线

8. 在以下几种类型的零售商店中，产品线最深而长的是（　　）。

A. 百货商店　　　B. 超级市场　　　C. 折扣商店　　　D. 专业商店

9. 工业品中的标准化、通用化程度较高的产品，一般适合采用（　　）形式。

A. 密集性分销　　B. 选择性分销　　C. 垄断性分销　　D. 独家分销

10. 产品单价高低影响渠道长短的选择，一般来说，产品单价如果较低，选择的渠道宜（　　）。

A. 长　　　　　　B. 短　　　　　　C. 窄　　　　　　D. 无所谓

11. （　　）宜采用最短的分销渠道。

A. 生产集中、消费分散的产品　　　　B. 技术性强、价格昂贵的产品

C. 单价低、体积小的日常用品　　　　D. 处在成熟期的产品

12. 产品的重量和体积较大，其分销渠道宜（　　）。

A. 长　　　　　　B. 短　　　　　　C. 宽　　　　　　D. 无所谓

13. 长渠道主要的优点是（　　）。

A. 信息反馈通畅　　　　　　　　　　B. 企业能够集中精力组织生产

C. 价格加成小　　　　　　　　　　　D. 生产商易于控制中间商

14. 当生产量大且超过企业自销能力许可时，其渠道策略应为（　　）。

A. 专营渠道　　　B. 直接渠道　　　C. 间接渠道　　　D. 垂直渠道

15. 中间商处于（　　）。

A. 生产商与生产商之间　　　　　　　B. 消费者与消费者之间

C. 生产商与消费者之间　　　　　　　D. 批发商与零售商之间

16. 某车站在站前广场增设多个广场售票点，这属于（　　）分销渠道。

A. 延长　　　　　B. 缩短　　　　　C. 拓宽　　　　　D. 缩窄

17. 短渠道的优点主要是（　　）。

A. 信息通畅　　　　　　　　　　　　B. 企业能集中精力组织生产

C. 与中间商关系密切　　　　　　　　D. 分销数量大

18. 密集性分销的特点不包括（　　）。

A. 辐射范围广　　　　　　　　　　　B. 中间商相互竞争

C. 产品能更快进入目标市场　　　　　D. 分销成本低

19. 以下不属于分销渠道设计影响因素中产品因素的是（　　）。

A. 消费的季节性　　B. 体积与体重　　　C. 时尚性　　　　D. 价值

20. 以下不属于生活消费品分销渠道模式的是（　　）。

A. 生产商 → 零售商 → 消费者

B. 生产商 → 代理商 → 消费者

C. 生产商 → 代理商 → 零售商 → 消费者

D. 生产商 → 批发商 → 零售商 → 消费者

21. 商流与（　　）相结合，使产品从生产者手中到达消费者手中，便是分销渠道。

A. 促销流　　　　B. 信息流　　　　C. 货币流　　　　D. 物流

22. 下列属于商流的运动方向的是（　　）。

A. 生产者 → 消费者　　　　　　　B. 生产者 → 金融中介 → 消费者

C. 生产者 → 消费者　　　　　　　D. 生产者 → 中间商 → 消费者

23. 渠道的类型依据中间环节多少分类，可以分为（　　）。

A. 直接渠道和间接渠道　　　　　　B. 短渠道和长渠道

C. 单渠道和多渠道　　　　　　　　D. 密集性分销渠道和独家分销渠道

24. 特殊品、名牌商品和专业技术性强的商品适合（　　）。

A. 密集性渠道　　B. 选择性分销渠道　C. 独家分销渠道　D. 混合渠道

25. 选择性分销渠道的长度和宽度特点是（　　）。

A. 长而宽　　　　B. 较短而窄　　　C. 短而宽　　　　D. 长而窄

26. 密集性分销渠道适合（　　）产品做分销。

A. 便利品、消费品　　　　　　　　B. 选购品、特殊品

C. 高价品、特殊商品　　　　　　　D. 专业技术强的商品

27. 技术性和售后服务因素属于分销渠道设计影响因素的有（　　）。

A. 产品因素　　　B. 市场因素　　　C. 企业自身因素　D. 中间商因素

28. 产品产量大，往往需要通过（　　）销售，以扩大销售空间，提高市场覆盖率。

A. 代理商　　　　B. 经纪人　　　　C. 批发商　　　　D. 中间商

29. 处于衰退期的产品，利润下降快，渠道成本在上升，因此，需要（　　）。

A. 拓展宽度，压缩长度　　　　　　B. 拓展长度，压缩宽度

C. 压缩分销渠道长度和宽度　　　　D. 拓展分销渠道长度和宽度

30. 产品组合越深，采用（　　）就越有利。

A. 密集经销　　　B. 选择性分销　　C. 独家经销　　　D. 混合渠道

31. 产品的生命周期相对缩短，更新换代加快等属于环境因素特性的（　　）方面。

A. 复杂性与多样性　　　　　　　　B. 客观性与动态性

C. 不可控制性　　　　　　　　　　D. 企业的能动性

32. 生产企业能够选择负责其产品销售的经销商类型、数目和地理分布，并且能够支配这些经销商的销售政策和价格政策，这样的控制称为（　　）。

A. 低度控制　　　B. 绝对控制　　　C. 影响控制　　　D. 高度控制

33. 批发商抱怨制造商留给自己的利润空间太小，而销售支持（如广告、推销等）又太少，这一现象属于（　　）。

A. 垂直渠道冲突　B. 横向渠道冲突　C. 多渠道冲突　　D. 水平渠道冲突

34. 下列不属于渠道冲突管理的内容的是（　　）。

A. 建立共同的目标　　　　　　　　B. 互换人员

C. 调整某些分销渠道　　　　　　　D. 协商和仲裁

35. 下列不属于零售商的是（　　）。

A. 超级市场　　　　　　　　　　　B. 专卖店

C. 购物中心　　　　　　　　　　　D. 制造商和农场主

36. 批发商能充分利用仓储设备，创造（　　）效用，使零售商随时可获得小批量的现货供应。

A. 空间　　　　B. 形式　　　　C. 时间　　　　D. 占有

37. （　　）对其经营的商品不拥有所有权，他们只接受委托，替委托人经营商品，从中赚取佣金。

A. 代理商　　　B. 自营商店　　　C. 专营商店　　　D. 经纪人

38. 下列不属于分销渠道功能的是（　　）。

A. 研究　　　　B. 仲裁　　　　C. 促销　　　　D. 物流

39. 下列属于短渠道的是（　　）。

A. 一级分销渠道　　B. 二级经销渠道　　C. 三级分销渠道　　D. 一级代理分销渠道

40. 广告任务仅由生产者承担的分销渠道是（　　）。

A. 密集性渠道　　B. 选择性分销渠道　　C. 独家分销渠道　　D. 混合渠道

三、多项选择题（下列各小题有两个或两个以上的正确答案，请准确选出全部正确答案）

1. 下列可采用密集性分销的产品是（　　）。

A. 消费品中的选购品　　B. 消费品中的便利品　　C. 消费品中的特殊品

D. 工业品中的标准件　　E. 工业品中的通用小工具

2. 下列适宜采取密集性分销的是（　　）。

A. 产品潜在的消费者或用户分布面广　　　　B. 产品价值低

C. 产品技术性强　　D. 产品体积大

E. 产品易腐易损，需求时效性强

3. 具备下列哪些条件时，企业可选择直接渠道？（　　）

A. 市场集中

B. 消费者或用户一次需求批量大

C. 中间商实力强、信誉高

D. 产品易腐易损，需求时效性强

E. 产品技术性强

4. 可供选择的渠道宽度策略有（　　）。

A. 密集分销　　　　B. 垂直分销　　　　C. 选择分销

D. 独家分销　　　　E. 联合分销

5. 企业在经营情况下最好选择较短的分销渠道？（　　）

A. 鲜活易腐产品　　B. 技术性强的产品　　C. 体积大、重量大的产品

D. 成熟期的产品　　E. 价值较低的产品

6. 影响渠道服务产出水平的因素有(　　　)。

A. 购买批量　　　　　　　B. 等候时间　　　　　　C. 便利程度

D. 选择范围　　　　　　　E. 售后服务

7. 下列关于购买行为因素对渠道长度影响的描述，正确的是(　　　)。

A. 顾客购买数量越大，适合使用较长的渠道

B. 顾客购买频率越高，适合使用较长的渠道

C. 顾客购买季节性越强，适合使用较长的渠道

D. 顾客购买探索度越高，适合使用较长的渠道

E. 顾客购买的随意性越大，适合使用较长的渠道

8. 下列对产品因素对渠道宽度设计的影响描述正确的是(　　　)。

A. 产品越重，渠道越窄

B. 产品价值越大，渠道越窄

C. 产品越是非规格化，渠道越宽

D. 产品生命周期越长，渠道越宽

E. 产品体积越大，渠道越宽

9. 影响分销渠道设计的因素主要有(　　　)。

A. 产品因素　　　　　　　B. 市场因素　　　　　　C. 中间商因素

D. 环境因素　　　　　　　E. 企业自身因素

10. 以下属于零售商的是(　　　)。

A. 经纪人　　　　　　　　B. 百货商店　　　　　　C. 方便商店

D. 代理商　　　　　　　　E. 超级商店

11. 分销渠道成员的活动主要包括(　　　)。

A. 实体　　　　　　　　　B. 所有权　　　　　　　C. 谈判

D. 资金和风险　　　　　　E. 订货和付款

12. 分销渠道的基本流程主要是(　　　)。

A. 商流　　　　　　　　　B. 物流　　　　　　　　C. 信息流

D. 货币流　　　　　　　　E. 促销流

13. 运动方向是生产者 → 消费者的是(　　　)。

A. 商流　　　　　　　　　B. 物流　　　　　　　　C. 信息流

D. 货币流　　　　　　　　E. 促销流

14. 依据同类中间商数量分类可将分销渠道分为(　　　)。

A. 直接渠道　　　　　　　B. 密集性渠道　　　　　C. 间接渠道

D. 选择性分销　　　　　　E. 独家分销

15. 以下属于短渠道的缺点的是(　　　)。

A. 产品企业承担的商业职能多

B. 密集性渠道　　　　　C. 市场控制性差

D. 失去低价优势　　　　E. 难以大规模拓展市场

16. 属于生产资料分销渠道模式的是(　　　)。

A. 生产商 →用户

B. 生产商 → 批发商 → 用户

C. 生产商 → 代理商 → 用户

D. 生产商 → 代理商 → 批发商 → 用户

E. 生产商 → 批发商 → 零售商 → 用户

17. 分销渠道环境的特性表现为（　　　）。

A. 稳定性与客观性　　　　B. 复杂性与多样性　　　　C. 客观性与动态性

D. 不可控制性　　　　　　E. 企业的能动性

18. 分销渠道设计中企业自身因素包括（　　　）。

A. 科学的营销政策　　　　B. 企业的规模　　　　　　C. 资金

D. 产品状况　　　　　　　E. 渠道管理经验

19. 设计分销渠道一般包括（　　　）方面。

A. 分析服务产出水平　　　B. 渠道分销渠道模式　　　C. 确定渠道目标

D. 评估主要渠道方案　　　E. 确定渠道结构方案

20. 选择渠道方案的要素有（　　　）。

A. 渠道的长度策略　　　　B. 渠道的宽度策略　　　　C. 渠道类型

D. 中间商数目　　　　　　E. 中间商结构

21. 渠道方案的评估标准有（　　　）。

A. 可持续性　　　　　　　B. 经济性　　　　　　　　C. 适应性

D. 控制程度　　　　　　　E. 稳定性

22. 分销渠道的调整内容包括（　　　）。

A. 调整全部渠道成员　　　B. 调整某些渠道成员　　　C. 调整部分分销渠道系统

D. 调整整个分销渠道系统　E. 调整某些分销渠道

23. 引起渠道冲突的原因有（　　　）。

A. 感知不同　　　　　　　B. 角色的权利不明确　　　C. 互相依赖程度不同

D. 风险承担力度不同　　　E. 目标不一致

24. 分销渠道中渠道冲突管理内容包括（　　　）。

A. 合作　　　　　　　　　B. 联合　　　　　　　　　C. 协商或仲裁

D. 互换人员　　　　　　　E. 建立共同目标

25. 以下属于批发商的是（　　　）。

A. 自营批发商　　　　　　B. 制造商　　　　　　　　C. 专营批发商

D. 经纪人　　　　　　　　E. 代理商

26. 以下属于有限服务批发商的是（　　　）。

A. 现购自运批发商　　　　B. 卡车批发商　　　　　　C. 承销批发商

D. 邮购批发商　　　　　　E. 托售批发商

27. 零售商的主要职能包括（　　　）。

A. 拓展市场份额　　　　　B. 提高销售活动的效率　　C. 储存和分销产品

D. 监督检查产品　　　　　E. 传递信息

28. 物流系统管理的要素有（　　　）。

A. 储存保管　　　　　　　B. 运输和配送　　　　　　C. 流通加工

D. 物流信息　　　　　　　　E. 包装与装卸

29. 分销渠道包括(　　)。

A. 生产者　　　　　　　B. 供应商　　　　　　　C. 中间商

D. 消费者　　　　　　　E. 代理商

30. 企业在推广新品上市的过程中，重新评价和选择经销商的做法有(　　)。

A. 对现有的经销商，大力强化网络拓展能力和市场操作能力

B. 对没有改造价值的经销商，坚决予以更换

C. 对于实力较强的二级分销商，则可委托其代理新产品

D. 加强对经销商的订货处理管理，减少因订货处理环节中出现的失误而引起发货不畅

E. 增强经销商对公司理念

31. 分销渠道的作用包括(　　)。

A. 节约社会成本　　　　　　B. 加速再生产过程

C. 给消费者带来品种上的便利

D. 承担风险　　　　　　　　E. 给消费者带来空间上的便利

32. 分销渠道的意义表现在(　　)。

A. 调节各方面矛盾　　　B. 提高工作效率　　　C. 降低交易成本

D. 分散企业风险　　　　E. 提供有价值的信息

33. 一级分销渠道主要缺点有(　　)。

A. 需要对零售商进行有效的控制

B. 不利于企业开展规模化为基础的专业性分工

C. 降低了整体效率

D. 大规模专业化生产和零售消费者之间的矛盾

E. 市场信息反馈不及时

34. 长渠道包括(　　)。

A. 一级分销渠道　　　　B. 二级经销渠道　　　C. 二级代理分销渠道

D. 三级分销渠道　　　　E. 三级代理分销渠道

35. (　　)商品适合选用独家分销渠道。

A. 特殊品　　　　　　　B. 便利品　　　　　　　C. 专业技术性强的商品

D. 名牌商品　　　　　　E. 选购品

36. 多渠道系统的形式主要有(　　)。

A. 企业通过一条分销渠道销售不同商标的竞争性产品

B. 企业通过一条的竞争性分销渠道销售同一商标的产品

C. 企业通过两条以上的竞争性分销渠道销售同一商标的产品

D. 企业通过多条分销渠道销售不同商标的竞争性产品

E. 通过多条分销渠道销售服务内容与方式有差异的产品，以满足不同消费者的需求

37. 分销渠道设计中产品因素包括(　　)方面。

A. 价值　　　　　　　　B. 重量与体积　　　　　C. 时尚性

D. 产品产量　　　　　　E. 技术性和售后服务

38. 分销渠道设计中市场因素包括(　　)方面。

A. 竞争状况　　　　　　B. 产品的销售量　　　　C. 目标顾客的状况

D. 市场的地区性　　　　E. 消费的季节性

39. 分销渠道管理的主要职责有(　　)。

A. 对每个渠道成员的工作效率进行评估

B. 调节并减少与中间商在业务上的矛盾

C. 了解中间商的要求并制定加强与中间商合作的措施

D. 必要时对分销渠道进行调整

E. 保证对中间商的及时供货

40. 影响渠道发展的因素包括(　　)。

A. 竞争结构　　　　　　B. 经销商能力　　　　　C. 产品

D. 行业发展　　　　　　E. 消费者行为

41. 下列属于零售商类型的是(　　)。

A. 百货店　　　　　　　B. 超级市场　　　　　　C. 便利店

D. 制造商　　　　　　　E. 农场主

42. 折扣商店具有的特点是(　　)。

A. 实行会员制

B. 商店突出销售全国性品牌

C. 商店经常以低价销售产品

D. 商店在自助式、设备最少的基础上经营

E. 店址趋向于在租金低的地区

43. 仓储商店一般具有(　　)特点。

A. 价格低廉　　　　　　B. 低经营成本　　　　　C. 实行会员制

D. 精选正牌畅销产品　　E. 采用先进的计算机管理系统

44. 我国物流管理发展的不足主要有(　　)。

A. 国内物流人才匮乏,技术研发力量严重不足

B. 缺乏拥有自主知识产权的主流信息技术

C. 立法力度不够,缺乏配套的法律法规

D. 我国物流业存在标准化程度不高

E. 物流服务体系建设落后,物流技术领域缺乏具有宏观指导能力和促进技术交流的权威机构

四、名词解释(请用简洁规范的语言描述下列概念)

1. 分销渠道　2. 批发商　3. 零售商　4. 直接渠道　5. 间接渠道　6. 密集性渠道　7. 选择性分销渠道　8. 独家分销渠道　9. 物流　10. 分销渠道设计　11. 营销渠道　12. 促销流　13. 分销渠道管理　14. 渠道冲突　15. 仓储商店

五、简答题(简要回答下列各小题的知识要点)

1. 分销渠道和营销渠道有何区别?

2. 简述分销渠道主要的作用。

3. 简述影响分销渠道设计的因素。

4. 分销渠道设计包括哪些内容？

5. 消费品分销渠道模式主要有哪些？

6. 简述分销渠道的主要功能。

7. 简述分销管理的主要职责。

8. 引起渠道冲突的原因有哪些？

9. 简述仓储商店具有的特点。

10. 简述密集性渠道、选择性分销渠道、独家分销渠道的优缺点及特征比较。

六、论述题（详细回答下列各小题，并阐述自己的观点）

1. 论述批发商与零售商各自的职能。

2. 论述物流系统管理的主要要素。

3. 论述分销渠道管理的具体内容。

4. 论述分销渠道管理中存在的问题及解决路径。

5. 论述如何进行渠道冲突管理。

【参考答案要点】

一、判断题

1. √

2. ×　　理由：分销渠道是指某种货物和劳务从生产者向消费者移动时取得这种货物和劳务的所有权或帮助其所有权的所有企业和个人。

3. ×　　理由：分销渠道不包括供应商和辅助商。

4. √

5. ×　　理由：信息流的运动方向是生产者与消费者双向的，而商流的运动方向为单向。

6. ×　　理由：分销渠道的主要功能有研究、促销、接洽、配合、谈判、物流、融资、风险承担，不包括询盘。

7. √

8. √

9. ×　　理由：生产资料分销渠道模式只有四种，生活消费资料分销渠道有五种。

10. √

11. ×　　理由：技术性和售后服务属于分销渠道设计影响因素中的产品因素。

12. ×　　理由：影响渠道结构的主要因素为市场因素、产品因素、企业因素。

13. √

14. √

15. ×　　理由：对企业的某个分销渠道的目标市场重新进行定位是调整某些分销渠道的内容。

16. √

17. ×　　理由：联合是渠道冲突管理的方式之一。

18. √

19. √

20. √

21. ×　理由：制造商和农场主主要从事生产活动，不属于从事批发业务的企业。

22. √

23. ×　理由：代理商在经营商品时，只是为买者与卖者提供成交便利的市场润滑剂，不注入资金，也不承担商品销售中的风险。

24. ×　理由：零售业商店分为8类：百货店、超级市场、大型综合超市、便利店、仓储式商场、专业店、专卖店、购物中心。因而专业店属于零售业商店。

25. √

26. √

27. √

28. √

29. ×　理由：专营批发商拥有一定的资金，承担着产品滞销积压以至卖不出去的风险。

30. √

31. ×　理由：分销渠道目的在于调节生产与消费在数量、品种、时间以及地点等方面的矛盾。

32. √

33. ×　理由：有些消费品技术性强，又需要广泛推销，多采用三级分销渠道。

34. √

35. √

36. √

37. ×　理由：与分销渠道设计密切相关的中间商因素中，中间商的实力是企业在设计分销渠道时所要考虑的重点。

38. √

39. √

40. ×　理由：分销渠道管理的主要职责包括了解中间商的要求。

41. √

42. ×　理由：调整整个分销渠道系统是分销渠道改进和调整的最高层次。

43. ×　理由：同一分销渠道中不同层次的渠道成员之间的冲突被称为纵向渠道冲突。

44. √

45. √

46. ×　理由：专营批发商是专门从事各种批发业务的商业企业，它们是批发商的主体。

47. √

48. ×　理由：直接渠道主要包括推销员上门推销、邮购、电视直销、产品订货会或展示会、开设自销商店、电子商务订购等方式。

49. √

50. ×　理由：一级分销渠道主要的缺点是需要对零售商进行有效的控制。

二、单项选择题

1. D　2. B　3. B　4. C　5. B　6. D　7. B　8. D　9. A　10. B　11. B　12. B
13. B　14. C　15. C　16. C　17. A　18. D　19. A　20. B　21. D　22. A　23. B
24. C　25. B　26. A　27. A　28. D　29. C　30. C　31. B　32. D　33. A　34. C
35. D　36. C　37. A　38. B　39. A　40. A

三、多项选择题

1. BDE　2. AB　3. ABDE　4. ACD　5. ABC　6. ABCDE　7. BC　8. ABD
9. ABE　10. BCE　11. ABCDE　12. ABCDE　13. AB　14. BDE　15. DE　16. ABCD
17. BCDE　18. ABCDE　19. ACDE　20. ABE　21. BCD　22. BDE　23. ABCE
24. ABCDE　25. ACDE　26. ABCDE　27. BCDE　28. ABCDE　29. ACDE　30. ABC
31. ABCD　32. BC　33. AD　34. BCD　35. ACD　36. CDE　37. ABCDE
38. ABCDE　39. ABCDE　40. ABCDE　41. ABC　42. BCDE　43. ABCDE　44. ABCDE

四、名词解释

1. 分销渠道是指某种货物和劳务从生产者向消费者移动时取得这种货物和劳务的所有权或帮助转移其所有权的所有企业和个人。

2. 批发商是指向生产企业购进产品，然后转售给零售商、产业用户或各种非营利组织，不直接服务于个人消费者的商业机构，位于商品流通的中间环节。

3. 零售商是指将商品直接销售给最终消费者的中间商，是相对于生产商和批发商而言的，处于商品流通的最终阶段。

4. 直接渠道是指生产者将产品直接销售给最终消费者或用户的渠道，中间不经过任何形式的中间商，是一种产销结合的生产方式。

5. 间接渠道是指商品从生产领域向最终消费者或用户转移时要经过若干中间商的分销渠道。

6. 密集性渠道也称为广泛分销，指企业尽可能多地通过负责任的、适当的批发商、零售商推销其产品。

7. 选择性分销渠道是指在市场上选择少数符合本企业要求的中间商经营本企业的产品。

8. 独家分销渠道是指企业在某一地区仅选择一家中间商推销其产品。

9. 物流是指产品从生产领域向消费领域转移过程中的一系列产品实体的运动。

10. 分销渠道设计是指建立以前从未存在过的分销渠道或对已经存在的渠道进行变更的营销活动。

11. 营销渠道是指配合起来生产、分销和消费某一生产者的产品和服务的所有企业和个人，包括参与某种产品供产销全过程的所有相关企业和个人。

12. 促销流是指从生产领域向消费领域转移过程中，生产者通过广告公司或其他宣传媒体向中间商及其消费者所进行的一切促销努力。

13. 分销渠道管理是指生产商为实现企业分销目标而对现有渠道进行管理，以确保渠道成员间、企业和渠道成员间相互调节和通力合作的一切活动。

14. 渠道冲突是指同一渠道中不同环节以及同一环节中不同成员之间的矛盾。

15. 仓储商店是指一种以大批量、低成本、低售价和微利多销的方式经营的连锁式零售企业。

五、简答题

1. 分销渠道和营销渠道区别为：

分销渠道是指某种货物和劳务从生产者向消费者移动时取得这种货物和劳务的所有权或帮助转移其所有权的所有企业和个人。它主要包括中间商以及处于渠道起点和终点的生产商与消费者，但不包括供应商、辅助商等。

营销渠道是指配合起来生产、分销和消费某一生产者的产品和服务的所有企业和个人，包括参与某种产品供产销全过程的所有相关企业和个人，比如供应商、生产者、商人中间商、代理中间商、辅助商（如支持分销活动的仓储、运输、金融、广告代理等机构）以及最终消费者或用户等。

2. 分销渠道主要的作用：

（1）节约了社会总成本。中间商参与到商品交换过程中，使得商品的交易次数明显减少，节约了整个社会的总成本。

（2）完成产品从生产者到消费者的转移。对于生产者来说，要满足消费者需要不仅仅是生产产品，而且必须正确选择合适的分销渠道，以尽快在有利的市场条件下，使最终的消费者能够最便利地得到其所需要的产品。

（3）给消费者带来了时间上的便利。分销渠道中的中间环节可以通过各种手段调节生产和销售的时间差，使消费者在其需要的时间购买到需要的产品。

（4）给消费者带来了空间上的便利。使消费者能够在其认为合适的地点购买产品。

（5）给消费者带来了品种上的便利。中间商可以针对不同地区、不同层次的消费需求，把产品分成不同档次和不同的品种规格等，以最合理、最为有效的商品组合形式提供给消费者。

（6）分销渠道加速了再生产过程。中间商的参与保证了商品流通的顺利实现，缩短了产品的销售时间，加快了资金周转，进而加速整个再生产过程。

（7）分销渠道是重要的信息来源。分销渠道中的各种中间环节，能够较准确地掌握消费者的需求，消费者对产品的意见及竞争者动态，从而能给生产者提供有价值的信息。

除以上几个方面的作用之外，分销渠道还具有促销、融资、承担风险、物流等作用。

3. 影响分销渠道设计的因素有：

产品因素：不同的产品适用于不同的分销渠道，产品特性会对分销渠道产生影响。具体而言，可以分为以下几个方面：（1）价值。（2）体积与体重。（3）时尚性。（4）技术性和售后服务。（5）产品产量。（6）产品生命周期。（7）新产品。

市场因素：（1）目标顾客的状况。（2）市场的地区。（3）消费的季节性。（4）竞争状况。（5）产品的销售量。

企业自身因素：企业自身的能力和特点也对分销渠道的选择产生影响。具体可分为以下几个方面：（1）企业的规模。（2）资金。（3）产品状况。（4）企业所拥有的丰富的渠道管理经验。（5）科学的营销政策。

中间商因素：与分销渠道设计密切相关的中间商因素有中间商的实力、使用中间商的成本以及中间商所提供的服务。企业在进行市场开发时就可以把许多事情交给中间商来完成，从而省去了不少精力和成本。这样企业就可以采取较短的渠道模式，尽可能较少地使用中间商。

环境因素：随着市场经济的不断发展和全球经济一体化进程的延伸，人们的消费观念与生活方式不断改变，企业所面对的分销渠道环境也在不断地发生变化。分销渠道环境的特性表现在以下几个方面：（1）复杂性与多样性。（2）客观性与动态性。（3）不可控制性与企业的能动性。

4．分销渠道设计包括以下内容：

（1）分析服务产出水平。渠道服务产出水平是指渠道策略对顾客购买商品和服务问题的解决程度。影响渠道服务产出水平的主要有五个方面因素：购买批量、等候时间、便利程度、选择范围、售后服务。

（2）确定渠道目标。渠道设计的中心环节是确定达到目标市场的最佳途径。渠道目标应表述为企业预期达到的消费者服务水平（何时、何处、如何对目标消费者提供产品和实现服务）以及中间商应执行的职能。无论是创建渠道，还是对原有渠道进行变更，设计者都必须将企业的渠道设计目标明确地列示出来。

（3）确定渠道结构方案。有效的渠道设计应该以确定企业所要达到的市场为起点，没有任何一种渠道可以适应所有的企业、所有的产品，尽管性质相近，甚至是同一种产品，有时也不得不采用迥然不同的分销渠道。

（4）评估主要渠道方案。评估主要渠道方案的任务，是解决在那些看起来都可行的渠道结构方案中，选择出最能满足企业长期营销目标的渠道结构方案。因此，必须运用一定的标准对渠道进行全面评价。其中常用的有经济性、可控制性、适应性三个方面的标准。

5．消费品分销渠道模式主要有：

（1）生产商 → 消费者。

（2）生产商 → 零售商 → 消费者。

（3）生产商 → 批发商 → 零售商 → 消费者。

（4）生产商 → 代理商 → 零售商 → 消费者。

（5）生产商 → 代理商 → 批发商 → 零售商 → 消费者。

6．分销渠道的主要功能为：

分销渠道将产品从生产者转移到消费者所必须完成的工作加以组织，其目的在于调节生产与消费在数量、品种、时间以及地点等方面的矛盾。具体来说分销渠道的主要功能有以下八种：

（1）研究。研究是指收集制订计划和进行交换所必需的信息。

（2）促销。促销是指进行关于所提供产品的说服性沟通。

（3）接洽。接洽是指寻找潜在购买者并进行有效的沟通。

（4）配合。配合是指所提供产品符合购买者需要，包括制造、分等、装配、包装等活动。

（5）谈判。谈判是指为了转移所供物货的所有权，而就其价格及有关条件达成最后协议。

（6）物流。物流是指从事产品的运输、储存、配送。

（7）融资。融资是指为补偿分销成本而取得并支付相关资金。

（8）风险承担。风险承担是指承担与渠道工作有关的全部风险。

7．分销渠道管理的主要职责为：

（1）对每个渠道成员的工作效率进行评估。

（2）了解中间商的要求并制定加强与中间商合作的措施。

（3）调节并减少与中间商在业务上的矛盾。

（4）保证对中间商的及时供货。

（5）必要时对分销渠道进行调整。

8．引起渠道冲突的原因有：冲突是渠道运作过程中的常态，不少企业对渠道冲突往往重视不够，缺乏相应的渠道冲突协调机制，对渠道冲突认识不深，往往消极防范或仓促应对，导致更多的矛盾发生。引起冲突的原因有以下几种：

（1）目标不一致。生产者可能通过低价来追求迅速拓展市场，而经销商则可能通过高价来追求盈利。

（2）角色的权利不明确。渠道成员销售的区域界线混乱，销售方式不一。

（3）感知不同。经销商可能会认为生产者会取而代之，而实际情况并非如此。

（4）互相依赖程度不同。渠道成员相互依赖的程度越大，发生冲突的可能性越大。

9．仓储商店具有的特点：

（1）以工薪阶层和机关团体为主要服务对象。它旨在满足一般居民的日常性消费，同时满足机关、企业办公性和福利性消费的需要。

（2）价格低廉。从厂家直接进货，省略中间环节，尽可能降低经营成本。

（3）精选正牌畅销产品。从所有产品门类中挑选最畅销的产品大类，再从中精选畅销的品牌，并在经营中不断筛选，根据销售季节等因素随时调整，以使仓储式连锁商场内销售的产品有较高的市场占有率，同时保证产品的调整流转。

（4）实行会员制。仓储式商场注意发展会员和会员服务，加强与会员之间的联谊，以会员制为基本的销售和服务方式。

（5）低经营成本。运用各种可能的手段降低经营成本，比如仓库式货架陈设产品，选址在次商业区或居民住宅区，产品以大包装形式供货和销售，不做一般性商业广告，往往仓店合一。

（6）采用先进的计算机管理系统，及时记录分析各店销售情况，不断更新经营品种，既为商场提供现代化管理手段，也减少了人工费用。

10．密集性渠道、选择性分销渠道、独家分销渠道的优缺点及特征比较如下：

密集性渠道优点是市场覆盖面广，缺点是难以调动中间商的积极性，制造商需要承担相当大的广告费用；选择性分销渠道是一种介于宽与窄之间的分销渠道，有利于市场开拓，同时比密集分销节省费用，便于管理和控制，加强协作，提高销售水平；独家分销其优点是能调动中间商的积极性，提高经营效率，控制价格。缺点是会失去潜在消费者。密集性渠道、选择性渠道、独家分销渠道三者的特征比较如下表所示。

三种渠道特征比较表

特征	密集性渠道	选择性分销渠道	独家分销渠道
渠道的长度和宽度	长而宽	较短而窄	短而窄
中间商数量	尽可能多的中间商	有限中间商	一个地区一个中间商
销售成本	高	较低	较低
广告任务承担者	生产者	生产者、中间商	生产者、中间商
适合商品类别	便利品、消费品	选购品、特殊品	高价品、特殊商品

六、论述题

1. 批发商的职能有：

（1）购买。批发商的购买活动，是商品流通过程的起点，批发商凭借丰富的经验与市场预测知识，预计市场对某些商品的需求情况，先行组织货源，随时供应客户，使零售商能节省进货中所花费的时间、人力与费用。对生产商来说，因批发商每批进货量较大，也可节省营销费用。

（2）分销。分销的职能对于生产商与零售商具有同等的效用。通常，生产商出于对运输管理及管理成本的考虑，不愿意小批量出售；而零售商限于资金条件，无力大量购买，限于人力，也不可能向每个生产商去购买。批发商既可以向生产商做大量购买，又可将货源分割成小单位转售给零售商。

（3）运输。产品运输是产品借助于动力实现在空间上的位置转移，是商品流通中的一个重要环节。批发商在购进、分销和促销活动中，发挥了中间商集中、平衡与扩散的功能，并促成商品交换。批发商在采购商品后，还要担负组织产品运输的任务，及时、准确、安全、经济地组织产品运输，使生产商可以避免积压，零售商减少库存量。

（4）储存。产品储存是商品流通的一种"停滞"，也是商品流通不断进行的条件。批发商能充分利用仓储设备，创造时间效用，使零售商随时可获得小批量的现货供应。批发环节的储存，可调节市场供求在时间上的矛盾，起到"蓄水池"作用。

（5）资金融通。零售商向批发商实行信用进货时，能减少经营资金需要。资金实力雄厚的批发商，也可以采用预付款的方式，以资助生产商。

（6）风险负担。生产商将产品出售给批发商后，产品因损耗、失去时尚性及其他原因而引起消费者对产品的不满意时，要求包退包换；在产品降价时，承担削价损失等。这一切经营风险也都转让给了批发商。

（7）服务。批发商为零售商提供宣传、广告、定价、商情等服务。

零售商的职能有：

（1）提高销售活动的效率。如今是跨国公司和全球经济迅速发展的时代，如果没有零售商，商品由生产制造厂家直接销售给消费者，工作将非常复杂，而且工作量特别大。对消费者来说，没有零售商也要使购买的时间大大增加。比如，零售商可以同时销售很多厂家的商品，消费者在一个零售商那里就能比较很多厂家的商品，比没有零售商而要跑到各个厂家观察商品要节约大量时间。

（2）储存和分销产品。零售商从不同的生产厂家或批发商那里购买产品，再将产品分销到消费者手中，在这个过程中，零售商要储存、保护和运输产品。

（3）监督检查产品。零售商在订购商品时就考察了厂家或批发商在产品方面的设计、工艺、生产、服务等质量保证体系，或者根据生产厂家或批发商的信誉、产品的名牌效应来选择产品。进货时，将按有关标准严格检查产品。销售产品时，一般会将产品划出等级。这一系列的工作起到了监督检查产品的作用。

（4）传递信息。零售商在从生产厂家或批发商购买产品和向消费者销售产品中，将向厂家介绍消费者的需求、市场的信息、同类产品各厂家的情况；也会向消费者介绍各厂家的特点。无形中传递了信息，促进了竞争，有利于产品质量的提高。

2. 物流系统管理的主要要素包括：

（1）包装功能要素。包括产品的出厂包装，生产过程中在制品、半成品的包装，以及在物流过程中换装、分装、再包装等活动。

（2）装卸功能要素。包括对输送、保管、包装、流通加工等物流活动进行衔接活动，以及在保管等活动中为进行检验、维护、保养所进行的装卸活动。

（3）运输功能要素。包括供应及销售物流中的车、船、飞机等方式的运输，生产物流中的管道、传送带等方式的运输。

（4）保管功能要素。包括堆存、保管、保养、维护等活动。

（5）流通加工功能要素。这一功能又称为流通过程的辅助加工活动。这种加工活动不仅存在于社会流通过程，也存在于企业内部的流通过程中，因此实际上是在物流过程中进行的辅助加工活动。

（6）配送功能要素。配送是物流进入最终阶段，以配送、送货形式最终完成社会物流并最终实现资源配置的活动。配送作为一种现代流通方式，集经营、服务、社会集中库存、分拣、装卸搬运于一身，已不再是单单一种送货运输所能包含的，所以将其作为独立功能要素。

（7）物流情报功能要素。对物流情报活动的管理，要求建立情报系统和情报渠道，正确选定情报科目和情报的收集、汇总、统计、使用方式，以保证其可靠性和及时性。

上述功能要素中，运输及保管分别解决了供给者及需要者之间场所和时间的分离，分别是物流创造"场所效用"及"时间效用"的主要功能要素，因而在物流系统中处于主要功能要素的地位。

3．分销渠道管理的具体内容有：

（1）对经销商的供货管理，保证供货及时，在此基础上帮助经销商建立并理顺销售网，分散销售压力及库存压力，加快商品的流通速度。

（2）加强对经销商广告、促销的支持，减少商品流通阻力；提高商品的销售力，促进销售；提高资金利用率，使之成为经销商的重要利润源。

（3）对经销商负责，在保证供应的基础上，对经销商提供产品服务支持，妥善处理销售过程中出现的产品损坏变质、消费者投诉、消费者退货等问题，切实保证经销商的利益不受无谓的损害。

（4）加强对经销商的订货管理，减少因订货处理环节中出现的失误而引起发货不畅。

（5）加强对经销商订货的结算管理，规避结算风险，以保障制造商的利益，同时避免经销商利用结算便利制造市场混乱。

（6）其他管理工作，包括对经销商进行培训，增强经销商对公司理念、价值观的认同以及对产品知识的认识。此外，还需要负责协调制造商与经销商之间、经销商与经销商之间的关系，尤其对于一些突发事件，比如价格涨落、产品竞争、产品滞销以及周边市场冲击或低价倾销等扰乱市场的问题，以协作、协商的方式为主，以理服人，及时帮助经销商消除顾虑，平衡心态，引导和支持经销商向有利于产品分销的方向转变。

4．分销渠道管理中存在的问题及解决路径如下所述：

（1）渠道不统一引发厂商之间的矛盾。

企业应该解决由于市场狭小造成的企业和中间商之间所发生的冲突，统一企业的渠道政策，使服务标准规范。比如有些厂家为了迅速打开市场，在产品开拓初期就选择两家或两家以上总代理，由于两家总代理之间常会进行恶性的价格竞争，因此往往会出现虽然品牌知名度很高，但市场拓展状况却非常不理想的局面。当然，厂商关系也需要管理。比如，为了防止窜货，企业应该加强巡查，通过人性化管理和制度化管理有效结合，从而培育最适合企业发展的厂商关系。

（2）渠道冗长造成管理难度加大。企业应该缩短货物到达消费者的时间，减少中间环节以降低产品的损耗。厂家有效掌握终端市场供求关系，减少企业利润被分流的可能性。在这方面海尔的海外分销渠道可供借鉴：海尔直接利用国外经销商现有的销售和服务网络，缩短了渠道链条，减少了渠道环节，极大地降低了渠道建设成本。现在海尔可以在几十个国家建立庞大的经销网络，拥有近万个分销点，海尔的各种商品可以随时在这些国家畅通地流动。

（3）渠道覆盖面过广。厂家必须有足够的资源和能力去关注每个区域的运作，尽量提高渠道管理水平，积极应对竞争对手对薄弱环节的重点进攻。

（4）企业对中间商的选择缺乏标准。在选择中间商的时候，不能过分强调经销商的实力，而忽视了很多容易发生的问题。比如实力大的经销商同时也会经营竞争品牌，并以此作为讨价还价的筹码。实力大的经销商不会花太多精力去销售一个小品牌，厂家可能会失去对产品销售的控制权等。厂商关系应该与企业发展战略相匹配，不同的厂商应对应不同的经销商。对于知名度不高、实力不强的企业，应该在市场开拓初期进行经销商选择和培养，不仅建立利益关联，而且还有感情关联和文化认同。对于拥有知名品牌的大企业，有一整套帮助经销商提高的做法，使经销商可以在市场竞争中脱颖而出进而使得经销商产生忠诚。另外其产品的低经营风险性以及较高的利润，都会促使二者形成合作伙伴关系。总之选择渠道成员应该有一定的标准，比如经营规模、管理水平、经营理念、对新生事物的接受程度、合作精神、对消费者的服务水平、其下游消费者的数量以及发展潜力等。

（5）企业不能很好地掌控并管理终端。

有些企业已经经营了一部分终端市场，抢了二级批发商和经销商的生意，使其销量减少，使得经销商逐渐对本企业的产品失去经营信心，同时他们会加大对竞争品的经销量，造成传统渠道堵塞。如果市场操作不当，整个渠道会因为动力不足而瘫痪。在"渠道为王"的今天，企业越来越感受到来自渠道的压力，如何利用好渠道里的资源优势，管理好经销商，就成了决胜终端的关键。

（6）忽略渠道的后续管理。很多企业误认为渠道建成后可以一劳永逸，不注意与渠道成员的感情沟通和交流，从而出现了诸多问题。因为从整体情况而言，影响渠道发展的因素众多，比如产品、竞争结构、行业发展、经销商能力、消费者行为等，渠道建成后仍要根据市场的发展状况不断加以调整，否则就会出现大问题。

（7）盲目自建渠道网络。很多企业特别是一些中小企业不顾实际情况，一定要自建销售网络，但是由于专业化程度不高，致使渠道效率低下。网络太大反应缓慢，管理成本较高，人员开支、行政费用、广告费用、推广费用、仓储配送费用巨大，这些都会给企业造成较大的经济损失。特别是在一级城市，厂家自建渠道更要慎重考虑。厂家自建渠道必须具备一定的条件：高度的品牌号召力、影响力和相当的企业实力；稳定的消费群体、市场销量和企业利润，比如格力已经成为行业领导品牌，具有相当的品牌认可度和稳定的消费群体；企业经过了相当的前期市场积累已经具备了相对成熟的管理模式等。另外，自建渠道的关键必须讲究规模经济，必须达到一定的规模，厂家才能实现整个配送和营运成本最低化。

(8) 新产品上市的渠道选择混乱。任何一个新产品的成功入市，都必须最大限度地发挥渠道的力量，特别是与经销商的紧密合作。那么如何选择一家理想的经销商呢？应掌控以下几点：经销商应该与厂家有相同的经营目标和营销理念，从实力上讲经销商要有较强的配送能力和良好的信誉，有较强的服务意识和终端管理能力；特别是在同一个经营类别当中，经销商要经销独家品牌，没有与之产品及价位相冲突的同类品牌；同时经销商要有较强的资金实力和固定的分销网络等。总之，在现代营销环境下，经销商经过多年的市场历练，已经开始转型，也变得成熟了，对渠道的话语权意识逐步地得以加强。所以，企业在推广新品上市的过程中，应该重新评价和选择经销商：一是对现有的经销商大力强化网络拓展能力和市场操作能力，新产品交其代理后，厂家对其全力扶持并培训；二是对没有改造价值的经销商坚决予以更换；三是对于实力较强的二级分销商则可委托其代理新产品。

5. 按照如下步骤进行渠道冲突管理：

(1) 建立共同的目标。渠道成员有时会以某种方式签订一个明确他们共同基本目标的协议，其内容可能包括生存、市场份额、高品质或客户满意。这种事情经常发生在渠道面临外部威胁时，比如更有效的竞争渠道、法律的不利规定或者消费者偏好的改变，此时全体成员就会联合起来排除威胁。当然，由此形成渠道成员的紧密合作也是一个机会，它可以团结各部门为追求共同目标的长远利益而工作。

(2) 互换人员。另一种有用的冲突管理是在两个或两个以上的渠道层次上互换人员。比如，通用汽车公司的一些主管可能同意在部分经销商店工作，而某些经销商业主可以在通用汽车公司有关经销政策的领域内工作。可以推测，经过互换人员，一方的人员就能更多地接触另一方的观点并加深相互之间的理解与认同。

(3) 合作。这里的合作指的是一个组织为赢得另一个组织领导者的支持所做的努力，包括邀请他们参加咨询会议、董事会等，使他们感到他们的建议被倾听，受到重视。发起者认真对待其他组织的领导人，可以有效减少冲突，但同时为了获得其他组织的支持，该组织不得不对其计划、政策进行相应的折中。

(4) 联合。许多冲突的解决也可以通过贸易协会之间的联合。比如，美国杂货制造商协会与代表大多数食品连锁店的食品营销协会进行合作，产生了通用产品条形码。可以推测，该协会能够考虑食品制造商和零售商的共同问题并有效地加以解决。

(5) 协商或仲裁。当冲突是长期性或比较尖锐时，冲突各方必须通过协商或仲裁解决。协商是一方派员与对手方面对面解决冲突。调解意味着由一位经验丰富的中立的第三方根据双方的利益进行调停。仲裁是双方同意把纠纷交给第三方（一个或更多的仲裁员），并接受他们的仲裁决定。

第十章　促销策略

一、判断题（请判断下列各小题是否正确，正确的在题后的括号内打"√"，错误的打"×"，错误的请给出理由）

1. 促销的目的是向消费者通告产品的存在及性能特点。（　　　）

2. 促销的实质是企业与消费者或用户的信息沟通与传递。（　　　）

3. 促销的任务是转变消费者或用户的态度，激发消费者或用户的购买行为。（　　　）

4. 非人员推销适合于工业产品、大宗产品的促销。（　　　）

5. 人员促销针对性较强，但影响面较窄；而非人员促销影响面较宽，但针对性较差。
（　　　）

6. 传递信息是促销的基本要求。（　　　）

7. 广告、营业推广就是单向信息沟通，而人员推销、公共关系则属于双向信息沟通。
（　　　）

8. 推式策略主要包括人员推销、营业推广两种形式。（　　　）

9. 广告、公共关系是拉式策略的两种主要形式。（　　　）

10. 企业如果想通过促销活动来提高企业的品牌形象和产品形象，则应采用营业推广。
（　　　）

11. 企业如果想加强对销售终端的控制，则应采用人员推销。（　　　）

12. 企业想在短期内促进销售、提高企业的经济效益，应该选择广告和公共关系。（　　　）

13. 一般来说，消费品的市场范围较广，消费者分布比较广泛、人数众多，宜更多地采用拉式策略。（　　　）

14. 如果工业品的购买者较集中，购买批量较大，一次购买的产品价值也较高，宜更多地采用推式策略。（　　　）

15. 在产品成长期阶段，市场发生了变化，消费者已对产品有所了解，促销应该以营业推广为主。（　　　）

16. 产品技术性能复杂，价格较高，应以人员推销为主，辅以其他促销方式；价格较低的一般产品，应以广告为主，辅以其他的促销方式。（　　　）

17. 推销品是推销活动的主体，推销人员是推销活动的客体。（　　　）

18. 人员推销最适于推销那些技术性较强的产品或新产品。（　　　）

19. 柜台推销一般适用于零星小商品、贵重商品以及容易损坏的商品。（　　　）

20. 诱导性策略又称为"刺激-反应"策略。（　　　）

21. 诱导性策略是一种"创造性推销"。（　　　）

22. 推销人员在同顾客发生联系时，要坚守在企业的立场。（　　　）

23. 推销人员与潜在顾客的第一次接触往往是能否成功推销产品的关键。（　　　）

24. 优秀推销人员必备的素质中，知识力不包括社会学知识。（　　）

25. 选聘推销人员的程序中，面试环节最为关键。（　　）

26. 推销人员按用户分派的优点在于销售人员的责任明确。（　　）

27. 佣金制度存在着管理费用较高、容易导致销售人员短期行为等问题。（　　）

28. 在对整体销售人员的绩效进行比较时，除销售额外，销售人员的销售组合、销售费用、对净利润所做的贡献也要纳入比较的范围。（　　）

29. 销售人员个人绩效同过去的绩效相比较，这种比较方式可以完整了解销售人员的长期销售业绩。（　　）

30. 企业在其促销活动中，在方式的选用上只能在人员促销和非人员促销中选择其中一种加以运用。（　　）

31. 教育功能不属于广告的功能之一。（　　）

32. 提醒性广告主要用于进入成熟期的产品。（　　）

33. 灵活性较差属于报纸广告的缺点。（　　）

34. 广播通常作为一种配合性广告媒介使用，很少作为主打媒介。（　　）

35. 网络广告具有成本低、易统计、易反馈、接触率高的优势。（　　）

36. 广告策略是实现、实施广告战略的各种具体手段与方法，是战略的细分与措施。（　　）

37. 营业推广是与人员推销、广告、公共关系相并列的四种促销方式之一。（　　）

38. 奖励可用于面向中间商营业推广方式。（　　）

39. 营业推广时间要素中，最佳的频率是每季有三周的促销活动，最佳持续时间是产品平均购买周期的长度。（　　）

40. 销售延续时间是指从开始实施到大约 95% 的采取此促销办法的商品已经在消费者手里所经历的时间。（　　）

41. 媒体报道企业公关活动，其内容将由企业自行决定。（　　）

42. 使公众全面了解企业，从而建立起企业自身的声誉和知名度是公共关系的宗旨。（　　）

43. 不能把公共关系人员当作"救火队"，而应把他们当作"常备军"。（　　）

44. 宣传型公共关系在效果上比广告更有说服力和吸引力。（　　）

45. 在企业出现严重危机时，为挽回企业声誉进行的公关是进攻型公关。（　　）

46. 公共关系的完整过程包括调查研究、制订计划、实施计划、评价结果四个步骤。（　　）

47. 广告创作不同于一般的艺术创作，必须在广告目标的引导下进行创作与设计，从而体现出商业艺术的本质性。（　　）

48. 一个典型的广告活动由广告主、广告媒体、广告费用、广告受众、广告信息五个要素构成。（　　）

49. 公共关系是一种信息沟通，是创造"人和"的艺术。（　　）

50. 在产品市场生命周期的不同阶段，有着不同的促销目标，因而应采取不同的促销组合策略。（　　）

二、单项选择题(请在下列每小题中选择一个最合适的答案)

1. 促销的核心是( )。

   A. 沟通信息　　　　B. 寻找顾客　　　　　C. 出售商品　　　　D. 建立良好关系

2. 促销的目的是引发、刺激消费者产生( )。

   A. 购买行为　　　　B. 购买兴趣　　　　　C. 购买决定　　　　D. 购买倾向

3. 日用消费品在市场导入阶段，效果最佳的促销方式是( )。

   A. 广告促销　　　　B. 人员推销　　　　　C. 营业推广　　　　D. 公共关系

4. 以下各要素中，不属于人员推销基本要素的是( )。

   A. 推销人员　　　　B. 推销对象　　　　　C. 推销条件　　　　D. 推销品

5. 公共关系相对于其他促销方式，是一种( )的促销方式。

   A. 一次性　　　　　B. 偶然　　　　　　　C. 短期　　　　　　D. 长期

6. 对于单位价值较高、性能相对复杂、需要做示范的产品，通常采用( )促销组合策略。

   A. 推式策略　　　　B. 推拉结合策略　　　C. 拉式策略　　　　D. 广告

7. "拉式"策略的主要促销对象是( )。

   A. 批发商　　　　　B. 零售商

   C. 消费者　　　　　D. 中间商

8. 营业推广是一种( )的促销方式。

   A. 常规性　　　　　B. 辅助性

   C. 经常性　　　　　D. 连续性

9. 一般而言，在下列各类营业推广活动中，对消费者较为适宜的是( )。

   A. 赠送样品和优惠券　　　　　　　　　B. 展销会和推销竞赛

   C. 有奖销售和批量折扣　　　　　　　　D. 经销津贴和红利提成

10. 以下促销方式影响最广泛、费用最高的是( )。

    A. 人员推销　　　　B. 营业推广　　　　　C. 公共关系　　　　D. 广告

11. 人员推销的缺点主要体现在( )。

    A. 成本低、顾客量大　　　　　　　　　B. 成本低、顾客有限

    C. 成本高、顾客量大　　　　　　　　　D. 成本高、顾客有限

12. 在产品生命周期的导入期，消费品的促销目标主要是宣传介绍产品，刺激购买欲望的产生，因而主要应该采用( )的促销方式。

    A. 广告　　　　　　B. 营业推广　　　　　C. 人员推销　　　　D. 公共关系

13. 在产品的成长期采用广告策略的目的主要是( )。

    A. 增加消费者的偏爱和信任　　　　　　B. 提高商品的知晓率

    C. 提高商品的认知率　　　　　　　　　D. 提高商品的知名度和美誉度

14. 人员推销活动的主体是( )。

    A. 推销市场　　　　B. 推销人员　　　　　C. 推销品　　　　　D. 推销条件

15. 公关活动的主体是( )。

    A. 顾客　　　　　　B. 一定的组织　　　　C. 推销员　　　　　D. 政府官员

16. 公共关系是一种( )。

A. 需要大量费用的促销活动　　　　　　　B. 直接推销产品

C. 有利于树立企业形象的信息传播活动　　D. 短期促销战略

17. 企业为了实现自己的目标而向某些活动提供资金支持的行为，称之为(　　)。

A. 人员推销　　　　B. 营业推广　　　　C. 公共关系　　　　D. 广告

18. 一般来说，人员推销主要有上门推销、柜台推销和(　　)三种形式。

A. 会议推销　　　　B. 宣传推销　　　　C. 协作推销　　　　D. 节假日推销

19. 人员推销中，常采用"刺激-反应"策略，也就是(　　)。

A. 针对性策略　　　B. 诱导性策略　　　C. 试探性策略　　　D. 等待性策略

20. 开展公共关系工作的基础和起点是(　　)。

A. 调查研究　　　　B. 制订计划　　　　C. 实施计划　　　　D. 策略选择

21. 企业如果想通过促销活动来提高企业的品牌形象和产品形象，则应采用(　　)。

A. 营业推广　　　　B. 广告和公共关系　　C. 人员推销　　　　D. 冠名赞助

22. 企业如果想加强对销售终端的控制，则应采用(　　)。

A. 营业推广　　　　B. 广告和公共关系　　C. 人员推销　　　　D. 冠名赞助

23. 企业要想在短期内促进销售、提高企业的经济效益，则应采用(　　)。

A. 营业推广　　　　B. 广告和公共关系　　C. 人员推销　　　　D. 冠名赞助

24. 消费品的市场范围较广，消费者分布比较广泛、人数众多，宜更多地采用(　　)。

A. 推式策略　　　　B. 推拉结合策略　　　C. 拉式策略　　　　D. 广告

25. 工业品的购买者较集中，购买批量较大，一次购买的产品价值也较高，宜采用(　　)。

A. 推式策略　　　　B. 推拉结合策略　　　C. 拉式策略　　　　D. 广告

26. 在产品成长期阶段，市场发生了变化，消费者已对产品有所了解，促销应以(　　)为主。

A. 公共关系　　　　B. 广告　　　　　　　C. 人员推销　　　　D. 营业推广

27. 在产品成熟期阶段，产品已全部打入市场，应重视(　　)促销方式。

A. 公共关系　　　　B. 广告　　　　　　　C. 人员推销　　　　D. 营业推广

28. 从市场地理范围大小看，小规模本地市场，应以(　　)为主。

A. 公共关系　　　　B. 广告　　　　　　　C. 人员推销　　　　D. 营业推广

29. 一般在办公室用电话联系、洽谈业务，并接待购买者的来访属于(　　)。

A. 内部推销人员　　B. 外勤推销人员　　　C. 业务经理　　　　D. 销售代表

30. 最适于推销那些技术性较强的产品或新产品的是(　　)。

A. 公共关系　　　　B. 非人员推销　　　　C. 人员推销　　　　D. 营业推广

31. 推销人员的选聘程序中，(　　)环节最为关键。

A. 申请表　　　　　B. 笔试　　　　　　　C. 面试　　　　　　D. 签约录用

32. 销售人员的责任明确，并可以减少销售人员的费用是按(　　)分派的。

A. 区域　　　　　　B. 产品　　　　　　　C. 用户　　　　　　D. 指标

33. 存在着管理费用较高、容易导致销售人员短期行为等不足是(　　)的缺点。

A. 薪金制　　　　　B. 佣金制　　　　　　C. 混合奖励制　　　D. 精神奖励制

34. 下列不属于广告类型的是(　　)。

A. 信息性广告　　　B. 说服性广告　　　　C. 提醒性广告　　　D. 情感性广告

35. 下列属于报纸广告的优势的是( )。

    A. 针对性强   B. 传阅性强   C. 留存性好   D. 定位准确

36. 下列不属于杂志广告缺点的是( )。

    A. 发行周期长   B. 感染力不强   C. 灵活性较差   D. 传播不广泛

37. 下列不属于电视广告优点的是( )。

    A. 媒介受众数量多   B. 形象、生动、逼真、感染力强

    C. 时效快   D. 制作简单

38. 企业分担一定的市场营销费用，如广告费用，以建立稳定的购销关系属于( )。

    A. 工商联营   B. 组织展销   C. 奖励   D. 支付推广津贴

39. 通过各种传播媒介，比较平淡地持续传递信息，使社会组织在长时期中对有限公众起到潜移默化的作用的是( )。

    A. 建设型公共关系   B. 社会型公关

    C. 维系型公共关系   D. 交际型公关

40. 通过各种信息传递工具，为消费者提供极为方便的收集信息途径是广告功能中的( )。

    A. 促销功能   B. 便利功能   C. 诱导功能   D. 教育功能

三、多项选择题（下列各小题有两个或两个以上的正确答案，请准确选出全部正确答案）

1. 人员推销活动中的三要素是指( )。

    A. 需求   B. 推销人员   C. 推销对象   D. 推销品   E. 购买力

2. 常用的对推销人员进行绩效考核的指标有( )。

    A. 销售量和毛利   B. 访问率和访问成功率   C. 销售费用和费用率

    D. 订单数目   E. 新客户数目

3. 广播媒体的优越性主要体现在( )。

    A. 传播迅速、及时   B. 制作简单、费用较低   C. 听众广泛

    D. 较高的灵活性   E. 针对性强、有的放矢

4. 人员推销与非人员推销相比，具有如下特点：( )。

    A. 信息传递的双向性   B. 满足需求的多样性   C. 推销目的的双重性

    D. 推销过程的灵活性   E. 信息传递的广泛性

5. 以下关于营业推广的理解正确的是( )。

A. 营业推广对在短时间内争取消费者、扩大购买具有特殊的作用，因此营业推广占促销预算的比例越来越高

B. 由于消费者对不同推广方式的反应不同，为引起消费者兴趣，在一次营业推广活动中，应尽量选择较多推广方式

C. 由于营业推广是企业在特定目标市场上，为迅速起到刺激需求作用而采取的促销措施，因此，营业推广在实施过程中不需要和其他营销沟通工具结合在一起，也往往能起到较好的作用

D. 有奖销售，利用人们的侥幸心理，对购买者刺激性较大，有利于在较大范围内迅速促成购买行为，因此奖励应尽可能大

E. 营业推广的影响常常是短期的，对建立长期的品牌偏好作用不是很大

6. 广告常用的媒体包括（　　　）。

A. 报纸　　　　　B. 杂志　　　　　C. 广播　　　　　D. 电视　　　　　E. 电影

7. 企业促销活动的基本策略有（　　　）。

A. 试探性策略　　　　　B. 针对性策略　　　　　C. 诱导性策略

D. 推式策略　　　　　E. 拉式策略

8. 以下营业推广形式中，适合中间商的有（　　　）。

A. 批量折扣　　　　　B. 现金折扣　　　　　C. 现场演示

D. 订货会或展销会　　　　　E. 发放优惠券

9. 以下营业推广形式中，适合消费者的有（　　　）。

A. 赠送样品　　　　　B. 发放优惠券　　　　　C. 现场演示

D. 订货会或展销会　　　　　E. 组织展销

10. 在广告促销中，常用的四大媒体广告是（　　　）。

A. 电视广告　　　　　B. 广播广告　　　　　C. 杂志广告

D. 报纸广告　　　　　E. 互联网广告

11. 以下属于促销的作用有（　　　）。

A. 增加销量　　　　　B. 传递信息　　　　　C. 诱导购买

D. 指导消费　　　　　E. 推广品牌

12. 企业通过（　　　）促销手段把企业的产品或服务信息传递给消费者或用户，以影响和促进消费者或用户的购买行为，或使消费者或用户对企业及其产品或服务产生好感和信任。

A. 营业推广　　　　　B. 广告　　　　　C. 公共关系

D. 人员推销　　　　　E. 冠名赞助

13. 促销本质上是一种（　　　）的过程。

A. 告知　　　　　B. 指导消费　　　　　C. 说服

D. 诱导购买　　　　　E. 沟通

14. 拉式策略的主要形式有（　　　）。

A. 营业推广　　　　　B. 广告　　　　　C. 公共关系

D. 人员推销　　　　　E. 冠名赞助

15. 影响促销组合的因素有（　　　）。

A. 促销目标　　　　　B. 产品因素　　　　　C. 市场因素

D. 人力资源　　　　　E. 促销预算

16. 人员推销的特点包括（　　　）。

A. 具有较大的灵活性　　　　　B. 亲切感强　　　　　C. 具有长效性

D. 针对性强　　　　　E. 有利于企业了解市场，提高决策水平

17. 人员推销适合于（　　　）产品的推销。

A. 技术性较强的产品　　　　　B. 新产品　　　　　C. 一般标准化产品

D. 特殊品　　　　　E. 高价品

18. 人员推销的基本类型有（　　　）。

A. 路边推销　　　　　　　B. 上门推销　　　　　　　C. 柜台推销

D. 会议推销　　　　　　　E. 线下推销

19. 人员推销的基本策略有（　　）。

A. 试探性策略　　　　　　B. 针对性策略　　　　　　C. 拉式策略

D. 诱导性策略　　　　　　E. 推式策略

20. 合格的推销人员应掌握的基本技巧有（　　）。

A. 把握时机　　　　　　　B. 培养感情　　　　　　　C. 捏拿分寸

D. 善于辞令　　　　　　　E. 注意形象

21. 优秀的推销人员必备的素质有（　　）。

A. 感同力　　　　　　　　B. 自我驱动力　　　　　　C. 形象力

D. 应变力　　　　　　　　E. 知识力

22. 推销人员的激励包括（　　）。

A. 薪金制　　　　　　　　B. 佣金制　　　　　　　　C. 混合奖励制

D. 精神奖励制　　　　　　E. 额外奖励制

23. 一个典型的广告活动由（　　）要素构成。

A. 广告媒体　　　　　　　B. 广告费用　　　　　　　C. 广告信息

D. 广告主　　　　　　　　E. 广告受众

24. 广告的功能包括（　　）。

A. 宣传功能　　　　　　　B. 促销功能　　　　　　　C. 诱导功能

D. 便利功能　　　　　　　E. 教育功能

25. 按广告目标分类，广告的类型有（　　）。

A. 信息性广告　　　　　　B. 情感性广告　　　　　　C. 说服性广告

D. 提醒性广告　　　　　　E. 公益性广告

26. 报纸广告的缺点包括（　　）。

A. 有效时间短，重复性差　B. 信息容量小　　　　　　C. 注目率低

D. 印刷效果差，吸引力低，感染力不强　　　　　　　E. 不利于保存

27. 杂志广告的优点包括（　　）。

A. 针对性强　　　　　　　B. 信息容量大　　　　　　C. 留存性好

D. 传阅性强　　　　　　　E. 形象逼真，传播效果佳，有较强的吸引力

28. 直接邮寄广告的优点在于（　　）。

A. 针对性强　　　　　　　B. 反馈信息准确　　　　　C. 制作费用低

D. 形式灵活　　　　　　　E. 在同类产品竞争中不易被竞争者察觉

29. 网络广告的主要优势体现在（　　）。

A. 接触率高　　　　　　　B. 易统计、易反馈　　　　C. 针对性强

D. 成本低　　　　　　　　E. 形象逼真，传播效果佳，有较强的吸引力

30. 下列属于营业推广的特点的是（　　）。

A. 为购买产品做出决策创造了便利条件

B. 诱导消费者改变态度

C. 刺激需求即期效果显著

D. 是一种辅助性促销方式

E. 有贬低产品或品牌之意

31. 下列属于公共关系特征的是（　　　　）。

A. 长期性　　　　　　　B. 整体性　　　　　　　C. 双向性

D. 广泛性　　　　　　　E. 情感性

32. 下列属于公共关系模式的有（　　　　）。

A. 防御型公关　　　　　B. 征询型公关　　　　　C. 进攻型公关

D. 危机公关　　　　　　E. 宣传型公关

33. 促销过程中，属于双向信息沟通的是（　　　　）。

A. 营业推广　　　　　　B. 人员推销　　　　　　C. 广告

D. 非人员推销　　　　　E. 公共关系

34. 下列属于促销组合策略的有（　　　　）。

A. 推式策略　　　　　　B. 拉式策略　　　　　　C. 推拉结合策略

D. 诱导性策略　　　　　E. 针对性策略

35. 下列属于会议推销的是（　　　　）。

A. 旅游营销　　　　　　B. 联谊会营销　　　　　C. 爱心营销

D. 数据库营销　　　　　E. 科普营销

36. 人员推销的程序包括（　　　　）。

A. 确定目标　　　　　　B. 接近潜在顾客　　　　C. 促成交易

D. 推销介绍　　　　　　E. 回答异议

37. 推销人员的培训包括（　　　　）。

A. 实践培训　　　　　　B. 讲授培训　　　　　　C. 视频培训

D. 综合培训　　　　　　E. 模拟培训

38. 对整体人员的考核与评价中，实施评价的内容有（　　　　）。

A. 新增顾客数　　　　　B. 销售额　　　　　　　C. 销售费用

D. 对净利润所做的贡献　E. 销售组合

39. 广告策略需要注意的内容有（　　　　）。

A. 确定广告机会与广告任务

B. 注意广告宣传的艺术性，提高广告宣传的效果

C. 确定广告目标

D. 注意塑造品牌个性

E. 要锐意出新、不落俗套

40. 营业推广的实施过程包括（　　　　）。

A. 选择营业推广工具　　B. 制订方案并试验　　　C. 评价营业推广结果

D. 确定营业推广目标　　E. 实施和控制营业推广方案

四、名词解释（请用简洁规范的语言描述下列概念）

1. 促销　2. 人员推销　3. 公共关系　4. 营业推广　5. 广告　6. 推式策略

7. 拉式策略　8. 试探性策略　9. 诱导性策略　10. 促销组合　11. 科普营销

12. 数据库营销　13. 上门推销　14. 交际型公共关系　15. 矫正型公关

五、简答题(简要回答下列各小题的知识要点)

1. 促销有哪些作用？

2. 影响促销组合的因素有哪些？

3. 人员推销的特点有哪些？

4. 会议推销的类型主要包括哪些？

5. 面向消费者的营业推广方式主要有哪些？

6. 简述作为合格的推销人员应该掌握的基本技巧。

7. 营业推广的特点有哪些？

8. 简述广告的设计原则。

9. 简述公共关系的特征。

10. 人员推销的基本策略有哪几种？

六、论述题(详细回答下列各小题，并阐述自己的观点)

1. 阐述不同促销组合策略间的差异。

2. 论述电视广告的优缺点。

3. 论述常见的公共关系模式。

4. 论述广告的类型及其适用阶段。

5. 论述促销具有的特点。

【参考答案要点】

一、判断题

1. ×　理由：促销的目的是转变消费者或用户的态度，激发消费者或用户的购买行为。

2. √

3. ×　理由：促销的任务是向消费者通告产品的存在及性能特点。

4. ×　理由：人员推销适合于工业产品、大宗产品的促销。

5. √

6. ×　理由：传递信息是促销的核心要求。

7. √

8. √

9. √

10. ×　理由：企业如果想通过促销活动来提高企业的品牌形象和产品形象，则应采用广告和公共关系。

11. √

12. ×　理由：企业要想在短期内促进销售、提高企业的经济效益，应该选择营业推广。

13. √

14. √

15. ×　理由：产品成长期阶段，市场发生了变化，消费者已对产品有所了解，促销仍以广告为主，但广告宣传应从一般介绍产品转而着重宣传企业产品特色，树立品牌，使消费者对企业产品形成偏好。

16. √

17. ×　理由：推销人员是推销活动的主体，推销品是推销活动的客体。

18. √

19. √

20. ×　理由：试探性策略又称为"刺激-反应"策略。

21. √

22. ×　理由：推销人员往往不能局限于站在企业的立场上同顾客发生联系，而应学会站在顾客的立场上帮其出主意、当参谋，指导其消费，甚至可以向其推荐一些非本企业的产品，以强化推销活动中的"自己人效应"。

23. √

24. ×　理由：优秀的销售人员需要具备过硬的专业知识，要对企业和产品有深刻的认识，熟练掌握相关的企业、产品知识；同时，还要有丰富的社会学、心理学知识。

25. √

26. ×　理由：推销人员按用户分派的优点在于销售人员能深入了解消费者，更好地满足消费者的需求。按区域分派的优点在于销售人员的责任明确。

27. √

28. √

29. √

30. ×　理由：一般来说，人员促销针对性较强，但影响面较窄；而非人员促销影响面较宽，但针对性较差。企业进行促销活动时，只有将两者有机结合并加以运用，才能发挥其理想的促销效果。

31. ×　理由：广告功能包括促销功能、便利功能、诱导功能、教育功能。

32. √

33. ×　理由：灵活性较差属于杂志广告的缺点。

34. √

35. ×　理由：网络广告具有成本低、易统计、易反馈的优势，但其缺点是接触率低。

36. √

37. √

38. ×　理由：奖励是面向消费者的营业推广方式，不能用于面向中间商推广方式。

39. √

40. √

41. ×　理由：企业公关活动是通过新闻发布等手段来吸引媒体给予报道，至于媒体报道什么内容将由媒体决定。

42. √

43. √

44. √

45. ×　理由：进攻型公共关系，就是在社会组织与外部环境发生某种冲突时，以守为攻，改变旧环境，创造新局面。在企业出现严重危机时，为挽回企业声誉进行的公关是矫正型公共关系。

46. √

47. √

48. √

49. √

50. √

二、单项选择题

1. A　2. A　3. A　4. C　5. D　6. A　7. C　8. B　9. A　10. D　11. D　12. A
13. A　14. B　15. B　16. C　17. C　18. A　19. C　20. A　21. B　22. C　23. A
24. C　25. A　26. C　27. D　28. C　29. A　30. C　31. C　32. A　33. B　34. D
35. D　36. B　37. D　38. A　39. C　40. B

三、多项选择题

1. BCD　2. ABCDE　3. ABCDE　4. ACD　5. AE　6. ABCD　7. DE　8. ABD
9. ABC　10. ABCD　11. BCD　12. ABCD　13. ACE　14. BC　15. ABCE　16. ABCDE
17. AB　18. BCD　19. ABD　20. ABDE　21. ABCDE　22. ABCD　23. ABCDE
24. BCDE　25. ACD　26. ACD　27. ACDE　28. ABDE　29. BD　30. CDE　31. ABCDE
32. ABCDE　33. BE　34. ABC　35. ABCDE　36. ABCDE　37. ABDE　38. BCDE
39. ABC　40. ABCDE

四、名词解释

1. 促销，即促进商品销售的简称。从市场营销角度看，促销是企业通过人员和非人员的方式，沟通企业与消费者之间的信息，引发、刺激消费者的购买欲望，使其产生购买行为的活动。

2. 人员推销是指企业运用推销人员直接向消费者推销商品和劳务的一种促销活动。

3. 公共关系是指组织为改善与社会公众的关系，增进公众对企业的认识、理解和支持，树立良好的组织形象，采用非付费方式而进行的一系列信息传播活动。

4. 营业推广又称之为销售促进，是指以激发消费者购买和促进经销商的经营效率为目的，采取的诸如陈列、展览、表演等非常规的、非经常性的、不同于人员推销、广告和公共关系的促销活动。

5. 广告是指以营利为目的的广告主，选择一定的媒体，以支付费用方式向目标市场传播产品或服务信息的有说服力的信息传播活动。

6. 推式策略是以人员推销为主，主要针对以中间商为主的销售促进，兼顾消费者的销售促进，把商品推向市场的促销策略。

7. 拉式策略是指企业针对最终消费者，花费大量的资金开展广告及消费者促销活动。

8. 试探性策略是指推销人员用试探性问话等方法刺激顾客做出购买反应。

9. 诱导性策略是指顾客在与推销人员交谈前并未感到或没有强烈意识到某种需求，推销人员运用适当的方法和手段唤起顾客的需求，诱导顾客通过购买满足其需求。

10. 促销组合是指企业根据产品特点和营销目标，综合各种影响因素，对广告、公共关系、人员推销和营业推广的综合运用，即促销手段的综合运用，又称促销组合策略。

11. 科普营销是指企业以关爱健康、普及健康知识以及提供体验服务等为主旨，以讲座的形式来销售产品的一种营销活动。

12. 数据库营销是指企业通过传统媒介、企业提供的服务、人员的公关手段等方式来收集目标顾客群体资料，并对所收集的目标顾客进行本企业产品营销的一种活动。

13. 上门推销是指由推销人员携带样品、说明书和订单等去走访潜在顾客，针对顾客的需求进行积极主动地有效服务。

14. 交际型公共关系是指不借助其他媒介，而只在人际交往中开展公关活动，直接接触，建立感情，达到建立良好关系的目的。

15. 矫正型公关是指采取措施来纠正因主客观原因给本组织带来的不良影响（风险或严重失调），恢复本组织被损害的良好形象和信誉的公共关系方式。

五、简答题

1. 促销有以下几点作用：

（1）传递信息。传递信息是促销的核心要求。及时、有效的信息传播可以加快产品进入市场的进程。

（2）诱导购买。通过促销手段则可以将产品信息，及产品优于竞争对手的信息展示出来，并让消费者知晓，从而达到诱导其购买的目的。

（3）指导消费。通过各种形式的沟通，让消费者不仅了解产品的一般功能特性，而且更深入地了解产品最基本的操作、使用、维护方法，对消费者起到一定的指导作用，使消费者或用户能够合理消费、科学消费，避免不必要的浪费。

（4）促进销售。不断的促销可以强化消费者对某个品牌、某个企业产品的认识、理解和认同，从而产生对某个品牌、某个产品的信任感，起到扩大销售的作用。

2. 影响促销组合的因素有以下几点：

促销目标：促销目标是企业从事促销活动所要达到的目的。企业在不同的发展阶段以及企业外部环境的变化下，要求有不同的促销目标。

产品因素：

（1）产品类型。按产品类型划分，可以把产品划分为工业品和消费品。不同类型的产品，购买者和购买目的不相同，因此，也应采用不同的促销组合和促销策略。

（2）产品价值。一般来说，产品技术性能复杂，价格较高，应以人员推销为主，辅以其他促销方式；价格较低的一般产品，应以广告为主，辅以其他的促销方式。

（3）产品的市场生命周期。在产品市场生命周期的不同阶段，有不同的促销目标，因而应采取不同的促销组合策略。

市场因素：市场也存在一些影响促销组合与促销策略的因素，比如市场的地理范围大小、市场集中程度、市场的竞争状况等。

促销预算：不同的促销方式所需要的费用也是不一样的。企业应根据促销预算，在有限的财力范围内来确定适当的促销组合策略。

3. 人员推销的特点有：

（1）亲切感强。满足顾客需要是保证销售达成的关键，推销人员通过同顾客面对面交流，可以帮助顾客消除疑惑，加强相互间的沟通。同时，双方在交流过程中可以建立起信任和友谊关系。

（2）具有较大的灵活性。销售人员在访问推销的过程中可以亲眼观察到顾客对推销陈述和推销方法的反应，并揣摩其购买心理变化过程，因而能迅速根据顾客情绪及心理的变化酌情改进推销陈述和推销方法，以适应不同顾客的行为和需要，促进最终交易的达成。

（3）针对性强。人员推销带有一定的倾向性去访问消费者，目标明确，往往可以直达顾客，因而无效劳动较少。各个推销人员之间很容易产生相互间的竞争，在一定物质利益机制驱动下，会促使这一工作做得更好。

（4）有利于企业了解市场，提高决策水平。销售人员承担工厂"信息员"和"顾问"的双重角色。人员推销是一个双向沟通的过程，销售人员在向消费者提供服务和信息的同时，也为企业收集到可靠的市场信息；另外，销售人员处于第一线，经常与消费者打交道，他们最了解市场状况和消费者的反应，因而也最有资格为企业的营销决策提供意见和建议。

（5）具有长效性。推销人员与消费者直接见面，长期接触，可以促使买卖双方建立友谊，加强企业与消费者之间的关系，易使消费者对企业产品产生偏爱。因此，在长期保持友谊的基础上开展推销活动，有助于建立长期的买卖协作关系，稳定产品的销售渠道。

4．会议推销的类型主要包括以下内容：

（1）科普营销。科普营销是指企业以关爱健康、普及健康知识以及提供体验服务等为主旨，以讲座的形式来销售产品的一种营销活动。

（2）旅游营销。旅游营销是指企业通过以健康旅游为借口，用车辆将目标顾客送到事先安排好的旅游景点游玩，在游玩的过程中，培养营销人员与顾客之间的感情，然后通过健康讨论、咨询等形式来达到销售产品的一种营销活动。

（3）联谊会营销。联谊会营销是指企业以举办联谊会为手段，在丰富多彩的节目表演中穿插健康知识讲座以达到销售产品的一种营销活动。

（4）餐饮营销。餐饮营销是指企业通过给顾客提供以健康饮食为主题的活动，运用健康知识、产品讲座，检测咨询等方式进行营销的一种活动

（5）爱心营销。所谓的爱心营销就是企业通过一系列的爱心体验活动，在公众心中树立起企业良好、健康、热心社会等形象，从而让品牌深入人心的一种营销活动。

（6）消费者答谢会。消费者答谢会是指企业为了答谢广大客户长期以来对公司的支持与厚爱，用会议做载体，以回报社会、回报消费者为宗旨，通过抽奖、有奖问答等系列活动来促销产品的一种销售活动。

（7）数据库营销。数据库营销主要是指企业通过传统媒介、企业提供的服务、人员的公关手段等方式来收集目标消费者群体资料，并对所收集的目标消费者进行本企业产品营销的一种活动。

5．面向消费者的营业推广方式主要有：

（1）赠送样品。向消费者赠送样品，可以挨户赠送，在商店或闹市区散发，在其他商品中附送，也可以公开广告赠送。赠送样品是介绍一种新商品最有效的方法，费用也最高。

（2）发放优惠券。给持有人一个证明，证明他在购买某种商品时可以免付一定金额。

（3）推出廉价包装。在商品包装或招贴上注明，比通常包装减价若干。它可以是一种商品单独装，也可以把几件商品包装在一起。

（4）奖励。可以凭奖励券购买一种低价出售的商品，或者凭券免费以示鼓励，或者凭券购买某种商品时享受一定优惠，各种摸奖抽奖活动也属此类。

（5）现场示范。企业派人将自己的产品在销售现场当场进行使用示范表演，把一些技术性较强产品的使用方法介绍给消费者。

（6）组织展销。企业将一些能显示企业优势和特征的产品集中陈列，边展边销。

6. 合格的推销人员应该掌握以下基本技巧：

（1）把握时机。推销人员应能准确地把握推销的时机，因人、因时、因地制宜地开展推销活动。一般而言推销的最佳时机应选择在对方比较空闲，乐意同人交谈或正好有所需求的时候。

（2）善于辞令。语言是推销人员最基本的推销工具，推销人员必须熟练掌握各种语言技巧，充分发挥语言对消费者的影响力。

（3）注意形象。推销人员在推销过程中同时扮演着两种角色：一方面是企业的代表，另一方面是消费者的朋友。因此，推销人员必须十分重视自身的形象把握，在同消费者的接触中，应做到言必信，行必果，守信重诺，以维护自身和企业的声誉，努力营造亲密、信任的推销环境。

（4）培养感情。推销人员应重视发展同消费者之间的感情沟通，设法同一些主要的消费者群体建立长期关系，可超越买卖关系建立起同他们之间的个人友情，形成一批稳定的消费者群。

7. 营业推广是人员推销、广告和公共关系以外的能刺激需求、扩大销售的各种促销活动。营业推广的目的是在短期内迅速刺激需求，取得立竿见影效果的一种促销方式。它具有如下特点：

（1）刺激需求即期效果显著。为了实现一时一事的推销成功，营业推广攻势强烈，似乎以"机不可失，时不再来"的较强吸引力给消费者提供了一个特殊的购买机会，打破了消费者购买某一种商品的惰性，因此能花费较小的费用，在局部市场取得较大收益。

（2）营业推广是一种辅助性促销方式。营业推广虽然能在短期内取得明显效果，但由于多数营业推广方式是非正规性和非经常性的，一般不能单独使用，常常是配合广告、人员推销、公共关系等常规性促销方式使用的。

（3）营业推广有贬低产品或品牌之意。由于企业运用营业推广力图短期内实现销售目的，所以许多的营业推广方式一方面表现出迫使顾客产生"过了这个村，就没有这个店"的紧迫感，另一方面也表现出卖者有急于抛售商品的意图。如果频繁使用或使用不当，往往会使顾客对产品质量、价格等产生怀疑，有损企业或商品的形象，导致不良的促销结果。因此，营业推广只适用于一定时期、一定商品，而且推广手法需审慎选择，注意选择适当的方式方法。

8. 广告的设计原则为：

（1）要服从广告目标的要求。广告创作不同于一般的艺术创作，它是为市场营销服务的，所以必须在广告目标的引导下进行创作与设计，从而体现出商业艺术的本质性。

（2）要锐意出新、不落俗套。市场上有大量的同类产品，这些产品也都推出大量的广告来争取消费者。因此，本企业产品的广告要想引人注意，从而产生预期的效果，就必须与众不同，也就是说，必须使消费者有新鲜感，才能达到目的。

（3）要充分调动各种艺术手段，提高广告的艺术性。由于选择的广告媒体不同，广告创作的具体形式也有所不同。但广告之所以与其他的信息传播方式不同，就在于它对信息必须进行艺术加工，使之成为艺术化的广告作品，从而提高它的信息传播效果。因此，要充分发挥广告的这一长处，巧妙组合各种艺术手段，提高广告效果。

9. 公共关系是社会关系的一种表现形态，但又不同于一般的社会关系，也不同于人际关系，有其独特的性质。公共关系的特征为：

（1）情感性。公共关系是一种创造美好形象的艺术，它强调的是成功的人和环境、和谐的人事气氛、最佳的社会舆论，以赢得社会各界的了解、信任、好感与合作。

（2）双向性。公共关系是以真实为基础的双向沟通，而不是通过单向的公众传达对公众舆论进行调查、监控，它是主体与公众之间的双向信息系统。组织一方面要吸取人情民意以调整决策，改善自身；另一方面又要对外传播，使公众认识和了解自己，达成有效的双向意见沟通。

（3）广泛性。公共关系的广泛性包含两层意思：首先，公共关系存在于主体的任何行为和过程中，即公共关系无处不在，无时不在，贯穿于主体的整个生存和发展过程中；其次，公众具有广泛性。因为公共关系的对象可以是任何个人、群体和组织，既可以是已经与主体发生关系的任何公众，也可以是将要或有可能发生关系的任何暂时无关的人们。

（4）整体性。公共关系侧重于组织机构或个人在社会中的竞争地位和整体形象，以使人们对自己产生整体性的认识。它并不是单纯地传递信息，宣传自己的地位和社会威望，而是要使人们对自己的各方面都要有所了解。

（5）长期性。公共关系的实践告诉我们，不能把公共关系人员当作"救火队"，而应把他们当作"常备军"，公共关系的管理职能应该是经常性与计划性的，是一种长期性的工作。

10. 人员推销的基本策略主要有以下几种：

（1）试探性策略。推销人员用试探性问话等方法刺激消费者做出购买反应。在推销人员不十分了解消费者具体要求的情况下，这种策略比较适用。推销人员应事先准备好几套试探消费者需求、刺激消费者欲望的谈话方案。在与消费者接触时，推销人员要小心谨慎地运用各种话题加以试探，仔细观察消费者的不同反应。然后选择最能吸引消费者并使之做出积极反应的话题深入下去，同时配合使用一些推销措施。

（2）针对性策略。推销人员用事先准备好的有针对性的话题与消费者交谈，说服消费者，达成交易。这种策略适用于推销人员事先已基本掌握了消费者的某些需求的情况。在这种情况下，无须投石问路，其工作的重心自然就转到有针对性的话题上。推销人员在与消费者接触前须做好充分的准备；搜集大量有针对性的材料、信息；熟悉产品满足消费者要求的性能；设计好推销语言和措施。与消费者交谈时，一定要站在替消费者排忧解难的角度，实事求是、以理服人、言语诚恳，真心实意地为消费者服务，当好消费者的参谋。这样才能获得消费者的信任，在满足消费者需要的同时促成销售。

（3）诱导性策略。消费者在与推销人员交谈前并未感到或没有强烈意识到某种需求，推销人员运用适当的方法和手段唤起消费者的需求，诱导消费者通过购买满足其需求。这是一种"创造性推销"，要求推销人员有很高的推销技巧：首先，要求推销人员根据消费者档案以及其他信息资料，正确地判断不同的消费者都有哪些可以被诱发的需要；其次，推销人员要能够巧妙地设计出诱惑性的推销建议，诱发消费者产生某方面的需求，激起消费者强烈的购买欲望。最后，被诱发的需求应该被推销品很好地满足，这样推销人员才能不失时机地把商品"推"向消费者。

以上三种策略各有其特点和特定的适应性。销售人员要从实际出发，灵活运用。另外，在应用这些策略时要耐心、诚恳，切忌急于求成、硬性推销。一旦时机成熟，就应该抓住时机，立即成交。

六、论述题

1. 不同促销组合策略间的差异论述如下：

（1）推式策略。推式策略是以人员推销为主，主要针对以中间商为主的销售促进，兼顾消费者的销售促进，把商品推向市场的促销策略。其目的是说服中间商与消费者购买企业产品，并层层渗透，最后到达消费者手中。它主要包括人员推销、营业推广两种形式。

（2）拉式策略。拉式策略是指企业针对最终消费者，花费大量的资金开展广告及消费者促销活动，通过新创意、高投入、大规模的广告轰炸，直接诱发消费者的购买欲望，由消费者向零售商、零售商向批发商、批发商向制造商求购，由下至上，层层拉动购买。广告、公共关系是拉式策略的两种主要形式。

（3）推拉结合策略。在通常情况下，企业也可以把上述两种策略配合起来运用，在向中间商进行大力促销的同时，通过广告刺激市场需求。

2. 电视广告的优点：

（1）媒介受众数量多。电视已经成为人们文化生活的重要组成部分，收视率高，因此影响面广。有资料显示，中央电视台一套播出的广告能同时被3亿观众接收，而发行量最大的《人民日报》一天也只能发行500多万份。

（2）电视广告集图像、色彩、声音、文字等表现手段为一体，使广告形象、生动、逼真、感染力强。

（3）时效快。电视广告通常能使一个不知名的产品在几天、十几天内家喻户晓，人人皆知。比如，当时的波导手机就是利用电视广告"地毯式轰炸"，从而在短短的几个月之内一举成名，近1亿元的电视广告费用打造了一个全新的国产手机品牌。

电视广告的缺点：

（1）时间短，广告内容转瞬即逝，不宜存查。

（2）制作复杂，费用较高。一般情况下，无论是广告的播出费用还是制作费用都较为昂贵，中小企业往往无力负担。如2004年中央电视台《新闻联播》前30秒电视广告费用就高达998万元。

由于电视广告的播出时间短，不能对产品性能、特点进行详细的介绍，因此，在实际中，电视广告常常用来作为一种告知性广告媒介，而不像报纸、杂志是一种可以对产品详细说明的媒介。

3. 常见的公共关系模式：

（1）宣传型公共关系。

宣传型公共关系，就是利用各种宣传途径、各种宣传方式向外宣传自己，提高本组织的知名度，从而形成有利的社会舆论。宣传型公共关系的特点是：利用一定媒介进行自我宣传，其主导性、时效性极强。

（2）交际型公共关系。交际型公共关系就是指不借助其他媒介，而只在人际交往中开展公关活动，直接接触，建立感情，达到建立良好关系的目的。交际型公共关系是一种有效的公关方式，它使沟通进入情感阶段，具有直接性、灵活性和较多的感情色彩。

(3) 社会型公共关系。社会型公共关系，就是组织利用举办各种社会性、公益性、赞助性活动开展公关的模式。它是以各种有组织的社会活动为主要手段的公共关系活动方式。社会型公共关系通过举办社会活动，如各种纪念会、庆祝典礼、社会赞助等，来尽量扩大本组织的社会影响，具有公益性、文化性特征，影响面大。其活动范围可大可小、可简可繁，采用的是综合性传播手段（人际、实物、印刷、大众传播）。其公益性特别容易赢得公众的好感，与社会公益事业极其相似。社会型公共关系不拘泥于眼前效益，重点在于树立组织形象、追求长远利益。

(4) 服务型公共关系。服务型公共关系就是一种以提供各种优良服务为主要手段的公共关系活动模式，以自己的优质服务赢得社会公众的好感。服务型公共关系的特点是依靠本身实际行动做好工作，其特点是服务，而不是依靠宣传。所以，它基本上仍是人和人之间的直接传播形式。其传播形式多种多样，人情味十足，反馈灵敏，调整迅速。

(5) 维系型公共关系。维系型公共关系就是通过各种传播媒介，比较平淡地持续传递信息，使社会组织在长时期中对有限公众起到潜移默化的作用。维系型公共关系主要用于稳定、巩固原有的良好关系。其特点是通过优惠服务和感情联络来维持现状，不求大的突进，但也不中断，通过不间断的宣传和工作，维持良好关系。

(6) 建设型公共关系。建设型公共关系就是指社会组织为开创新局面而在公共关系上不断努力，使有限公众对该组织及其产品、服务产生一种新的兴趣，以直接推动本组织事业的发展。一般来说，建设型公共关系适用于社会组织初创时或新产品首次推出时，其特点在于创新、开拓，能大大提高本组织的知名度。

(7) 进攻型公共关系。进攻型公共关系就是在社会组织与外部环境发生某种冲突时，以守为攻，改变旧环境，创造新局面。进攻型公共关系的特点是：内容形式新颖，能迅速吸引有限公众的注意和兴趣，可以迅速提高本组织的信誉度与知名度。

(8) 征询型公共关系。征询型公共关系就是以提供信息服务为主的公共关系模式。其通过新闻监测、民意测验、社会调查等方式了解、掌握信息和社会动态，为组织决策提供参考。征询型公共关系的特点是长期性、复杂性、艰巨性。

(9) 防御型公共关系。防御型公共关系就是在社会组织出现潜在危机（或不协调）时为防止自身公共关系失调而采取的一种公共关系模式。防御型公共关系的特点是：采取防御和引导相结合、以防御为主的策略，敏锐地发现本组织公共关系失调的症状和前兆，及时采取措施调整自身的政策和行为，促使其向有利于良好公共关系方面转化。防御型公共关系的方法主要是：采用调查及预测手段，了解潜在危机，提出改进方案。

(10) 矫正型公共关系。矫正型公关又称之为危机公关，是在企业出现严重危机时，为挽回企业声誉进行的公关。所谓矫正型公共关系，就是采取措施来纠正因主客观原因给本组织带来的不良影响（风险或严重失调），恢复本组织被损害的良好形象和信誉。矫正型公共关系的特点是：及时发现，及时采取应付措施，妥善处理，以挽回损失，重新确立起组织的形象和声誉。

4. 答：广告可以根据多种不同的标准进行分类，但最具实际意义的则是按广告目标所进行的分类。据此，可将广告分为以下三大类型：

(1) 信息性广告。这种广告主要用于大类产品的市场开拓阶段。此时的目标是重点建立消费者对该类产品的原始需求或基本需求，而不在于建立该类产品中某一特定品牌的需求，即告知消费者现在新出现了某类新产品，以便促进整类商品的销售。比如，我国的乳酸产业在发展之初，就只着重向消费者介绍乳酸饮品的营养价值及多种用途，而不是专门介绍伊利或光明等个别品牌的特色和优点。

（2）说服性广告。这种广告主要用于进入竞争阶段的产品。此时公司的目标是为特定的品牌培植选择性需求。市场上大多数的广告都属于这种类型，生产者利用这种品牌导向的广告，试图说服消费者购买他们所生产的产品。

（3）提醒性广告。这种广告主要用于进入成熟期的产品。此时公司的目标不是通知或说服消费者购买某一人所共知的产品，而是提醒消费者不要忘记购买这一特定品牌的产品。为了使这种提醒的作用更广，通常还会辅以另一种相关形式的企业广告，其目的在于增强公司的形象和声誉，而不是直接刺激销售。

5. 答：促销是企业向消费者或用户传递信息并影响其行为的过程，从其概念不难看出，促销具有以下几个方面的特点：

（1）促销的核心或精髓是信息沟通。促销的实质是企业与消费者或用户的信息沟通与传递。信息沟通是企业进行促销活动的基本要求，只有先将产品信息传播给消费者或用户，企业才能进一步进行深层次的说服工作。

（2）促销的任务是向消费者或用户通告产品的存在及性能特点。促销沟通的是广告主产品或服务的信息。通过信息传递，让消费者或用户知晓产品的存在，以及产品的性能等，认识到产品的使用价值或其核心效用，这样才能打动消费者或用户的购买之心。

（3）促销的目的是转变消费者或用户的态度，激发消费者或用户的购买行为。促销不仅仅是传递信息，更重要的是引起消费者的兴趣，刺激消费者的欲望并促使其采取购买行动。因此，促销的目的是诱导需求，激发购买欲望，以扩大市场占有率。

（4）促销的方式包括人员推销和非人员推销两种。概括起来，企业促销的手段包括人员推销和非人员推销两类。人员推销即企业运用销售人员向消费者或用户直接推销产品，这种方式适合于工业产品、大宗产品的促销，其优点是信息沟通灵活、及时，但成本较高。非人员推销是企业通过一定的渠道或手段传递企业、产品信息，以促使消费者或用户购买，包括广告、公共关系和营业推广。一般来说，人员促销针对性较强，但影响面较窄；而非人员促销影响面较宽，但针对性较差。企业进行促销活动时，只有将两者有机结合并加以运用，才能发挥其理想的促销效果。